经济管理学术文库·管理类

金融扶贫的实践与成效

——以内蒙古农村牧区扶贫小额信贷为例

The Practice and Achievements of Financial Poverty Alleviation

—A Case Study of Poverty Alleviation Microfinance in Rural Pastoral Areas of Inner Mongolia

祁晓慧　乔光华／著

经济管理出版社
ECONOMY & MANAGEMENT PUBLISHING HOUSE

图书在版编目（CIP）数据

金融扶贫的实践与成效：以内蒙古农村牧区扶贫小额信贷为例/祁晓慧，乔光华著. —北京：经济管理出版社，2019.10
ISBN 978-7-5096-6723-1

Ⅰ.①金…　Ⅱ.①祁…　②乔…　Ⅲ.①贫民区—贷款—研究—内蒙古　Ⅳ.①F832.4

中国版本图书馆 CIP 数据核字（2019）第 192297 号

组稿编辑：杨国强
责任编辑：杨国强　张瑞军
责任印制：梁植睿
责任校对：张晓燕

出版发行：经济管理出版社
（北京市海淀区北蜂窝 8 号中雅大厦 A 座 11 层　100038）
网　　址：www. E-mp. com. cn
电　　话：（010）51915602
印　　刷：北京晨旭印刷厂
经　　销：新华书店
开　　本：720mm×1000mm/16
印　　张：14.5
字　　数：238 千字
版　　次：2019 年 11 月第 1 版　2019 年 11 月第 1 次印刷
书　　号：ISBN 978-7-5096-6723-1
定　　价：78.00 元

前　言

改革开放以来，我国扶贫工作已取得显著成效，农村居民温饱问题基本解决。但是，我国经济发展总体水平不高，区域发展不平衡现象严重，贫富差距大，贫困地区特别是连片特困地区发展仍十分落后，扶贫开发工作依然艰巨。2011 年，国家颁布并实施《中国农村扶贫开发纲要（2011~2020 年）》，指出了新时期的奋斗目标：到 2020 年，实现贫困县全部摘帽、贫困人口全部减贫，全面实现小康社会。金融作为现代经济的核心，贫困地区、贫困群众对其服务的需求日益迫切。2013 年，国家提出发展普惠金融理念，要让不同阶层人群特别是低收入人群享受平等金融服务，主张人人具有平等的信贷融资权利。为此，内蒙古实施了“金融扶贫富民工程”，2013 年 11 月启动，2014 年正式实施，主要通过贴息贷款、财政资金担保满足贫困地区、贫困群体生产资金需求，解决贫困群体“贷款难”“贷款贵”问题。

资本积累是提高国民财富、实现减贫致富的必要条件，对经济增长具有决定性作用，由此体现出金融扶贫的重要地位。但专家、学者普遍认为，首先，贫困户物质资本稀缺，收入水平低下，缺乏正规金融机构认可的抵押担保，虽具有贷款需要，但由于其较低的还款能力，尚不构成贷款需求，金融扶贫脱离实际；其次，贫困户居住环境差、贷款额度小、还款意识低，向贫困户贷款成本高、收益低、风险大，加之金融机构的商业化属性，金融扶贫存在“目标转移”问题，“扶富不扶贫”，贫困地区非贫困户成为真正的受益者；最后，扶贫贷款会被贫困户看作一种国家福利，在失去“造血”功能的同时提高负债，更加贫穷。为研究金融扶贫科学性问题，本书对内蒙古农村牧区 455 户建档立卡贫困户进行问卷调查，结合内蒙古扶贫信息系统统计的贫困户基本信息，从贷款需求、减贫效果、还贷信用三个方面进行研究。其主要研究结果如下：

（1）将455户建档立卡贫困户作为研究对象，采用Probit、Logit计量经济学模型，对贫困户贷款需求进行研究。结果表明：金融扶贫拥有58%的需求市场；贫困户“贷款难”问题已得到相应解决，32.3%的贫困户获得扶贫贷款，贫困户贷款需求满足率达55.7%；金融扶贫存在“目标转移”问题，获得扶贫贷款的贫困群体中，13%的贫困户将扶贫贷款看作国家福利，改变了贷款用途，变“造血”为“输血”；贫困户贷款需要、需求、获得三者属于“一一递进”关系，前者为后者的“必要不充分”条件，三类贫困群体的人力、物质、金融、社会资本不断提高；影响贫困户贷款需要的因素包括家庭人口数、人均纯收入等五个变量；影响贫困户贷款需求的因素包括户主性别、贷款用途、户主身体健康等六个变量；影响贫困户贷款可得性的因素包括贷款用途、是否加入合作社、贷款需求金额、土地面积等八个变量。

（2）将264户具有贷款需求的贫困户作为研究对象，采用Treatment Effect Model计量经济学方法，将贫困户获得贷款的概率作为自变量引入第二阶段，研究贫困户贷款对增收、减贫的效果。结果表明：扶贫贷款对贫困户增收、减贫均产生1%水平下的显著正影响，即获得贷款的贫困户更容易实现增收与减贫；扶贫贷款、户主年龄、户主劳动力类型、是否加入合作社四个变量相互依赖，共同影响贫困户增收；扶贫贷款、户主年龄、是否加入合作社三个变量共同影响贫困户减贫；扶贫贷款对不同贫困群体的增收效果不同，对贷款用途为生产性支出的贫困户，属于“造血式”，具有长期性；对贷款用途为生活性支出的贫困户，属于“输血式”，短期分析，具有较强的扶贫效果，长期分析，该类贫困户存在增加负债、更加贫穷的风险。

（3）将455户贫困户作为研究对象，采用熵权法与灰色关联度分析相结合的研究方法，对贫困户还贷信用进行研究。结果表明：贫困户具有较强的信用意识，能够结合自身还款能力，对贷款需求做出科学判断，保证还贷信用；贫困户良好信用的背后存在“高利贷陷阱”，10.2%的贫困户采取民间借贷方式偿还贷款资金，长期分析，该类群体存在“隐形违约”问题；影响贫困户还贷信用的主要因素表现为信用保障，其次为守信能力，最后为守信意识；贫困户信用保障主要受有无打工收入、政策扶持、是否加入合作社等指标的影响，贫困户守信意愿主要受户主文化程度及年龄的影响，守信能力主要受贫困户家庭总收入及家庭人口数的影响；金融机构对贫困户贷款需求、还贷信用的评估偏低，根据对不同贫困群体还贷信用的灰色关联度分析，当贫困户灰色关联度大于0.4750时，具有较强的还贷信用，可形成有效的金融扶贫市场。

本书在贫困户贷款需求、减贫效果、还贷信用研究的基础上，进一步结合国际上较为成功的金融扶贫实践经验，找出内蒙古贫困户金融服务中存在的主要问题：一是贫困群体经济活力低下，金融机构缺乏合作动力；二是扶贫贷款的对象瞄准度不够精细，存在“目标转移”问题；三是农村牧区银行网点分布缺位，贫困户贷款间接费用提高，金融扶贫效率降低；四是金融机构缺乏贫困户还贷信用评估体系，扶贫贷款的供给与贫困户需求存在“失衡”；五是贫困户金融服务对农牧产业依赖性强，农业保险覆盖率低，贫困户存在“返贫”隐患。针对上述问题提出以下政策建议：发挥财政引导作用，增强金融机构参与度，大力发展农村合作金融，完善金融扶贫合作体系；明确金融机构与政府职能，走金融扶贫“结构式”发展道路，建立健全金融机构合作监管体系；完善贫困地区金融基础设施建设，深化金融体制改革，努力打造互联网金融扶贫模式；加强金融扶贫供给侧结构性改革，从贫困户贷款需求出发，合理设计金融扶贫信贷产品与服务；丰富保险产品，提高保险覆盖率，形成“政府+保险+银行”“以险养险”金融扶贫新模式。

目　录

1 导 论

1.1 研究背景及意义

1.1.1 研究背景

“消除贫困，改善民生，实现共同富裕”是社会主义制度的本质要求，也是实现社会稳定、和谐发展的重要条件。贫困在不同时期、不同地域有着不同的表现形式，同样也有着不尽相同的反贫困政策。自中华人民共和国成立以来，尤其是改革开放以后，我国大力推进扶贫工作，随着《国家八七扶贫攻坚计划（1994~2000年）》和《中国农村扶贫开发纲要（2001~2010年）》的颁布与实施，扶贫事业取得了巨大的进步。我国农村贫困人口日益减少，收入稳步提升，贫困地区基础设施建设得到改善，社会事业不断进步，农村居民生存、温饱问题基本解决，探索出了一条具有中国特色的扶贫开发道路。但是，我国经济发展总体水平不高，区域发展不平衡现象严重，贫富差距大，贫困地区特别是连片特困地区发展仍十分落后。为实现人民群众在新阶段过上更加美好生活，党中央、国务院于2011年颁布实施《中国农村扶贫开发纲要（2011~2020年）》，召开中央扶贫开发工作会议，确定了新时期扶贫战略。我国扶贫开发的主要任务从解决温饱转向了促进发展，党的十八大进一步指出，到2020年，实现全面建成小康社会的奋斗目标，国内生产总值和城乡居民人均收入比2010年翻一番，人均生活水平全面提高，基本公共服务均等化总体实现，收入分配差距缩小，扶贫对象大幅减少，促进共同富裕。

在这样一个新的阶段，扶贫开发工作仍旧十分艰巨，贫困地区、贫困群众对金融服务的需求日益迫切，自20世纪80年代扶贫小额信贷由外资扶贫引入我国以来，各地不断探索信贷扶贫模式。但总体上，贫困农户“贷款难”问题依然存在，金融扶贫服务供给不足问题依然突出。为此，党中央、国务院于2011年颁布实施《中国农村扶贫开发纲要（2011~2020年）》，重点强调了金融扶贫的重要性，规定继续完善国家扶贫贴息贷款政策，积极推动贫困地区金融产品与服务方式的创新，鼓励开展小额信用贷款，努力满足扶持对象的生产资金需求。中办发〔2013〕25号文件也明确要求完善金融服务机制，并将其作为六大机制之一。2014年中央一号文件提出，要加快农村金融制度创新，强化金融机构服务“三农”职责，发展新型农村合作金融组织。国办发〔2014〕17号文件要求加大金融扶贫力度，进一步发挥政策性金融、商业性金融和合作性金融的互补优势，切实改进对农民工、农村妇女、少数民族等弱势群体的金融服务。完善扶贫贴息贷款政策，引导金融机构全面做好支持农村贫困地区扶贫攻坚的金融服务工作。银发〔2014〕65号文件提出了要全面做好扶贫开发的金融服务工作意见，明确了指导思想、总体目标、重点领域、重点工作和保障措施。在重点工作中，要求创新金融产品与服务方式，积极探索发展涉农信贷保证、保险，在保障措施中，提出建立健全风险分散和补偿机制。金融扶贫以“造血”的形式改变了以往财政支农的“输血”形式，体现了“授之以渔”的观念，在指导思想上与当前国家发展普惠金融的主流理念相符合。2013年，中共十八届三中全会提出发展普惠金融，要让不同阶层人群特别是低收入人群享受平等金融服务，主张人人具有平等的信贷融资权利。为此，内蒙古农村牧区实施了“金融扶贫富民工程”，该工程于2013年11月启动，2014年正式实施，主要采取农户贷款模式，通过满足贫困群体的生产资金需求，实现贫困户减贫目标。

为了解内蒙古金融扶贫实施情况，本书从贫困户贷款需求、减贫效果、还贷信用等方面展开研究。采用内蒙古扶贫信息系统统计的贫困户基本信息，分析内蒙古贫困现状；进一步结合内蒙古农村牧区贫困户调研数据，研究贫困户贷款需要、需求、获得现状，分析不同贫困群体特征，找出规律性变化及三者之间的关系，并对影响贫困户贷款需要、需求、可得性的因素进行研究，找出差异性，以充分掌握内蒙古金融扶贫需求市场的特点；分析扶贫贷款对贫困户增收、减贫的作用，是提高贫困户收入、实现减贫，还是增加贫困户负债、更加贫穷；研究贫困户还贷信用，找出主要的影响因素，并对不同贫困群体信用水平进行对比，找出信用差距，为做好贫困户贷款风险的防控工作提供有力的理论依据与政策建议；总结、梳理内蒙古金融扶贫合作机构为贫困户提供贷款服务过程中存在的主要问题，结合国外经验实践，提出相应的政策性建议。对以上问题进行研究，能够为内蒙古金融扶贫供给侧结构性改革提供相应的理论与政策依据，力求达到“供求均衡”，降低政策扭曲，对促进内蒙古金融扶贫的顺利开展及2020年所有贫困人口彻底减贫目标的实现有重要的现实意义。

1.1.2 研究意义

理论意义：本书从农村金融、贫困反贫困相关理论出发，以内蒙古农村牧区为例，对贫困户贷款需求、减贫效果、还贷信用进行研究，搭建了良好的理论框架，具备完整的理论基础，为金融扶贫供给侧结构性改革提供相应的理论依据；按照贫困户贷款需要→需求→获得→效果→信用的结构进行研究，具有较强的逻辑性与整体性，为今后学者提供相应的研究方法和理论参考。

实践意义：对内蒙古农村牧区建档立卡贫困户进行问卷调查，获取真实、可靠的一手数据，并对数据进行经济学研究，找出贫困户贷款方面的规律性、科学性，得出影响贫困户贷款需要、需求、获得性、信用的主要因素，研究扶贫贷款对贫困户增收、减贫的实际效果，总结内蒙古金融扶贫贫困户服务中存在的问题，并提出相应的政策建议，以促进内蒙古金融扶贫的顺利进行，保证其扶贫效果和可持续发展，为实现内蒙古扶贫攻坚战做出最大贡献，促进2020年所有贫困人口彻底减贫目标的实现。

1.2 国内外研究综述

1.2.1 贫困问题研究

贫困是一个历史的、地域的综合概念，既是一种常见的经济现象，又是一种极为复杂的社会现象。人们对贫困的认识和理解并非一成不变，伴随着人类社会的进步，贫困的内涵也在不断丰富。近年来，“贫困”成为一个“多维”的概念，其内涵突破了经济领域，进而扩展到社会、政治、文化等领域，对贫困的评价标准也从客观层面延伸到了主观感受。刘民权、俞建拖（2007）指出，人们对贫困的容忍程度、贫困成因的判断以及减贫手段的运用，取决于其对贫困含义的界定。19 世纪末，查尔斯·布斯（1978）将“贫穷”定义为没有能力去支付生活必需品的人。希伯姆·罗恩垂（1981）提出，判断贫困的方法必须以实现“胜利效率”的收入作为分界线。Townsend（1993）认为，当代社会不但要顾及自我生存所需的基本营养，还要考虑更上一层次的内心需求，比如对安全、教育和住房的需要。Lee 和 Murie（1997）提出，“贫困”是个人及其家庭所拥有的社会资源远小于社会平均水平的状态。Narayan（2000）提出，“贫困”是一种社会排斥和无权的看法。Sen（1992）认为，贫困问题反映的是人们取得收入、社会地位和其他生活条件的能力。UNDP（1990）、Sen（1999）将个体是否具备某些基本能力作为权衡贫困的标准，包括识字程度、营养状况、预期寿命、母婴健康等。世界银行 2000~2001 年度报告指出：贫困不但意味着收入低、消费低，同时也意味着受教育的机会匮乏，吃不饱、穿不暖，身体健康状况差，缺乏发言权等。Ansel 和 Sharp（2002）指出，贫困可以通过主观感受进行度量，包括他们的自我评价、对最低标准需求的判断、社区中收入的排名等。杨颖（2011）指出，贫困是一种生存与发展状态，不能仅从个人或家庭拥有的物质资本现状衡量，也包括其能力的匮乏，所以，单从收入角度理解贫困过于简单，贫困还应包括社会、精神、人文、健康、知识等各方面的能力。

1.2.2 反贫困问题研究

有关反贫困的研究主要围绕经济增长模式以及贫困产生的根源开展，包括物质资本、人力资本、社会资本、金融资本等方面。美国经济学家赫希曼（1958）从主要稀缺资源应得到充分利用的认识出发，认为发展路径好比一个链条，从主导部门通向其他部门，发达国家与不发达国家间选择的主导产业与投资方向不同。瑞典经济学家 Myrdal（1991）从政治、经济、社会等角度系统地研究了东南亚国家发展受阻、导致贫困的原因，提出发展中国家应从土地、教育、权利关系等方面改变贫困状况。美国经济学家 Schultz（1992）提出，人力资本匮乏是贫困产生最根本的原因，发展中国家只有重视对贫困人口的教育投资，提高贫困人口文化素质，促进新生产要素在生产中的广泛运用，提高生产要素转化率，才能改变落后状况。康晓光（1995）按照影响生活质量的因素不同，将贫困分为制度贫困、区域贫困、阶层贫困三种类型。其中，区域贫困是在相同的制度下，由自然条件和社会发展差异所致；阶层贫困是在相同制度环境下、同一空间层面的群体或个人间，由于身体素质、文化程度、生产资料、家庭劳动以及社会关系等方面较差的能力所致。

黄承伟（2002）认为，农村贫困问题主要由发展基础差、能力低、权利（机会）不足三类因素所致，将贫困分为环境约束型、能力约束型和权利约束型，环境约束型贫困是地区发展受到恶劣环境的限制所致，能力约束型贫困是由地区或个人发展能力低下所致，权利约束型贫困是由体制问题导致发展受限。郑世艳、吴国清（2008）认为，提升贫困人口发展能力是解决农村贫困的有效途径。王科（2008）在明确区域自我发展力概念的基础上提出，政府主导是导致我国贫困地区发展力不足、贫困区域化严重、扶贫成效不显著的主要原因，建议通过提高贫困地区自我发展能力的手段增强扶贫开发成效。王晓敏（2009）认为，我国农村扶贫政策的缺陷与不足，是阻碍扶贫工作前行步伐的关键因素。世界银行（2009）研究报告指出，减贫的重点对象是贫困人口集中的地带、社区，应增加他们参与经济、社会、政治的机会，包括获得信贷、享受基础设施建设福利的机会。余明江（2010）认为，我国的反贫困实践背离了人是主要生产力的决定性因素，只有提高人的素质才能促进经济发展与增长，实现减贫。张新文等（2011）指出，我国农村扶贫工作是单向的政府活动，主要由国家分配扶贫资源的失衡导致，加之信息不对称，扶贫对象缺乏利益诉求机会、扶贫部门执行结构科层化，使政府主导型扶贫成效不足。张立群（2012）认为，必须坚持内生发展方式，完善已有政策制度，调整优势、特色产业结构，促使农民转型，有效推进连片地区发展。欧海燕等（2014）从空间贫困视角指出，政府制定、完善地区差异化策略，促进经济区域化发展，有利于缓解因自然地理环境差而导致的贫困现象。

1.2.3 扶贫模式研究

王卓（2004）指出，世界上较为成熟的扶贫模式分为三类：以巴西、墨西哥为代表的“增长极”模式；以印度、斯里兰卡为代表的“满足基本需求”模式；以欧美国家为代表的“社会保障方案”模式。法国经济学家弗朗索瓦·佩鲁（1955）提出增长极理论，包括两方面内涵：一是作为经济空间上的某种推动型工业；二是作为地理空间上产生集聚的城镇。巴西基于“增长极战略”建立反贫困模型，包括建立专业发展机构对其进行指导、组织，并且实施落后地区的开发，形成自上而下的金字塔国家干预体系；制定并推行各类落后地区开发计划；实行各类鼓励政策、促进“增长极”建设。美国经济学家 Paul Steretein（1958）提出“满足基本需求”模式，认为经济增长的衡量标准由就业、再分配演进到满足基本需求，从抽象目标到具体目标，从重视手段到重新认识，从双重否定到肯定。1962 年，印度便采取这种模式，很好地缓解了该国贫困现状。“社会保障方案”模式是指政府通过财政手段对国民收入实行的再分配计划，针对贫困人口的低收入和低水平生活状况，直接对穷人提供实物、基本的卫生服务和教育保障及其他的生活补助，以满足贫困人口的家庭基本需要。

波特教授从 1989 年开始，先后对新西兰、加拿大、葡萄牙、瑞典、丹麦、德国等 10 个国家和地区进行了调查研究，并在此基础上提出“钻石理论”，试图在理论与实务的鸿沟间架起一座桥梁，认为钻石模型主要由生产要素、需求条件、企业战略结构与竞争、相关及支持性产业四个基本要素和机会、政府两个辅助要素组成。李甫春（2000）针对广西扶贫开发案例，总结了 10 种扶贫开发模式：发挥亚热带优势，发展蔗糖产业；发挥山区优势，发展林业经济；发展生态农业，实现良性循环；发挥水电资源优势，振兴民族经济；发挥社会主义优势，建设新家园；发挥人力资源优势，组织劳务输出；发挥山水风光、民族民情优势，发展旅游业；发挥边疆优势，发展边境贸易；发挥地域优势，发展经济作物；发挥矿产资源优势，推动地方经济发展。佟新（2000）从贫困成因角度提出了反制度性、反区域性、反阶层性三种反贫困战略。胡锡茹（2003）总结了云南旅游、民族文化旅游扶贫、边境旅游三种扶贫模式。林毅夫（2004）以贫困人口就业、教育为切入点，研究发现人们陷入贫困最主要的原因是缺乏就业机会。胡平（2006）认为，我国贫困问题主要由扶贫开发、投入机制不健全，扶贫开发效率低，非政府组织功能未发挥所致。朱海俊（2007）认为，解决贫困的根本出路是全新的制度设计，建议为农村制定反贫困社会保障政策。陈凌建（2009）认为，我国贫困地区扶贫模式主要包括："公司+农户"参与模式、"乡村银行"小额信贷模式、异地开发模式、产业扶贫模式、劳务扶贫模式、科学扶贫模式、乡村旅游扶贫模式等。龚娜、龚晓宽（2010）将我国扶贫模式总结为 8 种：财政扶贫模式、以工代赈扶贫模式、"温饱工程"模式、对口帮扶模式、生态建设模式、产业开发模式、旅游扶贫模式和移民搬迁模式。

1.2.4 扶贫政策研究

目前，国际上的扶贫政策包括以下几类：直接加大生产投入要素政策，包括贸易开放政策、金融发展政策等；完善生产生活条件政策，如公共基础设施投资政策，生态环境保护政策；降低经济生活不确定性政策，如社会安全网政策；再分配政策，如财政和公共支出政策；公共治理政策，如扩大参与和赋权、政治和社会基本制度改革等；国际减贫协调与合作政策，如结构调整政策；农业现代化政策、城市化政策和农村工业化政策等。公共基础设施建设政策方面，很多学者分别从减贫、农业生产和经济增长的重要性等多个方面进行强调和阐述（Binswanger，1993；Fan，1999；Jacoby，2000；Jalan and Ravallion，2002）。从发展中国家看，公共基础设施建设尤其是贫困地区的基础设施建设对当地贫穷产生的影响主要包括以下几个方面（Songco，2002；Diop，2005；Chatter Jee，2004；Van De Walle，2002）：公路、水利、电力、通信等基础设施建设能够增加贫困人口进入贸易市场的便利性，节约时间、交易成本；基础设施改善可降低生产风险，提高生产效率，同时，促进非农产业发展，为更多贫困者提供再次就业机会；公共基础设施建设直接为贫困人口提供工作机会，增加经济收入（朱玲等，1994；张伟新，2000）。Songco（2002）指出，某些大型工程也会导致农民土地流失，造成迁移过程中的福利损失。因此，基础设施作用的发挥还取决于教育、医疗、卫生、文化等其他方面的投资。关于人力资本投资方面，一般认为基础教育投资具有优先权，尤其是发展中国家，进行基础教育投资可以获得较高投资回报率（World Bank，1995，1999，2001，2002）。

2001 年，农业部政策研究中心的相关研究表明，受教育程度对农民收入增长产生显著的正向作用。Fan（2003）认为，在农业研发、道路、水利、电力、教育和通信六项投资中，教育对减贫产生最大影响。在不发达国家，居民家庭特别是农村地区的贫困居民由于缺乏有效的抵押担保，加之经济生活不稳定，导致其无法获得正规金融服务，物质、人力资本积累缓慢（Besley，1995；Morduch，1999）。小额信贷作为一种有效的扶贫方式和金融创新，自 1994 年引入我国以来，得到了大力的推广与发展。Khandker（1998）、Pitt（1998）利用 BIDS 及世界银行联合调查数据，研究了小额信贷的影响，发现小额信贷对于促进穷人消费平滑和资产积累具有积极作用，尤其在提高妇女福利方面，作用更为显著。但 Morduch（1998）采用与 Khandker（1998）相同的数据研究表明，小额信贷对减贫的长期影响很小。Iqbal（2004）对埃及经验进行了研究，发现小额信贷对不同的调查样本产生不同的影响，对具有创业精神的穷人影响程度最高。

当前，在国际扶贫政策的实践中，分权与扩大参与作为政策目标，也成为其他扶贫政策的规范性要求，在世界银行、国际货币基金会等各类组织的政策安排中表现尤为突出。分权的基本类型包括行政分权、政治分权和财政分权。财政分权是上级政府授予下级政府财政事务的决策权力，对减贫的促进作用往往通过地方政府提供的教育、医疗、卫生等公共服务表现出来，对地方信息更清楚，并了解贫困人群的需求和偏好，提高公共政策实施能力（Rao，2005；UNESC，2005；Boex，2005）。现行扶贫政策对扩大参与的强调反映在各个层次上，包括一个国家或地区减贫战略报告的制定，社区公共发展规划，个人层面的参与式贫困评估。Karl（2000）认为，参与式发展能够让贫困人口分享到更多发展成果，Beresford 和 Hoban（2005）指出，参与式发展能够提高减贫项目的持续性与有效性，最终实现贫困人口减贫。

1.2.5 农户贷款研究

在农户贷款的获得性、需求、意愿方面，谢彦明（2008）对农户农信社融资可得性进行研究发现，农户家庭年收入、户主对农信社的认知、家庭有无借贷经历以及农信社的贷款额度及效率对农户信贷可得性产生显著影响。黄惠春（2015）认为，农地抵押贷款可以适当缓解农户完全数量配给、提高农户信贷可得性，但预期效果并非十分显著。宰晓娜（2013）研究了影响农民专业合作社获得正规信贷的因素，发现财务会计管理状况、合作社领导者的期望对其产生负向作用；是否设立法人账户、实有资本与农民专业合作社正规信贷可得性表现为正相关；合作社的基本情况、已分配利润等对农民专业合作社正规信贷可得性的影响不显著。孔荣（2010）认为，农户文化程度、家庭年收入、是否购买农业保险、农信社对农户的信任水平以及农户违约后的内疚程度对农户正规信贷可得性产生显著正影响；农户家庭负债水平、农户承担更大风险的意愿程度以及农户是否曾违约产生显著的负影响；户主年龄、耕地面积、家庭人口数、家庭总资产、家中就读大学的子女数、是否有重病患者等家庭基本情况以及农业经营收入比例和农户支付更高利率的意愿无显著影响。

史方超（2015）基于泰安 220 份农户调查问卷数据，采用 Logistic-ISM 模型对农户信贷可得性的影响因素及其层次结构进行分析，发现对农户信贷可得性有显著正向影响的因素包括农户家庭收入、借贷经验、贷款公平性、收入来源以及金融机构对贷款申请人的资格条件限定；贷款额度与贷款用途产生显著负影响。分析影响因素的层次结构，金融机构对贷款申请人的资格条件限定是表层直接因素；中间层因素包括农户家庭收入水平、借贷经验、贷款额度与用途；贷款公平性、农户收入来源以及国家优惠政策为深层因素。罗雨柯（2015）利用离散变量二元 Probit 模型对农户小额信贷获得性的影响因素进行分析，结果显示，户主年龄、长期在外打工人数、家庭劳动力人数、社会评价、资产总值及行为信用记录对其产生显著影响。刘荣茂（2014）以正规金融与非正规金融的划分为出发点，结合江苏省农户调查研究的数据，分析农户获得正规金融和非正规金融贷款的影响因素，研究表明，影响农户获得正规金融贷款的因素包括户主年龄、家庭收入、家庭劳动力人数、农户的抵押、担保情况；影响农户获得非正规金融借款的因素包括家庭收入、户主技能、农户担任乡村干部情况、户主声望以及担保情况。何军（2005）对江苏 390 户农户调查数据进行研究，结果表明，影响农村居民民间借贷需求的主要因素包括农户家庭收入、劳动力负担程度、社会资本拥有量及户主职业特征等，其中农户的社会资本拥有量的作用效果极其显著。

颜志杰（2005）认为，户主年龄、非农就业人数、家庭的财产状况、正规贷款用途及地区经济条件是影响农户获得借贷资金的主要因素。吴艳（2015）对影响牧民草场承包经营权抵押贷款需求的因素进行了研究，发现牧民年龄、受教育程度、对国家出台草场承包经营权抵押贷款政策的希望程度对牧民抵押草场意愿的影响力最大。Sarmistha（2002）根据对印度村庄的调查发现，农户拥有的土地资产、能否获得无息贷款、工资性收入等对农户借贷需求产生显著影响。易小兰（2012）总结了对农户借贷需求研究的缺陷，并以江苏、河南、甘肃三省农村正规金融机构农户贷款为例，得出影响农户正规借贷需求的因素包括农户对正规金融机构借贷政策的认知程度、家庭物质资本总折价、家庭生产经营总支出、地区差异等因素。张松灿（2013）以河南 402 户农民为样本，对影响农户村镇银行贷款意愿的因素进行实证分析，发现户主性别、年龄、收入等对其产生显著影响。李超（2014）通过调研发现，户主性别、年龄、受教育程度、贷款经历对农户土地抵押贷款意愿产生显著影响。阙立娜（2016）对陕西杨凌示范区新型农业经营主体的信贷和资金状况进行研究，发现经营能力和资本差异影响不同经营主体信贷需求。杨伟坤（2009）对河北农户贷款需求进行了研究，发现农户身份特征、土地经营规模、收入水平与类型对其借贷意愿产生显著影响。陈晋丽（2014）利用辽宁 14 市中随机选取的 385 户农户数据，研究农户土地经营权抵押贷款需求意愿，结果显示，农户对政策的认知与了解对土地经营权抵押贷款需求与意愿产生显著正影响；农户家庭人口数产生显著负影响。兰庆高（2014）对山东农户的生产经营性贷款需求进行了长达 6 年的调查研究，发现该类需求具有显著的区域差异，与当地富裕程度正相关。曾维忠（2011）以四川宜宾 364 户农户调查数据为基础，探究农户林权抵押贷款意愿的影响因素，提出小额林权抵押贷款，并积极引导扶持农村专业合作经济组织发展的重要举措。

1.2.6 金融扶贫研究

金融是经济发展的核心，金融的发展对于解决贫困问题起着十分关键的作用。20 世纪 80 年代以来，世界经济开始向市场经济体制靠拢，美国学者 Adams（1988）研究并提出农村金融市场论，对农业信贷理论提出批评，认为政府不该过多介入，应充分发挥市场作用。Adams 赞同 E. S. Shaw 和 R. L. Mckinnon 的“金融深化论”和“金融抑制论”，认为金融制度与经济发展之间互相影响，金融发展滞后制约经济繁荣；经济萧条也会阻碍金融发展。金融深化成为解决金融抑制的唯一方法，即充分发挥市场调节作用，尽可能减少政府干预，通过人们的储蓄、投资等市场活动自动调节金融与经济发展。相对于 Adams 的理论，Stiglitz（1981）则更偏向于政府干预，认为金融市场不是完全竞争的，存在严重的信息不对称，依靠政府介入可使受贷人形成专业化组织，能够弥补金融市场信息不对称等问题。Hayek 于 1964 年创立了局部知识理论，同样认为市场是有缺陷的，需要政府的适当介入，只有通过知识分工才能充分发挥竞争作用，促使知识分工更加合理，从而实现合作。小额信贷的领军人孟加拉国的 Muhammad Yunus（1965）认为，人们在研究市场和价格机制时忽视了以“同情共感”为基础的社会本质，在他看来，无论贫穷富有，都应享有平等地获得经济、政治等资源的机会和权利，因此解决贫困的唯一办法是为穷人提供参与竞争的机会。

近年来，国家对“三农”问题越来越重视，对贫困地区采取了一系列的减贫、扶贫措施，理论界对于扶贫问题进行了深入研究，认为金融扶贫是最有效的方式。朱玲（1995）认为，我国金融扶贫实践中的受益者是当地政府以及非贫困人群，农村贫困户难以获得信贷资金，应认真审查扶贫标准，确保贫困群体获得信贷资金，同时做到区域与个人的兼顾。黄承伟、刘金海（2009）研究了财政与金融扶贫手段的差异性，指出二者间的共同点是具有“公共服务”性质，区别体现为是否有偿借贷，应该通过财政杠杆作用促进金融扶贫发展。周彬彬（1988）阐述了我国“双渠道”资金模式，认为此模式下扶贫项目的申报、论证、立项等工作应由政府渠道负责，而具体的资金下发工作则需要金融机构渠道负责。随着深入研究，他发现，金融机构始终将商业目标放于首位，与政策性目标存在矛盾，影响政府扶贫资金使用效率。吴国栋（1995）认为，信贷资金具有“二重支付、二重归流”的规律，扶贫资金的发放存在“目标转”问题。宁爱照、杜晓山（2013）对新时期的中国金融进行研究，梳理了金融扶贫政策变迁过程，并提出新时期应充分认识并发挥金融在扶贫开发中的重大作用，为新时期中国金融扶贫的发展提出政策建议。杨谊（2011）、郭兴平（2013）对新时期的中国金融扶贫进行研究，总结了这时期中国金融扶贫存在的主要问题并提出了相应的政策建议。

曾康霖（2007）对扶贫性金融进行了深入研究，提出金融的分配再分配功能为扶贫性金融提供了理论基础，扶贫性金融的制度安排需要做到财政金融的积极配合，政策性金融机构的稳定支撑以及社会富裕阶层的资助，扶贫性金融的运作模式包括家庭扶贫性金融、行业扶贫性金融和地区扶贫性金融三类。周孟亮、彭雅婷（2015）从普惠金融视角研究了我国金融扶贫的理论与对策，认为普惠金融倡导各类金融机构共同参与，为所有需要的人群提供合理、全面、系统的金融服务；利用市场化手段，增加扶贫对象的主观能动性是未来我国连片特困区扶贫的重要方式。陆铭宁（2016）以凉山彝族自治州为例，基于信贷交易合约模型，加入了“涉农贷款保险”因子，对农村金融扶贫进行了研究，分别从政府、金融机构、农户三方面提出了政策建议。牟秋菊（2016）对小额信贷扶贫的实践进行了反思，并分析了孟加拉国格莱珉银行扶贫模式的机理，为我国农村金融扶贫供给侧改革提供了相应的政策建议。

中国农业发展银行行长祝树民（2016）认为，“十三五”时期是实现全面建成小康社会的重要阶段，要发挥政策性银行在金融扶贫中的主导和引领作用，推动贫困地区经济社会发展和贫困人口减贫。谭燕芝、张子豪（2017）利用2014年中国家庭追踪调查数据（CFPS）实证分析了社会网络、非正规金融与农户多维贫困之间的作用机制及其中介效应，认为社会网络实际上成为农户借贷过程中的一种“隐性抵押”，农户以此获得非正规金融的资金支持进而改善多维贫困状态实现减贫。

1.2.7 研究述评

国内外学者均对金融扶贫的相关内容做了大量研究。国外对金融扶贫的研究起步较早，研究较为深入、成熟，无论从理论应用、体系建设、方法创新等各方面，都有值得我们学习和借鉴的地方。针对金融扶贫问题，国内学者也进行了大量研究，但起步较晚，理论、方法等也基本源于国外。1993 年，我国开始引入小额信贷，这一阶段出现了一些相关内容的研究，但多数停留在国外经验、启示和我国小额信贷发展存在的问题、对策等。之后，2003 年我国进行金融体制改革，2004 年提出“普惠金融”这一概念，由此吸引了很多学者的关注，相关研究大量增加，尤其增加了对微观数据的分析。2011 年颁布实施的《中国农村扶贫开发纲要（2011~2020 年）》，重点强调了金融扶贫的重要性，2013 年中央一号文件将金融扶贫机制的完善作为六大机制之一进行要求，这期间，金融扶贫机制被广泛研究，但目前国内的研究仍较宏观，主要是针对金融扶贫存在的问题和对策等。涉及微观层面的研究，较多的是对某一地区成功模式的效果分析，方法简单，多为统计分析法，较深入的是对农户贷款影响因素的研究。

通过查阅文献发现，首先，目前国内学者对金融扶贫信贷方面的研究，主要将研究对象定位于贫困地区的所有农户，本书认为，该类研究存在不合理性，缺乏针对性，不符合我国精准扶贫理念。为此，本书将建档立卡贫困户作为研究对象，对该类群体的贷款需要、需求、获得、效果、信用进行研究，保证了研究对象的精准度。其次，具体到农户贷款行为的研究，无论国外还是国内，都存在同样的问题，即学者对农户贷款需要、需求与意愿的界定较为混乱，三者的影响因素无法区分，从经济学角度讲，贷款需求由贷款需要与意愿共同构成，是指贫困户在具有贷款需要的基础上，在愿意且具备充足偿还能力的条件下形成的经济活动。贷款需要属于心理学范畴，贷款需求为经济学概念。为此，本书选取不同的调查样本，分别对贫困户贷款需要、需求进行研究，分析贫困户贷款需要、需求现状，找出影响二者因素的不同。虽然国际上已有大量金融扶贫相关研究，但仍存在一定不足，本书试图进行完善和改进。

1.3 研究内容与拟解决的关键问题

1.3.1 研究内容

1.3.1.1 理论部分

首先，介绍本书的背景、意义，提出本书相关概念与理论基础，梳理国内、国外研究文献，总结出国际理论界对金融扶贫的研究进展，由此引出本书要研究的主要内容、采用的主要方法、实现的目的，并勾勒出本书的技术路线。

其次，梳理我国及内蒙古金融扶贫发展历程，从贫困人口、贫困户两方面分析内蒙古农村牧区贫困现状，并对内蒙古金融扶贫发展概况做简要介绍，梳理内蒙古金融扶贫主要政策，并对其成功模式进行研究。

1.3.1.2 实证部分

以内蒙古农村牧区为例，对贫困户贷款需求、减贫效果、还贷信用进行实证研究。

首先，分析内蒙古农村牧区贫困户贷款需求。该部分主要从贫困户贷款需求现状及满足情况进行分析：其一，本书认为，贷款需求是指贫困户具有相应的贷款需要，并具备一定的还款能力，愿意发生的经济行为，因此，对贫困户贷款需求进行研究之前，应先研究贫困户贷款需要。其二，本书认为，具有贷款需要、需求及实际获得贷款三类贫困群体属于依次包含关系，贷款获得性建立在贷款需求的基础上，贷款需求又建立在具有贷款需要的前提下，因此，本书先对贫困户贷款的需要与需求进行研究，分析贫困户贷款需要、需求现状及其影响因素；进一步研究贫困户贷款获得性，分析内蒙古农村牧区贫困户贷款实际获得情况，并对其影响因素进行研究。其三，总结具有贷款需要、需求及实际获得贷款三类贫困群体特征的规律性变化，找出三者影响因素间的差异性。

其次，分别从增收、减贫两方面研究贫困户贷款的效果。分析贫困户贷款对增收和减贫的影响，研究贫困户贷款是促进其增收、实现减贫，还是增加负债、更加贫困。并对贫困户进行分类研究，对不同贫困群体间的贷款效果进行研究，为完善、改进内蒙古贫困户金融服务的发展提供相应的政策建议。

最后，研究贫困户还贷信用。其一，研究内蒙古农村牧区贫困户还贷信用，找出贷款违约贫困户，并进行原因分析；其二，对内蒙古农村牧区贫困户还贷信用进行评估，找出影响贫困户还贷信用的主要因素，并对不同贫困群体的还贷信用进行对比研究，找出差距，对症下药，以提高内蒙古农村牧区贫困户贷款整体信用水平，做好贫困户贷款风险的防控。

1.3.1.3 结论部分

本部分提出内蒙古金融扶贫合作机构为贫困户提供贷款服务过程中存在的主要问题及原因分析，结合国外主要的金融扶贫实践，提出相应的政策建议，并总结、凝练整个研究形成的主要观点与结论。

1.3.2 拟解决的关键问题

（1）是否所有的贫困户都具有贷款需要？金融扶贫拥有怎样的需求市场？贫困户贷款的实际获得情况如何？影响贫困户贷款需要、需求、获得性的因素有哪些？

（2）内蒙古农村牧区贫困户贷款的减贫效果如何？能否真正解决贫困问题，是提高贫困户收入、实现减贫，还是增加贫困户负债、更加贫穷？

（3）内蒙古农村牧区贫困户还贷信用如何？导致贫困户发生贷款违约的原因是什么？影响贫困户还贷信用的主要因素包括哪些？

（4）内蒙古金融扶贫合作机构为贫困户提供贷款服务的过程中存在哪些问题？如何解决？

1.4 研究方法与数据来源

1.4.1 研究方法

本书主要采用文献查阅法、问卷调查法、部门访谈法、案例分析法、对比分析法、统计分析法、规范分析法以及 Probit、Logit、Treatment Effect Model（TEM）计量经济学模型、熵权法、灰色关联度分析法等方法，其中，各部分研究内容所采用的具体方法如下：

第一、第二、第三、第四章属于本书的理论部分，主要采用文献查阅法、部门访谈法、规范分析法、对比分析法、统计分析法与案例分析方法。

第一、第二章为导论、相关概念与理论基础，主要采用文献查阅法；第三、第四章为内蒙古农村牧区贫困现状分析与内蒙古金融扶贫发展概况，主要采用部门访谈法、规范分析法、对比分析法、统计分析法与案例分析法等方法。其中，采用规范分析法对我国及内蒙古金融扶贫的历史演变过程进行梳理；采用统计分析法、部门访谈法对内蒙古农村牧区贫困现状进行研究，了解内蒙古农村牧区贫困人口、贫困户的分布结构及主要特征等；采用案例分析法和规范分析法对内蒙古金融扶贫成功模式进行研究。

第五、第六、第七章属于本书的实证部分，主要采用问卷调查法、对比分析法、统计分析法、规范分析法、Probit、Logit、Treatment Effect Model（TEM）计量经济学模型、熵权法、灰色关联度分析法等方法。

实证部分所有数据均通过问卷调查结合内蒙古扶贫信息系统获取，在此基础上，采用统计分析法、规范分析法对内蒙古农村牧区贫困户的贷款需要、需求、获得现状进行研究；采用 Probit、Logit 计量经济学分析方法分别对影响贫困户贷款需要、需求、获得性的因素进行实证研究；采用 Treatment Effect Model（TEM）计量经济学模型对内蒙古农村牧区贫困户贷款的减贫效果进行研究；采用熵权法与灰色关联度分析对内蒙古农村牧区贫困户还贷信用进行研究，得到影响贫困户还贷信用的主要因素，并找出不同贫困群体间的差距。

第八、第九、第十章属于本书的结论部分，主要采用文献查阅法、问卷调查法、部门访谈法、对比分析法、规范分析法等方法。其中，采用文献查阅法对国际上主要的金融扶贫实践经验进行描述，进一步采用对比分析法研究不同金融扶贫实践的差异性，同时将其与中国国情、内蒙古区情进行对比分析，总结出对内蒙古金融扶贫发展的启示；采用问卷调查法、部门访谈法、规范分析法对内蒙古金融扶贫合作机构为贫困户提供贷款服务过程中存在的主要问题及原因进行研究，并提出相应的政策建议；采用规范分析法总结、凝练整个研究形成的主要观点与结论。

1.4.2 数据来源

本书数据主要来源于内蒙古农村牧区贫困户问卷调研，部分用到内蒙古扶贫信息系统统计数据。

本书完成建档立卡贫困户有效问卷 455 份，具体区域及贫困户的选择按照随机抽样法进行，随机抽样方法使用手机下载的随机数生成器软件实现，保证足够的样本数量和真实、可行的贫困户调查数据是本书顺利完成的基础。在获得真实、可行调研数据的基础上，结合内蒙古扶贫信息系统统计数据进行研究。以上是本书所有的数据来源。

1.5 技术路线

本书的技术路线如图 1.1 所示。

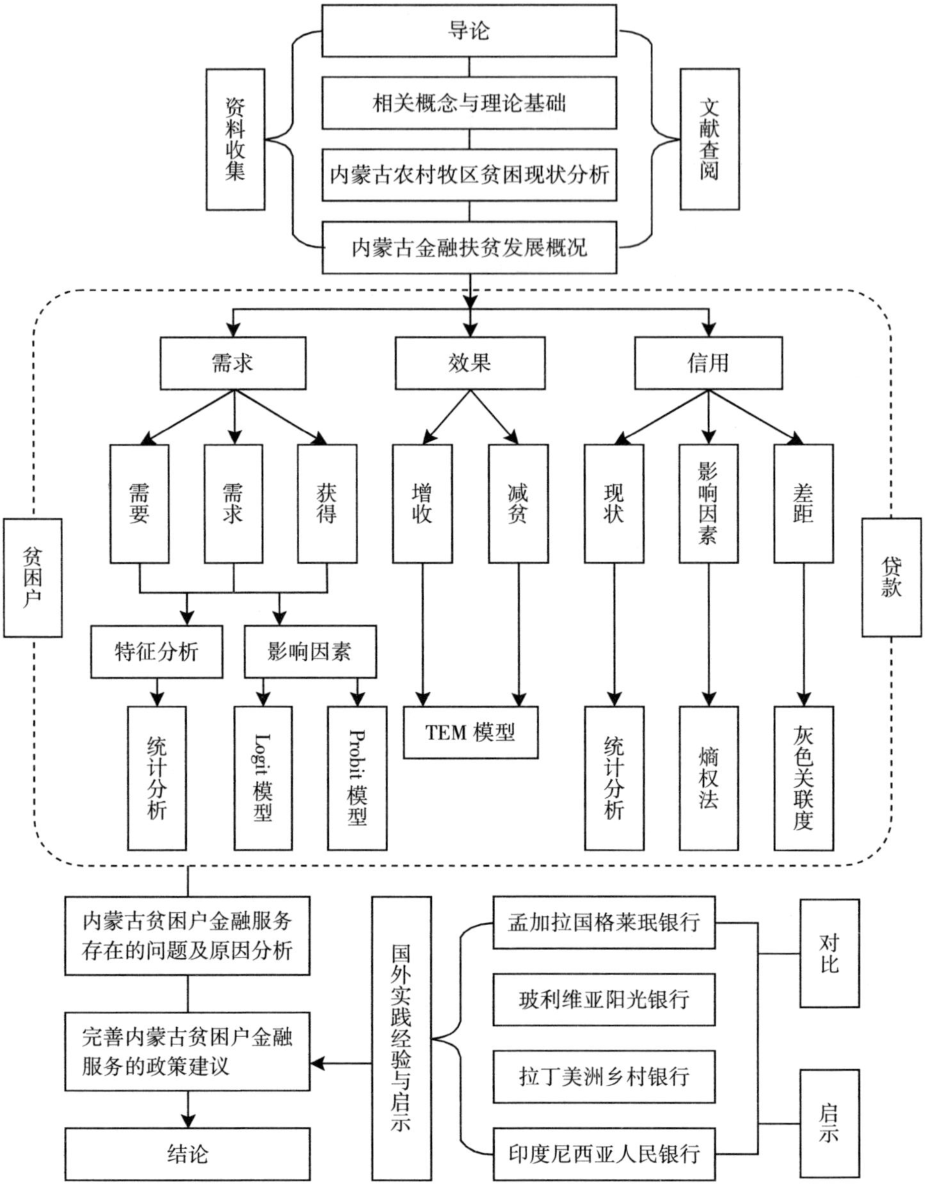
导论
相关概念与理论基础
内蒙古农村牧区贫困现状分析
内蒙古金融扶贫发展概况
资料收集
文献查阅
需求
效果
信用
需要
需求
获得
增收
减贫
现状
影响因素
差距
贫困户
贷款
特征分析
影响因素
统计分析
Logit 模型
Probit 模型
TEM 模型
统计分析
熵权法
灰色关联度
内蒙古贫困户金融服务存在的问题及原因分析
完善内蒙古贫困户金融服务的政策建议
结论
国外实践经验与启示
孟加拉国格莱珉银行
玻利维亚阳光银行
拉丁美洲乡村银行
印度尼西亚人民银行
对比
启示

图 1.1　技术路线

1.6 可能的创新与不足

1.6.1 创新之处

1.6.1.1 研究方法

本书采用 Treatment Effect Model（TEM）计量经济学方法对内蒙古贫困户贷款的减贫效果进行研究，将第一阶段贫困户贷款获得性回归的因变量“贫困户获得贷款的概率”作为第二阶段减贫效果回归的自变量，有效解决贷款金额与收入等变量间的内生性问题，同时实现了本书前后章节的完美结合。

采用客观赋权熵权法与灰色关联度分析法相结合对内蒙古贫困户还贷信用进行研究，采用熵权法获得科学、合理的指标权重，有效去除指标赋权的主观性，进一步采用灰色关联度分析法，研究不同群体间的信用差距，得到了贫困户具备良好信用的分界线。

1.6.1.2 研究内容

本书分别对贫困户贷款需要、需求、获得性进行研究，发现家庭人口数多、人均纯收入水平高、户主年龄小、打工与转移性收入占比小的贫困群体具有贷款需要，贫困户具有较高的信用意识，已有一半的贫困户贷款需求得以满足；贫困户贷款需要、需求、获得性的判定依据、影响因素各不相同；影响贷款需要的因素主要体现为能够对贫困户家庭收入、支出产生作用的相关指标，影响贷款需求的因素主要体现为能够对贫困户还款意识、还款能力产生作用的相关指标，影响贷款获得性的主要因素体现为对贫困户还贷信用及贷款投资回报率产生作用的相关指标。

对贫困户贷款的减贫效果进行研究发现，贫困户贷款对增收、减贫均产生显著的促进作用，受现有贫困户退出机制的影响，扶贫贷款对贫困户减贫的作用高于增收。同时，扶贫贷款对不同贫困群体的扶持方式及作用时效不同，对贷款用途为生产性支出的贫困户而言，属于“造血式”，其扶贫效果具有长期性；对贷款用途为生活性支出的贫困户而言，属于“输血式”，长期分析，对该类贫困群体放贷存在严重的违约风险。

根据对贫困户还贷信用研究发现，贫困户具有较高的信用水平，但其良好信用的背后存在“高利贷陷阱”，部分贫困户采取民间借贷方式偿还贷款资金，存在“隐形违约”问题；金融机构对贫困户还贷信用与需求市场的评估偏低，当贫困户对应的灰色关联度大于 0.4750 时，其贷款需求可形成长期、有效的金融扶贫市场；影响贫困户还贷信用最主要的因素是信用保障，其次是守信能力，最后是守信意愿。

1.6.2 不足之处

本书基于大量建档立卡贫困户问卷调查数据，从贫困户贷款需要、需求、获得性、效果、信用等方面研究内蒙古金融扶贫实施情况。但由于政策执行时间较晚，加之贷款作用的滞后性（即今年贷款，明年见效），本书仅获得贫困户 2014 年贷款与 2015 年收入、减贫相关数据，属于短期静态研究，无法获得金融扶贫长期效果。另外，由于笔者时间和精力的限制，加之对建档立卡贫困户调查的实际困难，本书未将农区、牧区、半农半牧区贫困户分开研究，根据调查情况了解到，三类贫困群体间存在一定差异，望后续研究能够进行细化与补充。

2 相关概念与理论基础

2.1 相关概念

2.1.1 金融扶贫

（1）扶贫。扶贫是指政府或非政府组织通过生产及生活资料的供给、资金的补贴与发放、技术的指导与培训等形式，因地制宜，因人施扶，对贫困地区、贫困人群进行有效帮助与扶持，满足其基本生存需求，带动其发展赖以生存的相关产业，使其摆减贫困现状，提高经济收入，改善生活质量的一系列政府、社会活动。自扶贫工作开展以来，中国的扶贫方式多种多样，其特点体现出很强的阶段性，主要行为：中华人民共和国成立后以发放救济金资助、以工代赈为特点的输血阶段，这一阶段也被称为生产自救阶段；1978 年改革开放以后，有计划、有组织的干部分工、富裕户带动贫困户阶段，也被称为个案型扶贫阶段；1983 年起以产业发展为主的开发式造血阶段，直至现在的精准扶贫阶段，发挥当地资源优势，挖掘产业发展之路，增强贫困户自身发展能力。中国的扶贫对象也具有多元化的特点，不仅包括贫困地区的扶持，也包括中小企业及贫困户的帮扶。

（2）金融扶贫。金融扶贫从扶持方式上看，主要是通过资金的扶持解决现有贫困问题，但这里的资金扶持并不是指政府财政资金的补贴，而是贫困对象生产资金的获取，即生产融资、扶贫贷款。金融扶贫是开发式、造血式扶贫的重要模式，是农村金融改革的重要内容，也是农村扶贫开发战略体系的重要组成部分，不仅具有政策性，同时具有商业性，是指国内正规、非正规金融机构通过向贫困地区具有贷款需求的中小企业、贫困户发放贷款，满足众多中小企业、贫困户发展自身产业所需要的生产资金，激发其内生发展动力与潜能，实现稳定减贫和可持续发展的一系列社会活动。目前，中国金融扶贫的对象一般是具有劳动能力和融资需求的中小企业及贫困户；帮扶领域主要是生产方面，有基础设施建设贷款、移民工程贷款、特色农业贷款、贫困户生产性小额信用贷款、生源地助学贷款等；帮扶主体不仅包括政策性银行、商业性银行，还包括很多新型金融机构，如资金互助合作组织等。

2.1.2 农村牧区

(1) 农村。农村，又被广泛称为乡下，主要是与城市（城镇）相对立的概念，所以，农村与城镇合起来又构成了城乡二元结构。农村是指以第一产业为主，主要从事农业生产的农民的居住地，这里的农业生产不仅包括种植业生产，也包括畜牧业、林业、渔业等的生产。农村实际上是由原始社会的村落演变而来。原始社会初期，人们主要依靠打猎维持生计，哪里有猎物，哪里天黑，哪里扎巢穴，哪里就是家，此时，并没有村落这一概念；原始社会中期时，约在新石器时代，人们拥有了一定的农业生产技术，可以在土地上进行耕作，并进行作物管理、牲畜饲养等，所以，人们在距离自己耕作近的地方建立了自己固定的居住场所，也就是最早的村落，此时的村落主要以血缘关系为纽带；原始社会末期，随着人类的不断进步，商品交换得到发展，由此形成了集市，实际集市也是位于交通相对便利的村落中，现在很多农村地区的集市依然存在，是农民购买生产、生活资料的主要场所。进入奴隶社会，随着生产力的不断发展，手工业等从农业中分离出来，其较为集中的地方不断壮大、独立，形成了一个地区的政治、经济、文化中心，后期发展为城市，即为奴隶主、官吏、大商人的居住地，而剩下的奴隶等的居住地便成为农村。

(2) 农区。农区，是以种植业为主要收入来源的农民聚集地，耕地为其主要生产基地，农民根据不同地域的温度、湿度、土壤类型等，种植不同作物，既包括粮食作物也包括经济作物，部分地区也同时从事林业、牧业、渔业。农区是中国粮食、蔬菜、水果、木材等农产品最大的输出地。目前，中国农区具有地域性明显、小农经济作业、传统习俗丰富等特点。

（3）牧区。牧区，是指以广阔的天然草原为生产基地，主要采取放牧方式饲养牲畜（草食性牲畜为主），以经营畜牧业为主的牧民居住地。实际上，牧区是从农村中分离出来的，主要从事种植业生产的农村为农区，主要从事畜牧业生产的农村为牧区。这里需要注意的是，农区也可经营畜牧业，但与牧区畜牧业的生产方式存在很大差异，农区主要是采取圈养的形式生产，而牧区则是放牧形式，即散养。中国具有四大牧区，分别为内蒙古、新疆、西藏、青海。其中，内蒙古东起大兴安岭，西至额济纳戈壁，面积 88 万多平方千米，草原面积 13.2 亿亩，约占全国草场面积的 1/4，占全区土地总面积的 68.81%，是中国最大的牧区，最重要的畜产品生产、加工基地；新疆牧区草原面积 12 亿亩，其中，7.5 亿亩为可利用面积，占全国可利用草场面积的 26.8%，是中国第二大牧区；西藏牧区草场面积约 8 亿亩，居中国第三位，是最大的高寒草甸草原畜牧区；青海牧区居第四位，可利用草场面积为 5 亿亩。

（4）半农半牧区。半农半牧区，又被称为农牧交错带，是指农区与牧区的交错区或过渡区，既是以种植业为主要经济收入的农民集聚地，又是以畜牧业为主要经济来源的牧民聚集地，同时具有农区和牧区的特点。中国的半农半牧区主要分布于东北和华北西部地区以及西北的东部地区，大致位于大兴安岭东麓、辽河中上游、阴山山脉、鄂尔多斯高原东缘、祁连山、青藏高原东缘两侧，其中，西北部是由半农半牧区逐渐向纯牧区过渡，东南部是由半农半牧区逐渐向农业区过渡。由于农区和牧区文化、制度等因素的差异，给半农半牧区土地利用造成了很多的困扰，影响该地区农牧民和谐发展。例如，目前国家为保护草原生态环境，大力实施草原生态保护补助奖励政策，降低天然草场载畜率。这一政策的实施严格要求牧民放牧行为，牧民减少了牲畜数量，降低了草场载畜率。但很多农民在牧民草场上偷偷放牧，使得牧民草场存在超载现象，即使负责部门会对其进行相应处罚，也给政策的实施带来不必要的麻烦，同时造成很多社会问题。为此，近年来农牧交错带的发展问题备受国家关注，学术界也展开了很多相关研究。

内蒙古从区域类型上划分，包括农区、牧区、半农半牧区（农牧交错带），全区共 102 个旗县，其中，包括纯牧区 33 个，本书所说的农村牧区实际是指内蒙古整个农村地区，因内蒙古为中国四大牧区之首，为强调其区域特征，在此用农村牧区定义。

2.1.3 贫困户

贫困户的界定具有严格的国家标准，即国家贫困线（贫困标准），所以，在进行贫困户的界定前，先对贫困标准或贫困线进行相关描述。

（1）贫困线，又被称为贫困标准，是指在一定的时间、空间和社会发展条件下，人们维持基本生存所必须消费的生活必需品或服务的最低支出，贫困线（贫困标准）的确定直接关系贫困户的识别，是国家开展扶贫工作的第一步。

（2）贫困线确定的依据。20 世纪 80 年代，中国开始进行大规模的扶贫工作。开始阶段，国家先以满足人们的基本生存需要为目的，确定了农村贫困标准；2000 年之后，随着生产力的不断发展，国家经济实力不断增强，人们生活水平不断提高，国家先后在 2008 年和 2011 年进行了贫困标准的调整。所以，自 1978 年改革开放以来，中国共采用了三条贫困线：1978 年贫困线、2008 年贫困线和 2010 年贫困线，三条贫困线所代表的生活状态各不相同，但同一标准在实施年度所代表的实际生活水平基本相当，其变化主要体现在物价水平的波动上。1978 年贫困标准的制定依据主要是满足人们的基本生存需要，2008 年调整为满足人们的健康生存需求，2011 年进一步提高，调整为健康生存与保障义务教育、基本医疗、住房共同实施的“不愁吃、不愁穿”的稳定温饱标准。其中，2000~2008 年又进一步分为相对贫困标准（低收入标准）和绝对贫困标准，为方便研究，本书仅考虑绝对贫困。贫困标准制定的理论依据可以使用经济学的福利效用函数加以推论，微观经济学效用理论假定，每一农户的家庭效用函数相同，以此进行不同农户间的福利对比研究。通过分析农户家庭效用最大化的实现过程，结合家庭消费、支出函数的变化，以家庭成本支出反映农户家庭消费水平，从而达到观测农户福利的目的，也就是贫困线制定的依据。如图 2.1 所示。

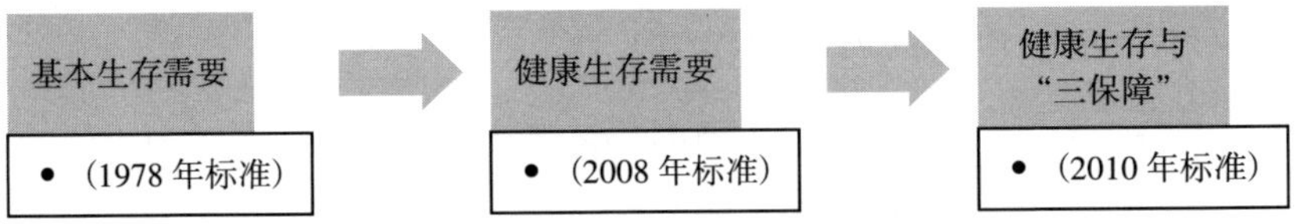

图 2.1 贫困线制定依据的历史演变

（3）2010 年贫困线的确定方法。2011 年，经国家统计局测算以及各部门研究，国务院确定 2011~2020 年农村贫困标准为“按 2010 年价格水平每人每年纯收入 2300 元”。该标准的确定满足两个基本假设：一是标准的食品支出不仅要让人吃饱，同时也要适当吃好，而在之前的贫困标准确定时，仅考虑人们的果腹问题，并未考虑食物的质量问题。从营养角度讲，2010 年贫困标准的确定不仅要满足人们维持生存的基本需求，同时也要满足人们健康生存的基本需求，即满足每人每天 2100 大卡的热量，同时满足每人每天 60 克左右的蛋白质需求。二是恩格尔系数为 60%，即食品支出占家庭总支出的比重为 60%，以此保障一定数量的非食品支出，即保障贫困户的穿、住、行、教育、医疗等非食品消费也能达到与健康生存的食品消费基本一致的水平，并且使其控制在可预期的正常情况下，长期保持较稳定状态，这样便符合微观经济学效用理论所提出的：如果消费者总体上可理性地在各项消费中分配支出，并使得各项支出同等重要，且能保证未来生活水平基本稳定，这种状态下便可实现效用最大化。

（4）贫困线的更新方法。在使用不同贫困线进行贫困户识别、贫困率测算时，需要注意的是贫困标准的更新，更新依据为农村贫困人口所面对的物价波动，即农村居民食品消费指数和农村居民消费价格指数的加权。例如，现行农村贫困标准按照 2010 年标准，即农村居民家庭人均纯收入为 2300 元，按照上述更新方法，2014 年，农村贫困标准（当年价）应达到家庭人均纯收入 2800 元，2016 年约为 3000 元。

（5）贫困发生率。贫困发生率（贫困率）最初是由英国朗特里（Seebohm Rowntree）于 1901 年提出的，是指某一地区贫困人口占该地区所有人口的比率，贫困人口是指收入水平处于贫困线以下的人群，贫困户是指家庭人均纯收入处于贫困线以下的户群。目前，该指标被广泛用于某一地区贫困程度的衡量。其公式为：

$$H = q/n$$

其中，H 为贫困发生率，q 为贫困人口数，n 为全部人口数。

按 2010 年贫困标准衡量的农村贫困状况见表 2–1。

表 2.1 按 2010 年贫困标准衡量的农村贫困状况

年份	当年价贫困标准 (元/年·人)	贫困发生率 (%)	贫困人口规模 (万人)
1978	366	97.5	77039
1980	403	96.2	76542
1985	482	78.3	66101
1990	807	73.5	65849
1995	1511	60.5	55463
2000	1528	49.8	46224
2005	1742	30.2	28662
2010	2300	17.2	16567
2014	2800	7.2	7017
2015	2855	5.7	5572
2016	—	4.5	4332

数据来源：2015 年中国农村贫困检测报告及根据国家统计局、国务院扶贫办网站公布数据整理得出。

2.1.4 贷款需要、需求、获得性、信用

（1）贷款需要。需要，是个体对某一事物从生理、心理上产生的直接欲望，对于贫困户贷款而言，主要是贫困户对家庭“幸福感”的认知与评价，取决于贫困户对生活的追求以及现有收入对家庭生产、生活所需资金的满足情况，属于心理学范畴。简单地讲，若贫困户家庭收入能够满足日常开销，对现有生活满意，认为自己是幸福的，且不存在其他生活追求，则表现为无贷款需要；若贫困户对现有生活不满意，其家庭收入水平无法满足生产、生活所需资金，或存在其他物质或精神追求，此时需要通过外部融资加以解决，即表现为存在贷款需要。所以，贷款需要主要由贫困户的主观意识决定，仅体现为偏好，并不考虑家庭偿还（支付）能力。

（2）贷款需求。需求，从经济学角度讲，是指某经济主体愿意且能够购买的商品或劳务，包括三个要素：个体偏好、产品价格、收入水平。贷款需求是指某一经济主体（本书指贫困户），在存在贷款需要（偏好）的基础上，考虑家庭结构、经济收入水平能否承担贷款利息和其他间接费用等，即偿还（支付）能力，

所做出的行为选择。简单地讲，若某贫困户具有贷款需要，且具备充足的还款能力，则构成有效的贷款需求；若某贫困户具有贷款需要，但缺乏与之对应的还款能力，则无法形成经济意义上的贷款需求。所以，贷款需求实际等于贷款需要加偿还（支付）能力，受家庭特征、收入水平、支出结构等因素的共同影响。

（3）贷款获得性。获得性，又称为“可得性”，字面意思是指在某一特定时期，某一经济主体想要获得某一有形商品或无形服务的实际获得情况，对单一经济主体而言，获得性用“得到”“未得到”衡量，对某一群体而言，获得性又可用“覆盖率”进行衡量，即得到该群体占所有群体的比重。贷款获得性就是指，某一经济主体（本书指贫困户）实际获得贷款的情况，即能否得到所需贷款，通常是金融机构、银行部门对贫困户贷款的反馈，主要取决于信贷人员对贫困户贷款投资回报率及违约风险的评估。

（4）还贷信用。汉语词语中的信用，是指依附在人之间、单位之间和商品交易之间形成的一种相互信任的生产关系和社会关系，良好的信用是构成不同对象间自觉、自愿、反复交往的前提。还贷信用是指在商品交换或者其他经济活动中授信人在充分信任受信人能够实现其承诺的基础上，通过契约关系向受信人放贷，并保障自己的本金能够回流和增值的价值运动。所以，某一经济主体（贫困户）的还贷信用，是该经济主体（贫困户）在获得贷款后，能否在规定时间内及时、足额还款的行为。各金融机构为防控风险，通常对每一贷款户建立信用记录，以此作为未来是否继续对该用户放贷的依据。因此，还贷信用是针对获得贷款的那部分群体而言，不仅受家庭特征、收入、支出的影响，同时受意外事件（如天灾、人祸）的影响。

贷款需要、需求、获得性、还贷信用关系见图 2.2。

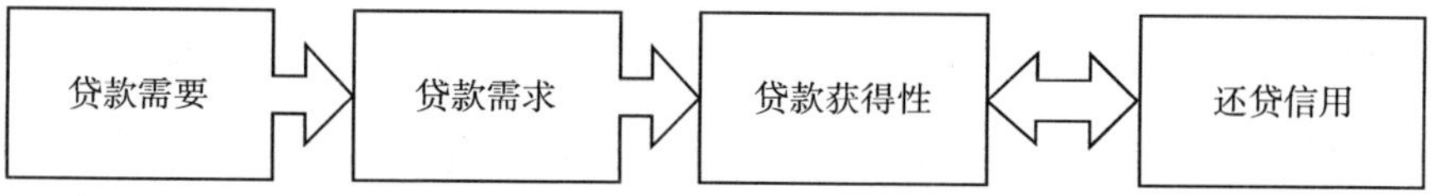

图 2.2　贷款需要、需求、获得性、还贷信用关系

2.2 理论基础

任何研究都要有相应的理论支撑，任何政策的制定与实施也都要有一定的理论作为依据，理论是实践的基础与灵魂，缺乏理论的政策无法在现实中立足，缺乏理论的研究在学术中无意义。本书主要围绕金融扶贫工作中涉及的贫困户贷款问题展开研究，所以，主要从农村金融、贫困反贫困两大领域建立本书的理论基础。

2.2.1 农村金融相关理论

回顾农村金融整个发展历程，农村金融理论大致分为三大流派，分别为农业信贷补贴理论、农村金融市场理论和不完全竞争市场理论，三大理论的提出奠定了整个农村金融发展的基础，指引着农村金融改革，并成为国内外研究农村金融主要的、最具代表性的理论。农业信贷补贴理论、农村金融市场理论和不完全竞争市场理论的提出可谓是不断完善的过程，所以从时间上看，三者处于依次递进的关系，其核心思想主要在于如何处理政府、市场两只手的问题。下面结合本书研究内容，对三大理论进行具体评述。

2.2.1.1 农业信贷补贴理论

农业信贷补贴理论也被学术界一些专家、学者称为农业融资理论，20 世纪 80 年代以前，该理论在农村金融中处于主导地位。第二次世界大战的爆发，使得国际上很多国家在政治上获得独立，它们纷纷制定本国发展战略，促进本国经济快速发展，努力赶超其他国家，争取成为国际经济巨头，其发展战略也被称为“赶超式”的发展战略。经济规模的扩大与速度的提高必然要求大量的资金支持，对于投资回报率高、生产周期短、需求弹性大的低风险产业而言，自然可以获得相应的社会资金，但对农业这样生产周期长、投资回报率低、需求弹性小的高风险产业而言，却表现出严重的社会资金匮乏问题，农业作为基础产业，为其他产业提供原材料，不仅关系到国家人口的生存问题，同时关系到整个经济体系的发展，所以必须解决农业资金匮乏问题，在这样的宏观背景下，农业信贷补贴理论被提出。

任何理论的提出都有一定的假定条件，农业信贷补贴理论也不例外。该理论认为：

首先，发展农业的经济主体农村居民不具有储蓄能力，他们在进行农业生产的过程中，无法依靠家庭收入，即内部融资满足其生产、生活所需要的全部资金，尤其在扩大生产规模、提高生产技术、实现农业现代化生产的进程中，存在严重的资金短缺问题，需要大量的外部资金投入，即依靠外部融资借贷等。

其次，农业具有高风险、回报率低、生产周期长等特点，导致农村居民在所有经济主体中处于弱势地位。经济基础决定上层建筑，农村居民较低的收入水平使其遭受其他领域经济主体的歧视，其中也包括金融领域，所以，导致农村居民被排斥在以追求最大经济利润为目标的商业银行融资对象之外，很难获得商业性贷款，需要国家进行干预，给予农村居民政策性贷款。

最后，农村居民对融资成本的承担能力有限，尤其是贫困群体，更是缺乏资金偿还能力，面对较高的利率水平，其只有主动放弃借贷机会；即使得到贷款，由于缺乏偿还能力，其还款率也会很低，进而直接影响农村居民尤其贫困群体的还贷信用问题。所以，这部分群体需要国家给予政策性的扶持，依靠财政贴息，降低贷款利率，即对其进行政策性贴息贷款。

基于上述假定条件，农业信贷补贴理论主张在农村金融发展中进行政府干预，完全依靠国家政府的管制进行农村金融市场的调控，排斥其他商业性金融机构进入农村金融市场。

2.2.1.2　农村金融市场理论

20 世纪 80 年代开始，农村金融市场理论替代农业信贷补贴理论，在农村金融理论中占据主导地位，得到人们的普遍认可和接受。随着社会生产力的不断发展与进步，工业产业得到快速发展，同时带动了当地农业产业的发展，使得农业产业具备了一定的储蓄能力。在农业信贷补贴理论的指导下，农村金融市场呈现出很多问题。具体表现在：

首先，国家政策的大力扶持以及贴息贷款的发放，使得农村居民产生良好的贷款心理预期，提高心理贷款获得性，使其失去储蓄动机，对外部融资形成严重的依赖，虽然解决了部分农村居民农业生产资金短缺问题，但并没有解决农业信贷补贴理论提出时的关键问题“农村居民没有储蓄能力”，金融机构成为只有放贷没有存款的“取款机”，而不是“存取机”，最终失去完整的金融中介功能。加之农村居民良好的心理预期，贷款需求不断提高，进而又加大了国家政策贴息的财政压力。

其次，由于缺乏完善的政策贴息瞄准机制，农村金融市场出现严重的资金分配不合理问题，贴息贷款多数被富人拥有，收入低的穷人仍然被挤出融资市场，其资金短缺问题依然存在。资金分配的不合理也拉大了农村内部的贫富差距，马太效应不断增强。

再次，金融机构缺乏必要的信贷管理、业绩考核机制，未建立起完善的还贷信用记录，金融机构的业绩主要由该机构的放贷程序、贷款金融、贷款增长率决定，并未考虑金融机构的资金回收、财务状况，加之缺乏对贷款人的约束和奖惩机制，导致很多贷款人拖欠还款，逾期还款率提高，金融机构的发展失去可持续性。同时，影响农村居民的信贷素质，对整个农村金融市场产生不利的影响。

最后，政府贴息使政策性贷款利率显著低于其他金融机构，尤其是商业性金融机构，最终将商业性金融机构挤出农村金融市场，整个农村金融市场缺乏相应的竞争机制，政策性银行失去完整的金融机构功能，加之巨大的国家财政贴息压力，不具有发展可持续性，而商业性银行又被贴息贷款的低利率挤出农村金融市场，整个农村金融陷入困境。

在这样的农村金融环境下，农业信贷补贴理论遭到极大批判，在此基础上，接纳肖和麦金农的金融深化和金融抑制理论，农村金融市场理论诞生。与农业信贷补贴理论不同，农村金融市场理论认为，农村居民具有储蓄能力，农业生产的资金短缺问题主要由农村金融体系的制度安排所致，缺乏完善的农村居民储蓄激励机制，政策性干预会对金融市场产生扭曲、紊乱作用，利息补贴会产生很多信贷缺陷，金融市场可以通过自我调节实现资金的供求均衡。为此，该理论主张，尽可能减少政府对农村金融市场的干预、管制，甚至完全取消农村金融市场政策性干预，完全依靠金融市场机制进行调节，实现利率市场化、资金配置市场化；判断一个金融机构是否成功，不应该依靠该机构发放贷款的资金量，而应通过该金融机构的盈利能力及发展可持续性进行判断。

2.2.1.3 不完全竞争市场理论

在农村金融市场论的指导下，政府干预逐步减少，农村金融机构为实现其盈利能力及可持续发展能力，在市场机制的调节下，不断提高市场利率，争取创造更高利润。同时，金融机构制定各种贷款限制条件，抬高农村居民的贷款门槛儿，从而降低该金融机构的贷款风险，努力实现其可持续发展。在这样的市场自动调节机制下，加之农业发展的低回报率，可能会调整农村地区对信贷资金的总需求。但由于较高的贷款利率以及严格的抵押、担保等贷款条件限制，使贷款成本大幅度增加，最终使小农户无法获得他们所期待的足额资金。另外，由于缺乏政府的干预与管制，农村金融市场产生了严重的信息不对称问题，最终导致整个农村金融市场机制失灵，造成严重的农村金融市场道德风险和逆向选择问题，阻碍整个农村金融市场的稳步前行。随着这些问题的不断加深，20 世纪 90 年代后，在市场经济的发展过程中，苏联与一些东欧国家发生各种经济、政治混乱，拉美国家也出现了严重的“倒债”浪潮，东南亚国家发生严重的金融风暴。巨大的金融危机使人们开始意识到市场机制作用的弊端，对农村金融市场论产生质疑。人们逐渐认识到，农村金融市场是一个不完全竞争的市场，一个完善、有效的农村金融市场仍需要政策性、社会性等要素的合理支持。为此，斯蒂格利茨提出不完全竞争理论，并取代农村金融市场理论，在农村金融市场中占据了新的主导地位。

不完全竞争市场理论综合了农业信贷补贴论与不完全竞争市场理论的优缺点，是介于二者之间的理论，认为农村金融市场是一个不完全竞争的市场，借款人与放款人之间存在严重的信息不对称问题，放款机构无法完全掌握所有借款人及借款机构的相关信息，为此，需要政府这样一个中介机构的合理介入，对借款人进行有效的组织化管理等。稳定的低通货膨胀率是农村金融市场健康、有效运行的前提条件，对此，主张国家政府对信贷利率进行宏观调控，确保农村金融市场的安定。为降低金融机构信贷风险，可适当抬高借款人进行借贷行为的门槛儿，如要求抵押、担保等，此时，政府可对挤出门槛儿的那部分农户进行筛选，对其中具有偿还能力的部分群体进行补贴贷款等，既不影响金融机构获取利润，又保护了弱势农户的信贷利益。信息不对称是造成逆向选择和道德风险的根本原因，对此，政府可利用担保融资方式、资金互助合作组织等形式对借款人进行市场性的组织化管理，有效解决农村金融市场中的信息不对称问题。另外，政府可以进一步制定相关政策，使金融机构信贷活动与农户生产过程联系，如与农资、农产品买卖等结合，确保金融机构的资金回收，保障金融机构可持续发展。不完全竞争理论的提出，为小额信贷提供了理论基础，能够有效解决农村金融市场的信息不对称及高交易成本问题，符合像中国这样的发展中国家的实际，被大多数国家尤其是发展中国家所接受。

农业信贷补贴论、农村金融市场论、不完全竞争市场论三者围绕农村金融市场的主导者应为政府还是市场，构成了传统的农村金融理论体系。随着农业现代化、城乡经济的统筹发展以及信息技术的不断发展，农村金融需求体现出新的发展趋势，农村金融结构发生巨大变化，农村金融体系具有正规化、多元化、商业化的变化趋势。

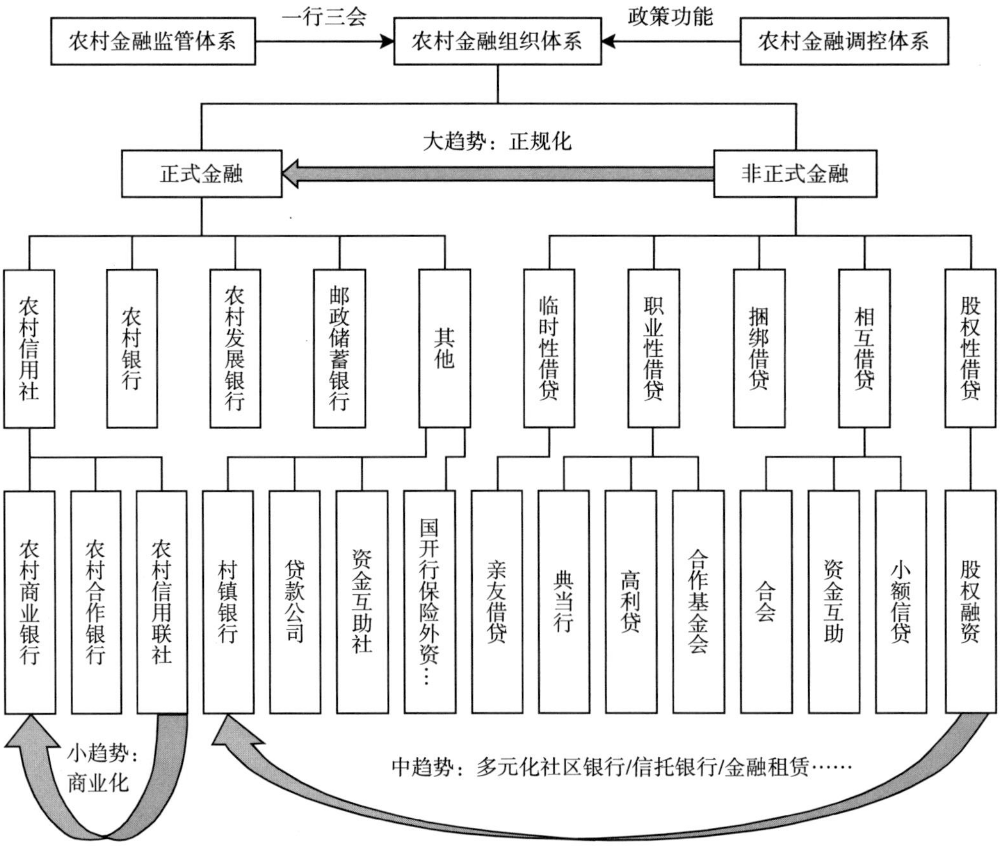

图 2.3　农村牧区金融体系变化

2.2.2 贫困、反贫困相关理论

贫困、反贫困理论的演变过程可以20世纪50年代作为分界点，在20世纪50年代之前，主要是马尔萨斯的人口贫困论及马克思的资本积累贫困论两大理论。20世纪50年代之后，进一步演变出纳克斯的“贫困恶性循环”理论、纳尔逊的“低水平均衡陷阱”理论、莱宾斯坦的“临界最小努力”理论、缪尔达尔的“循环积累因果关系”理论、阿马蒂亚·森的权利贫困理论、舒尔茨的贫困经济学以及刘易斯的贫困文化理论，不同的理论对贫困产生的根源具有不同的认识。

2.2.2.1 马尔萨斯的人口贫困论

18世纪末19世纪初，英国围绕社会制度改革问题展开了大论战，以葛德文为主要代表的很多知识分子受启蒙运动以及法国大革命运动的影响，主张对现有的社会制度进行改革，他们认为，社会是自然的，人类是理性的，这种理性思想会引导人类找到追求公平的原则，走上一条不断进步和完善的发展道路，因此，他们主张废除政府，完全依靠理性法则维持社会公平、和谐、稳定。在这些知识分子的言论中，很多都对贫困产生的原因进行了论述，其中，代表人物葛德文在《贪婪与奢侈》一文中提到，资本主义工业化的发展，使得机器运作延长了劳动者工作时间，但资本家并未赋予他们相应的报酬，从而造成工人阶层的奴役程度加强，穷人阶层更加痛苦。

但葛德文的观点遭到了很多其他知识分子的批判和攻击，马尔萨斯便与其保持尖锐的对立关系，其在1798年出版的《人口原理》一书中，对葛德文的观点提出了全面的批判。马尔萨斯认为，贫穷产生的原因不是现有的社会制度所致，贫穷是社会自然发展的产物，是一种自然现象，它的出现完全符合自然规律的变化。马尔萨斯同意人类具有理性，但他认为，理性只是人类追求的动力，并不意味着理性的追求就一定可以实现，他认为，人类具有两种本能，其一，人类的生存需要食物的摄取，食物是生存的必要元素；其二，情欲是两性之间的本能反应与需求，这两种本能的存在导致人类与大自然间存在一种不可预测的结果——人类都可获得应有的食物吗？马尔萨斯指出，土地为人类提供生产、生活物质资料的能力是有限的，远小于人类的生殖能力，前者以算术比率增加，后者却以几何比率增加，所以，如果人口增长不受控制，必然使得部分人类群体获取生存资料的能力被剥夺，贫困人口由此产生，这也就是所谓的“贫困自然法则”，接受了葛德文人类是理性的观点，“贫困自然法则”将限制人口的增加速度，进一步形成“人口增长限制性法则”。按照马尔萨斯对这两种人类本能的论述可以得出其观点：地球上永远存在剩余人口，剩余人口的出现是贫困产生的根源，但贫困又反过来抑制人口的增加，也只有贫困才能抑制过剩人口。所以，马尔萨斯极力反对当时英国的《济贫法》，不应该用济贫的方法去养活过剩人口，而应该采取手段，尽可能地减少甚至消灭过剩人口。

2.2.2.2 马克思的资本积累贫困论

马尔萨斯《人口原理》出版后，很多知识分子对人口问题展开了激烈的辩论，也对马尔萨斯提出的贫困产生的根源进行了一定批判。19 世纪 40 年代初期，马克思开始关注、研究马尔萨斯的人口理论，从此展开了激烈的反对与批判，其中，对马尔萨斯提出的贫困产生的根源的批判是马克思批判最集中、最全面、最重要的部分。马克思认为，马尔萨斯并没有直接从贫困的角度探讨其产生的根源，而是站在资本家的立场上对贫困产生的根源进行论述，其理论在很大程度上支持资本家的残酷罪行，受到资产阶级的极力拥护并得以推行。马克思指出，贫困的产生不是自然现象，而应该是一种社会现象，是由社会制度所致，这也是最早从制度层面研究贫困产生原因的相关理论。劳动的产异性以及劳动的雇佣性是马克思研究贫困问题的理论基础，其主要观点体现在他的两本著作中，《1844 年经济学哲学手稿》及 1867 年的《资本论》。《1844 年经济学哲学手稿》是马克思对于政治经济体系研究的首次创作，主要是以哲学思想和语言对当时的社会经济问题进行理论探讨与研究。马克思认为，财产私有化以及劳动异化是造成社会矛盾的两个基本范畴，为此，他严格抓住这两个基本范畴对当时的社会经济问题展开了相应的政治性批判，其中，在对劳动异化进行探讨的过程中，马克思提出了贫困来自劳动的异化，而劳动的异化正是由财产私有所造成。所谓异化，就是指在一定的生产条件下，某一主体将自身的素质、文化、技能等一切力量转化成跟自身对立，反过来支配自身的力量，异化是一个主体向客体转化关系，用以表达本质存在的概念。所谓劳动异化，马克思对其内容从四个方面进行了论述，即劳动对象的异化、劳动本身的异化、人与自己类本质的异化以及人与人的异化，这些异化都是在财产私有制的社会制度下形成的。首先，正常情况下，劳动创造了人，人自然会多付出劳动，劳动产品为劳动主体的对象化，但在私有制的条件下，工人所创造出的劳动产品并非为自己所有，反而为统治者所占有，并不是自身素质或力量的体现，这使得劳动产品成为劳动主体外在的对象，从而形成劳动对象的异化，使劳动对象脱离人的本质，即劳动产品价值的增值与劳动者价值的贬值成正比，劳动者创造的劳动价值、财富越多，就越贫穷。其次，按照马克思的观点，劳动是人本质对象化的活动，劳动产品是劳动的对象化。因此，正常理论下，人都会尽可能地将自己的聪明才智、健康体魄等以劳动产品形式体现，但在私有制下，人类无法支配自己的劳动，甚至无法支配自己，所以，人类不再想着多劳动、劳动好。在这样的形势下，如果社会中没有了对劳动的约束，人类会立即懒散起来，像逃避灾难一样逃避劳动，劳动者的劳动不是自愿的、自己支配的，而是被迫的、强制的，这使得劳动本身的性质发生了改变，形成劳动本身的异化。再次，生产活动原本是人类的生活，是产生人类生命的活动，一个种类的特性就在于其生命活动的性质，而人类生命活动的性质便是劳动，即人类的类本质便为劳动，但在劳动异化的情况下，人类的劳动已不再是其自身自由的活动，无法形成一种精神的享受，反而成为其维持生存的手段，是一种精神的摧残与折磨，这便形成了人与人类本质之间的异化。最后，马克思认为，在劳动对象异化、劳动本身异化、人与自己类本质异化的情况下，必然会形成人与人之间的异化，即人与人之间关系的改变，他指出，劳动产品的所有权不为劳动者本人所拥有，那必然存在另一个载体支配着劳动产品，这个载体不是自然界，也不是神灵界，依然是人类自己，因为只有人能成为人的异己者，劳动者所创造出来的劳动产品便由他人所拥有和支配，这个人便是资本主义社会的资产阶级、资本家，他与劳动者、工人阶级之间形成剥削与被剥削、压迫与被压迫的关系，这便是人和人之间异化的体现。通过上述论述，可以将贫困产生的根源归于当时的社会制度，即私有制。

资本主义的本质为最大限度地榨取剩余价值，为此，马克思从其本质出发，将劳动异化转为雇佣劳动，进一步探讨资本主义社会贫困产生的根源，其主要思想在《资本论》一书中有充分论述。马克思认为，马尔萨斯提出的人口以几何比率增长是片面的，他指出，人口的增长速度、人口过剩程度与某一时期的社会生产力、生产方式有关，即不同的社会生产方式产生不同的人口增长及过剩规律，并不是所有时期的增长速度均保持几何增长。马克思将资本主义社会财产私有制与资本积累的一般规律结合起来，从资本主义生产方式的内部矛盾入手，分析资本主义社会贫困产生的根本原因。资本、土地、劳动力、技术作为四大生产要素，其中土地是最根本的生产资料，但由于资本主义财产私有制的存在，使得无产阶级、工人阶层失去了生产资料所有权，在这样的社会制度下，他们不得不靠自己的劳动力来获取生产资料，只能被资本家无偿占有其剩余劳动所创造的剩余价值。一切生产都是为了创造财富、积累资本，但在私有制下，工人阶级的劳动仅仅是为资本家创造了财富，资本聚集在少数人的手中，必然导致越多的劳动和创造产生越为严重的两极分化，一极是财富的不断增加，另一极是贫困的不断恶化。随着少数人资本的不断积累、财富的不断增加，工人阶级被剥夺的程度会更加严重，由此产生剧烈的赤贫现象。因此，资本的积累同时又是贫困的不断积累，这符合资本积累的绝对规律："在一极是财富的积累，同时在另一极，即在把自己的产品作为资本来生产的阶级方面，是贫困、劳动折磨、受奴役、无知、粗野和道德堕落的积累。"所以，马克思认为，资本主义贫困产生的根源为财产私有制，它符合资本积累的一般规律，由生产方式的内部矛盾产生，是财产私有制与资本积累共同作用的结果，要消除贫困，必须从制度变革、生产方式转变等角度出发，只有剥夺者被剥夺，实现生产资料的共有，才有可能从根本上解决贫困问题。

2.2.2.3 纳克斯的"贫困恶性循环"理论

贫困恶性循环理论是美籍爱沙尼亚经济学家，哥伦比亚大学教授纳克斯于1953年在其著作《不发达国家资本的形成》中提出的关于资本与经济发展关系的理论。纳克斯认为，"一国穷是因为它穷"，即，他认为发展中国家长期贫困的原因，并不是由于其国内资源的不足，而是经济中存在若干互相联系、互相作用的"恶性循环系列"。该理论认为：从供给方面看，发展中国家经济不发达，人均收入低，从而造成储蓄水平低，而低储蓄率决定了金融资本稀缺，导致生产规模和效率无法扩大和提高，造成新一轮的低收入，如此，周而复始便形成一个恶性循环；从需求方面看，发展中国家人均收入低，生活贫困，意味着购买力低、消费能力弱，导致国内市场容量狭小，引起投资诱因不足，缺乏足够的资本形成，使生产中使用的资本不够，结果造成生产规模小，生产效率难以提高，低效率又导致低产出和低收入，这样又形成了一个恶性循环（见图 2.4）。所以，要打破恶性循环，必须有最初的推动力，既为新资本的形成提供动力，又为国内市场创造条件。这种推动力是同时向许多相互联系的部门进行投资，而这些部门要互为市场，这样就能使生产效率提高，收入增加，最终打破恶性循环。

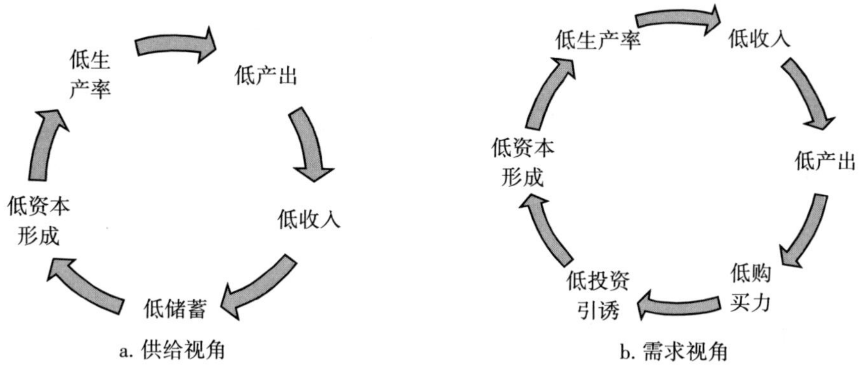

图 2.4 “贫困恶性循环”理论

纳克斯贫困恶性循环理论的经济含义：①资本形成不足是发展中国家陷入长期贫困的根源，也是其经济发展的主要障碍，其根本原因在于人均收入水平过低、发展前景悲观。②贫困恶性循环，由供给循环和需求循环两个序列共同构成，二者相互影响和制约。③要打破贫困恶性循环，必须大规模增加储蓄，扩大投资，形成各行业的相互需求，使恶性循环转为良性循环，“供给创造需求”。

该理论的缺陷在于：①它混同了储蓄水平和储蓄率，经济增长的启动力量来自储蓄比率而非储蓄水平。②认为穷国缺乏储蓄能力的观点不符合事实。③发展中国家的储蓄率不高，不能只归咎于收入水平，还应当考虑到社会、政治以及其他制度方面的因素妨碍了对储蓄的刺激。④市场容量不足的说法有片面性。⑤该理论无视利用外资的可能性。

该理论的启示：贫困地区金融资源配置的扭曲从供给和需求两方面使贫困地区陷入了贫困恶性循环中，形成了“金融资源配置扭曲—贫困—金融资源配置扭曲”的“恶性循环圈”。我国贫困地区金融资源配置扭曲表现在金融人才匮乏、金融机构服务缺位、金融资源配置的非市场和低效率状态等方面。打破贫困地区金融资源配置扭曲应从以下方面着手：加大对贫困地区的扶贫力度，加快政府职能转变，制定各种金融优惠政策，完善金融市场体系，提高金融资源配置效率，建立良好的金融服务体系，大力开展金融生态环境建设。

2.2.2.4 纳尔逊的“低水平均衡陷阱”理论

低水平均衡本来是发展经济学里面的一个概念，由美国经济学家纳尔逊于1956年提出，它描述了人均国民收入增长缓慢的情况下人口增长与国民收入持久均衡的状态。在古代中国封建社会里，经济规模的扩大就是靠人口增长来实现的。1956年美国经济学家纳尔森发表了《不发达国家的一种低水平均衡陷阱理论》，其中，以马尔萨斯理论为基础，研究了发展中国家人均资本、人口增长、产出增长和人均收入增长的关系，指出发展中国家存在低水平人均收入反复轮回、难以增长的现象。不发达国家的人均收入水平低下，仅仅能够维持最低生活水平的需要，死亡率高，人口增长缓慢，与此同时，收入水平降低居民储蓄。如果以增加国民收入来提高储蓄和投资，将会导致人口增长，从而将人均收入拉回到较低的水平，这就是不发达国家难以逾越的“低水平均衡陷阱”。

纳尔逊利用数字模型考察了不发达国家人均资本与人均增长、人口增长与人均收入增长、产出增长与人均收入增长等方面的关系。他认为，当人均国民收入水平长期处于生活所需的最低水平时，生活贫困会抑制人口增长；而当人均收入增长水平提高导致人口增长加快，从而使得人均收入退回到原来的水平，这样就导致了低水平均衡陷阱的出现。所以，不发达国家必须进行大规模的资本投资，才能使人均收入增速摆脱这个陷阱，从而实现人均收入和经济的增长。该理论的核心在于，说明了资本投入对经济增长的重要作用。

“低水平均衡陷阱”理论的意义在于：第一，指出发展中国家和地区贫穷落后的主要原因是人均收入过低、投资量小和资本形成不足，而人均收入低的原因在于资本形成不足。由此可见，资本稀缺是经济发展的主要障碍和关键所在。第二，它提出了全面地、大规模地投资，以大幅度提高资本形成率，实现经济增长的要求。第三，从多方面探讨了发展中国家和地区经济发展缓慢的原因，分析了资本稀缺对经济增长的障碍，强调了资本形成对摆脱“低水平均衡陷阱”的决定作用。

这对研究我国西部大开发，寻找实现经济发展的途径，具有很大的启发意义。我国西部地区正处于“低水平均衡陷阱”之中，要走出这一“陷阱”，首先，要深化改革，实现制度创新，大幅度提高企业的经济效益；其次，要通过金融深化，促进资本形成，储蓄仅仅是资本积累的源泉，而完善的金融体制和发达的金融机构才能将储蓄转化为有效率的投资，从而形成经济发展的资本积累；最后，通过大规模投资，扩大经济规模，增加就业机会，使当地城乡居民的收入提高，从而扩大市场容量，促进加工贸易的发展。

2.2.2.5 莱宾斯坦的“临界最小努力”理论

“临界最小努力”理论是美国经济学家利本斯坦于 1957 年提出来的。这一理论的出发点是“贫困陷阱”，即“贫困恶性循环”“低水平均衡陷阱”。

“临界最小努力”主张发展中国家应努力使经济达到一定水平，冲破低水平均衡状态。不发达经济中，人均收入提高或下降的刺激力量并存，如果经济发展的努力达不到一定水平，提高人均收入的刺激小于临界规模，则不能克服发展障碍、冲破低水平均衡状态。为使一国经济取得长期持续增长，必须在一定时期受到大于临界最小规模的增长刺激。

理论要点是发展中国家经济增长中存在着两种对立的力量，即提高收入的力量和压低收入的力量。提高收入的力量取决于上一期的收入水平和投资，压低收入的力量决定于上一期的投资规模和人口增长速度。所以，发展中国家要打破“恶性循环”，跳出“陷阱”，必须先使投资率足以使国民收入的增长超过人口的增长，从而人均收入水平得到明显的提高，即以“临界最小努力”使国民经济摆脱极度贫困的困境。

当压低收入的力量大于提高收入的力量时，人均收入的增长会被人口的过快增长所抵消并退回到原来的“陷阱中”，只有当提高收入的力量大于压低收入的力量时，人均收入才会大幅度提高，从而打破低收入稳定均衡。

在西方经济学家中，莱宾斯坦对不发达国家或地区的研究是独树一帜的。他一是改变发展经济学中注重统计与经验数据的传统，二是强调“落后的本质”分析。莱宾斯坦关于落后经济的发展理论与命题，主要体现在三个重要的假说或命题中：①关于落后经济本质的假说；②关于落后经济的人口变动模式的假说；③临界最小努力命题。该理论的出发点是，承认“贫困恶性循环”和“低水平均衡陷阱”在发展中国家的存在。

对该理论的评价：①使人们注意到投资规模的积极作用和人口压力造成的现

实的和潜在的威胁。②过分夸大了资本形成对促进经济增长的重要性，有的经济学家指出，突破恶性循环，谋求经济增长，并不一定需要一个“临界最小努力”，小量资本投入也可以达到目的，因为，当人均收入提高时，资本存量的质量、劳动力素质以及工作技能都可得到改进。

2.2.2.6 缪尔达尔的“循环累积因果关系”理论

累积因果理论，又称循环累积因果理论，由著名经济学家缪尔达尔于1957年提出，后经卡尔多、迪克逊和瑟尔沃尔等学者发展并具体化为模型。缪尔达尔等人认为，整个社会是一个动态的过程，社会经济各因素之间存在着循环累积的因果关系。当其中一种社会经济因素发生变化时，其他因素也会发生关联性变化，关联性变化又会进一步加强前一个因素的相关变化，并导致社会经济按照最初那个因素的变化方向发展，由此形成累积性的循环发展趋势。市场力量的作用一般趋向于强化区域间的不平衡，即进一步加强地区发展的“马太效应”，如果一个地区因为某种优势而使其经济发展快于其他地区，那么该优势将使其在未来的日子里得到更快发展。在社会经济循环累积的过程中，存在回流与扩散两种相反的循环效应，前者是指不发达地区的资金、劳动力等生产要素向发达地区流动，导致不发达地区要素匮乏，经济发展更为缓慢；后者是指发达地区的资金、劳动力等生产要素向不发达地区流动，促进不发达地区的经济发展。总之，循环累积因果理论认为，经济发展的过程首先是从经济发展较好的地区开始，当这些区域在初始发展优势的基础上超前发展时，其将通过累积因果过程，不断积累优势因素继续超前发展，导致增长区域和滞后区域间发生空间相互作用。区域经济能否得到协调发展，关键在于回流与扩散两种循环效应的强度。对经济发展落后的国家和地区而言，起初阶段，回流效应大于扩散效应，是造成区域经济发展不协调的主要原因。缪尔达尔等认为，要促进区域经济的协调发展，必须有政府的有力干预。该理论对发展中国家解决地区经济差异问题具有重要的指导意义。

2.2.2.7 阿马蒂亚·森的权利贫困理论

阿马蒂亚·森认为，对贫困问题的认识，不能仅停留在收入层面，而应该从贫困群体的生存状态出发。他将贫困概念从单一维度的收入贫困扩展到权利、可行能力等多维贫困，认为贫困产生的原因不仅是经济因素，同时包括政治、文化、制度、法律等各个领域，传统的经济发展观进一步扩展到人与社会的自由发展。他认为，对贫困群体的关心应该更重视他们福利的获得情况（绝对贫困），而不是简单地关心他们与其他群体间的收入差距问题（相对贫困），进一步地讲，他认为贫困不需要区分绝对与相对概念，无论何种贫困状态，其本质都是由于权利的缺乏或者其他条件的不足所造成的。因此，阿马蒂亚·森指出，只有让人们享有更大权利的自由，拥有更多的发展机会，作出更多的行为选择，保证其各种福利不被剥夺，才能从本质上消除贫困。

2.2.2.8 舒尔茨的贫困经济学

西奥多·舒尔茨在经济发展方面做出了开创性研究，深入研究了发展中国家在发展经济中应特别考虑的问题，从而获得了 1979 年诺贝尔经济学奖。20 世纪 30 年代和 40 年代，舒尔茨作为一名农业经济学家，发表了一系列关于美国农业危机的研究论文。随后他将研究延伸至全世界的发展中国家。他这一期间的经典著作包括《不稳定经济中的农业》《农业生产和福利》。他最有影响力的著作是 1964 年出版的 《改造传统农业》。该书从传统农业的基本特征是什么、传统农业为什么不能成为经济增长的源泉、如何改造传统农业三个方面具体分析了如何把弱小的传统农业改造成为一个高生产率的经济部门。

舒尔茨研究的主要特点是他没有孤立地去研究农业经济，而是将农业经济作为经济体的一部分。舒尔茨关注的是农业发展的滞后、贫穷与工业的高生产率、高收入水平之间的反差。他是第一个系统分析教育投资如何影响农业生产率以及经济发展的学者。舒尔茨基于非均衡方法对农业的发展潜力展开分析，他的研究对象不仅仅是美国，而且包括其他发展中国家。舒尔茨曾在不同场合抨击一些发展中国家歧视农业的工业化政策，他对第三世界国家健康因素、人口问题对经济发展的影响也进行了论述，并在 1960 年提出了人力资本投资理论，认为人力资本投资是促进经济增长的关键因素。

2.2.2.9 刘易斯的贫困文化理论

贫困文化理论是从社会文化的角度解释贫困现象的理论，它由美国人类学家奥斯卡·刘易斯通过对贫困家庭和社区的实际研究，首次在《五个家庭：墨西哥贫穷文化案例研究》一书中提出的。该理论认为，在社会中，穷人因为贫困使其居住环境等方面均具有独特性，并拥有独特的生活方式。这种独特的居住方式促进了该类贫困群体间的集体互动与交流，形成与社会生活中其他人群相对隔离的状态，从而形成一种脱离社会主流文化的贫困亚文化。处于贫困亚文化中的群体具有独特的文化观念与生活方式，这种亚文化会通过有限的内部交往而进一步加强，并且被制度化，进而维持着贫困的生活。在这种环境中出生、成长的新一代将自然地习得贫困文化，受该文化的影响，从而将贫困文化世代传递。贫困文化塑造着在贫困中成长的那些群体的基本特点和人格，使得他们即使遇到摆脱贫困的机会也无法把握，难以利用该机会走出贫困。贫困文化理论基本上属于贫困的个人责任论。

虽然刘易斯并不认为这种理论具有普遍的解释力，但这种理论还是遭到许多批评。主要的批评观点包括：贫困文化理论夸大了穷人与其他人在文化上的差异，实际上穷人本身并不是同质性很强的群体，各群体观念和行为上的差异是社会地位的反映，贫困文化理论未能解释穷人贫困的起始原因。由于对现存的价值观和统治阶级持批评态度、对警察充满怨恨、对政府和身居高位者失去信赖，甚至扩大至教堂的愤世嫉俗思想，贫穷文化常带有对立性，在推翻现存社会秩序的政治运动中被视为可资利用的潜在力量。最后，贫穷亚文化也具有残余性，其成员总是试图将不同来源的残余观念和习俗融入实际的生活之中。

2.3　本章小结

本章主要对研究所涉及的概念与理论进行了描述与梳理。概念方面，从扶贫到金融扶贫，再到农户贷款，三者之间的关系为：金融扶贫是扶贫的重要模块，是扶贫战略的重要内容，农户贷款是金融扶贫的重要手段，满足贫困农户的生产资金需求，帮助贫困户早日摆脱贫困，走上富裕，促进国家 2020 年减贫目标的实现。结合内蒙古的地域特点，介绍了农区、牧区、半农半牧区的形成，并对三者间的经济结构、地貌特征等进行了相关描述，简要介绍了内蒙古的行政区域划分，指出内蒙古是中国最大的牧区，最重要的畜产品生产、加工基地。另外，对贫困户的定义、衡量标准，以及贫困线的演变、确定、调整等方面做了简要介绍。截至目前，我国主要制定出三条贫困线，分别为 1978 年贫困线、2008 年贫困线、2010 年贫困线，其制定依据分别是：满足人们的基本生存需要；满足人们的健康生存需求；健康生存与保障义务教育、基本医疗、住房共同实施的“不愁吃、不愁穿”的稳定温饱标准，自 2010 年开始，我国对贫困户的识别采用的均为 2010 年标准，即按照农村居民家庭人均纯收入为 2300 元，根据每年的农村居民食品消费指数和农村居民消费价格指数进行加权、调整，得到 2010 年之后每年的贫困标准。

本书的理论基础主要包括两个方面，一是农村金融理论，二是贫困反贫困理论，本书均按照历史演进，对两部分理论的构成进行了梳理与描述。其中，农村金融理论按其历史演进，分别提出了农业信贷补贴论、农村金融市场论、不完全竞争市场论，三者的主要区别在于政府干预，其主张依次为政府主导、市场主导、二者兼顾。贫困、反贫困理论的演变过程相对复杂，可以分为 20 世纪 50 年代之前、之后两阶段，20 世纪 50 年代之前，主要是马尔萨斯的人口贫困论及马克思的资本积累贫困论两大理论，20 世纪 50 年代之后，进一步演变出纳克斯的“贫困恶性循环”理论、纳尔逊的“低水平均衡陷阱”理论、莱宾斯坦的“临界最小努力”理论、缪尔达尔的“循环累积因果关系”理论、阿马蒂亚·森的权利贫困理论、舒尔茨的贫困经济学以及刘易斯的贫困文化理论。这些理论的提出，主要基于不同专家对贫困产生根源的理解与认识，如马尔萨斯认为，贫困产生的原因是人口过剩的结果；马克思则认为，贫困的产生是生产力发展、资本积累的结果；纳克斯认为，“一国穷是因为它穷”，贫困产生的原因，并不是国内资源的不足，而是经济中存在若干互相联系、互相作用的“恶性循环系列”；纳尔逊的观点与纳克斯基本一致，建立在纳克斯理论基础之上，认为贫困的产生由国家人均资本、人口增长与产出增长等方面的关系决定；莱宾斯坦的理论观点同纳克斯、纳尔逊保持一致，建立在二者基础之上；缪尔达尔认为，贫困产生的原因是经济循环累积过程中回流效应和扩散效应的相互作用结果，是资金、劳动力流动的结果；舒尔茨认为，贫困由人力资本的匮乏所致；刘易斯认为，贫困产生的原因是地区文化不同；阿马蒂亚·森认为，其他所有人的观点都是片面的，他指出，贫困的产生是多维的，表现为个体各方面福利被剥夺的水平，既包括人力资本，也包括物质资本、金融资本等各个方面。

3 内蒙古农村牧区贫困现状分析

3.1 贫困旗县分布情况

国务院扶贫开发领导小组经过1986年、1994年、2006年三次审批工作，划定国家扶贫开发重点旗县，根据《中国农村扶贫开发纲要（2001~2010年）》《中国农村扶贫开发概要》，综合分析贫困人口数量、农民收入水平、基本生产生活条件以及扶贫开发工作情况，适当兼顾人均国内生产总值、人均财政收入等综合指标的发展情况，国务院扶贫开发领导小组划定出592个国家扶贫开发重点旗县，其中，包含中部地区217个，西部地区375个。内蒙古拥有扶贫重点旗县57个，其中，31个被划定为国家重点扶贫旗县，包括呼和浩特市的武川县；赤峰市8个旗县：阿鲁科尔沁旗、巴林左旗、巴林右旗、林西县、翁牛特旗、喀喇沁旗、宁城县、敖汉旗；通辽市4个旗县：科尔沁左翼中旗、科尔沁左翼后旗、库伦旗、奈曼旗；呼伦贝尔市2个旗县：莫力达瓦达斡尔族自治旗、鄂伦春自治旗；乌兰察布市8个旗县：卓资县、化德县、商都县、兴和县、察哈尔右翼前旗、察哈尔右翼中旗、察哈尔右翼后旗、四子王旗；兴安盟5个旗县：阿尔山市、科尔沁右翼前旗、科尔沁右翼中旗、扎赉特旗、突泉县；锡林郭勒盟3个旗县：苏尼特右旗、太仆寺旗、正镶白旗。26个为自治区级扶贫旗县，包括呼和浩特市的清水河县，包头市的固阳县，鄂尔多斯市的杭锦旗，巴彦淖尔市的五原县、乌拉特前旗、杭锦后旗、磴口县、乌拉特中旗，锡林郭勒盟多伦县、镶黄旗、正蓝旗、苏尼特左旗、阿巴嘎旗，乌兰察布市的凉城县、丰镇市，赤峰市的松山区、克什克腾旗，阿拉善盟的阿拉善左旗、阿拉善右旗，兴安盟的乌兰浩特市，呼伦贝尔市的阿荣旗、扎兰屯市、鄂温克族自治旗、新巴尔虎左旗，通辽市的扎鲁特旗、开鲁县。

根据《中国农村扶贫开发纲要（2011~2020 年）》精神，按照“集中连片、突出重点、全国统筹、区划完整”的原则，以 2007~2009 年 3 年的人均县域国内生产总值、人均县域财政一般预算收入、县域农民人均纯收入等与贫困程度高度相关的指标为基本依据，考虑对革命老区、民族地区、边疆地区加大扶持力度的要求，全面衡量与综合分析后，划定出六盘山区、秦巴山区、武陵山区、乌蒙山区、滇桂黔石漠化区、滇西边境山区、大兴安岭南麓山区、燕山—太行山区、吕梁山区、大别山区、罗霄山区 11 个集中连片特困地区，其中，内蒙古兴安盟阿尔山市、科尔沁右翼前旗、科尔沁右翼中旗、扎赉特旗、突泉县被划入大兴安岭麓山区，乌兰察布市化德县、商都县、兴和县被划入燕山—太行山区，即内蒙古共 8 个旗县被划入国家集中连片特困区。

《中国扶贫开发报告 2016》指出，改革开放以来，中国实现了迄今为止人类历史上减贫速度最快、减贫规模最大的反贫困斗争，扶贫工作取得了举世瞩目的成就。按照 2010 年农民年人均纯收入 2300 元的不变价格为扶贫标准计算，中国农村贫困人口总数由 1978 年的 7.7 亿人减少到 2015 年的 5575 万人，贫困人口减少了 71464 万人，贫困发生率由 1978 年 97.5%下降到 2015 年的 5.7%。虽然扶贫工作成果显著，但其任务仍然艰巨，作为革命老区的内蒙古，其扶贫工作备受国家关注。自治区扶贫办积极响应国家号召，认真执行国家政策，顺利开展贫困户建档立卡工作，建立扶贫信息系统，精准识贫、精准帮扶、精准管理、精准考核，努力实现减贫致富伟大目标。

3.2 贫困人口现状分析

3.2.1 贫困人口区域分布

扶贫信息系统数据显示，2016 年，内蒙古农村牧区拥有贫困人口总数 78.7 万人，贫困发生率为 5.7%，其中，女性人口 36.5 万人，占贫困人口总数的 46.4%，少数民族人口 18.1 万人，占贫困人口总数的 23%；2016 年贫困人口规模较 2013 年减少一半，贫困发生率降低 5.1 个百分点。如表 3.1 所示。

表 3.1 2016 年内蒙古乡村人口总数、贫困人口数、贫困发生率

地区	乡村人口总数（人）	贫困人口（人）	贫困发生率（%）
呼和浩特市	1085365	25358	2.34
包头市	307800	13478	4.38
乌海市	30100	1515	5.03
赤峰市	3579049	244563	6.83
通辽市	2405508	123104	5.12
鄂尔多斯市	572721	12514	2.19
呼伦贝尔市	921449	61185	6.64
巴彦淖尔市	1121270	37025	3.30
乌兰察布市	1961318	136750	6.97
兴安盟	1163774	104685	9.00
锡林郭勒盟	376089	20583	5.47
阿拉善盟	70261	5865	8.35
全区	13716423	786625	5.73

数据来源：内蒙古扶贫信息系统。

从贫困人口区域分布分析，2016 年，赤峰市贫困人口分布最多，为 244563 人，占内蒙古农村牧区贫困人口总数的 31.1%；乌兰察布市、通辽市、兴安盟三个地区贫困人口分布也位居前列，贫困人口规模均在 10 万人以上，分别为 136750 人、123104 人、104685 人，四个地区贫困人口数量在全区中的占比合计高达 77.4%，是今后内蒙古反贫困斗争的主要攻占地。内蒙古农村牧区贫困人口分布最少的为乌海市，规模为 1515 人，其次为阿拉善盟，为 5865 人，目前，内蒙古农村牧区仅有这两个地区贫困人口规模控制在万人之内，2017 年实现全部人口彻底减贫目标。

从减贫效果分析，2013~2016 年，内蒙古农村牧区贫困人口规模减少一半，减少速度基本保持在 20%以上；2015 年减贫效果较差，仅有赤峰市、通辽市减贫速度控制在 10%以上；四年间，全区 12 个盟市呼和浩特市减贫效果最好，2016 年贫困人口规模较 2013 年下降 58%，其次为通辽市，贫困人口减少 55%，呼伦贝尔市减少 54%，乌兰察布市减少 53%，均高于自治区平均水平；巴彦淖尔市减贫效果略弱，四年间，贫困人口规模仅下降 37%，比自治区平均水平低 13 个百分点。按照 2013~2016 年自治区各盟市的年均减贫规模测算，2020 年，巴彦淖尔市与阿拉善盟两地区将无法实现所有人口彻底减贫目标，全区仅有呼和浩特市、通辽市、呼伦贝尔市、乌兰察布市四个地区提前实现减贫目标，其他地区均于 2020 年当年实现。为此，内蒙古在今后的扶贫攻坚战中，要进一步扩大减贫规模，提高减贫速度，着重加强巴彦淖尔市与阿拉善盟两地区的减贫力度，其中，巴彦淖尔市的减贫规模至少比现有水平提高 25.8 个百分点，阿拉善盟提高 3 个百分点，确保 2020 年实现全区贫困人口彻底减贫目标。

3.2.2 贫困人口年龄结构

根据《扶贫开发建档立卡指标体系》要求，将贫困人口年龄分成 6 组，分别为：16 岁以下、16（含）~30 岁（不含）、30（含）~40 岁（不含）、40（含）~50 岁（不含）、50（含）~60 岁（不含）及 60 岁（含）以上。根据内蒙古扶贫信息系统数据，2016 年，内蒙古农村牧区 78.7 万贫困人口中，接近 1/3 的贫困人口集中在 60 岁（含）以上年龄组中，21.5%的贫困人口分布于 50（含）~60 岁（不含），即 50 岁（含）以上的贫困人口占全区贫困人口总数的一半以上。如图 3.1 所示。

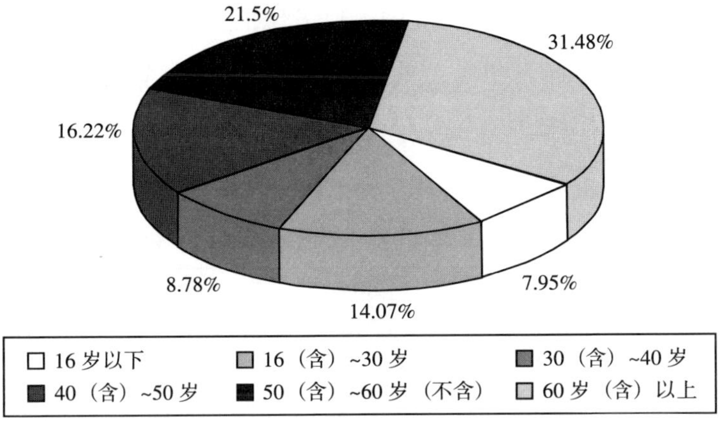

图 3.1　2016 年内蒙古贫困人口年龄结构

纵向分析，2013~2014 年，内蒙古农村牧区贫困人口年龄结构基本保持稳定，具体表现为 16~30 岁、40~50 岁、50~60 岁三个年龄组贫困人口占比稳定在 20%左右；60 岁以上贫困人口占比为 13%左右，与 30~40 岁年龄组相当，16 岁以下贫困人口占比最少，两年均在 11%左右。综合分析，2013 年、2014 年，各年龄组贫困人口占比差距不大，以 2013 年为例，6 个年龄组由年轻到年老，贫困人口占比依次为 11.4%、19.4%、13.5%、21.5%、21%、13.2%；但自 2015 年开始，内蒙古农村牧区贫困人口年龄结构发生了显著变化，60 岁以上贫困人口占比显著提高，2015 年该类贫困人口占比较 2014 年增加 14 个百分点，2016 年保持继续增加趋势，占比达到全区贫困人口的 31.5%，比 2013 年增加了 18.3%；2015 年、2016 年，内蒙古农村牧区贫困人口主要集中于 40~50 岁、50~60 岁及 60 岁以上三个年龄组中，贫困人口之和接近全区贫困人口总数的 70%，其中，60 岁以上贫困人口占比不断提高，目前已达到全区贫困人口总数的 1/3；以 2016 年为例，6 个年龄组由年轻到年老，贫困人口占比依次为 0.8%、14.1%、8.8%、16.2%、21.5%、31.5%；总体分析，2013~2016 年，内蒙古农村牧区贫困人口老龄化程度不断增强。如表 3.2 所示。

横向分析，内蒙古 12 个盟市间，贫困人口年龄结构差异显著；以 2016 年为例，贫困人口老龄化程度最高的是巴彦淖尔市，6 个年龄组由年轻到年老，贫困人口占比依次为 4.4%、9.9%、5.9%、13.4%、16.5%、50%，不难看出，该地区贫困人口年龄结构差异较大；老龄化程度最低的是鄂尔多斯市，其贫困人口的年龄结构相对平衡，由年轻到年老，贫困人口占比依次为 13.8%、17.7%、11.6%、20.4%、23.5%、12.9%，由此可见，贫困人口年龄结构的地区差异较为明显，内蒙古在制定扶贫策略与模式时，应针对不同地区采取不同方案，有针对性地开展扶贫攻坚战。如图 3.2 所示。

表 3.2　2013~2016 年内蒙古不同年龄组贫困人口占比变化

分组	2013 年		2014 年		2015 年		2016 年	
	人口（人）	占比（%）	人口（人）	占比（%）	人口（人）	占比（%）	人口（人）	占比（%）
16 岁以下	179652	11.4	136598	11.5	84862	7.8	62573	0.8
16（含）~30 岁（不含）	305052	19.4	229617	19.3	167960	15.4	110665	14.1
30（含）~40 岁（不含）	211253	13.5	159557	13.4	109817	10.1	69093	8.8
40（含）~50 岁（不含）	339189	21.5	254957	21.4	190454	17.5	127581	16.2
50（含）~60 岁（不含）	331054	21.0	250111	21.0	237118	21.8	169092	21.5
60 岁（含）以上	208137	13.2	158710	13.3	297510	27.4	247621	31.5
合计	1574337	100	1189550	100	1087721	100	786625	100

数据来源：内蒙古扶贫信息系统。

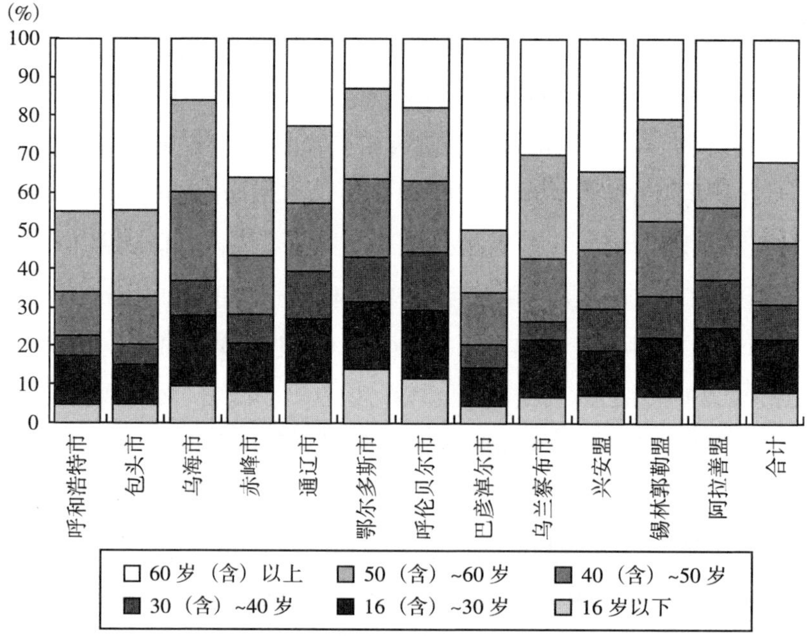

图 3.2　2016 年内蒙古农村牧区各盟市不同年龄组贫困人口分布

3.2.3 贫困人口文化程度

根据《扶贫开发建档立卡指标体系》的要求，将贫困人口文化程度划分为5个阶层，分别为：文盲半文盲、小学、初中、高中、大专及以上。统计内蒙古扶贫信息系统数据显示，2016年，内蒙古农村牧区78.7万贫困人口中，文化程度为小学的贫困人口最为集中，占全区贫困人口总数的50%，其次为初中文凭，占比为32%，文盲半文盲占9.5%，因此，目前，内蒙古农村牧区贫困人口文化程度基本处于初中及初中以下水平，此类群体占全区贫困人口总数的91.5%，其中，小学及小学以下的贫困人口占比为60%，贫困人口文化程度普遍较低。如图3.3所示。

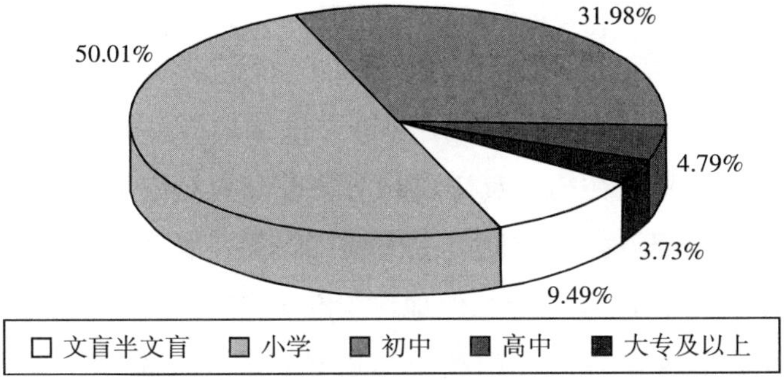

图3.3 2016年内蒙古农村牧区贫困人口文化结构分布

整体分析，2013~2016年，内蒙古农村牧区贫困人口文化分布基本稳定，80%以上的贫困群体集中于小学与初中水平，但文化程度处于不断下降的趋势，具体表现为，2013~2016年，全区贫困人口文化程度处于小学及小学以下水平的占比不断增加，由2013年的47.3%增加至2016年的59.5%，增加了12.2个百分点，其中，文盲半文盲贫困人口增加了2.3个百分点，小学增加了9.9个百分点（见图3.4）；初中、高中、大专及以上三个文化阶层的贫困人口占比均处于不断下降状态。由此可见，内蒙古农村牧区贫困人口文化程度普遍较低，且保持不断下降趋势，逐渐向小学、文盲半文盲阶层集中。此类群体对政策的理解与认知程度普遍较低，对新鲜事物的学习与领悟能力较差，无疑会增加内蒙古扶贫攻坚战的难度，对此，自治区扶贫办领导小组应制定相应的宣传策略，提高贫困人口对政策的理解程度，保证扶贫工作顺利进行。

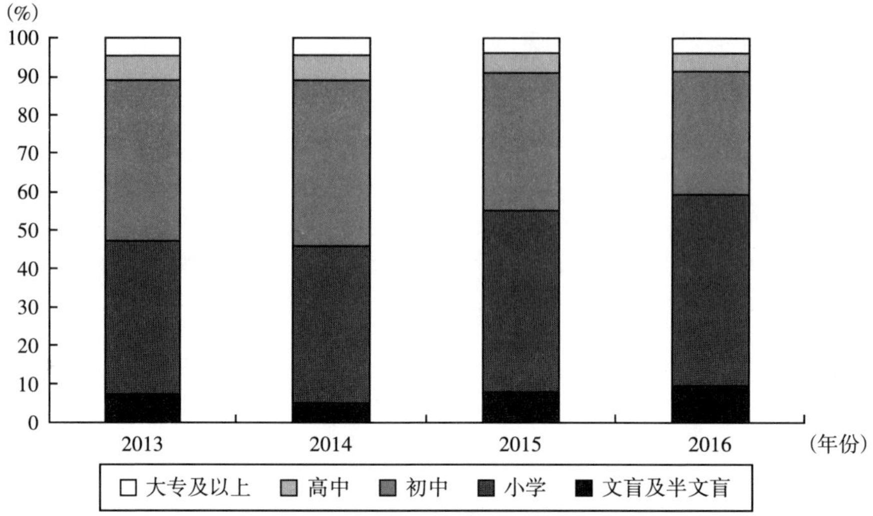

图 3.4 2013~2016 年内蒙古农村牧区贫困人口文化程度

分析 2016 年内蒙古不同盟市贫困人口文化结构，总体保持一致，80%以上的贫困人口文化程度集中在初中及初中以下水平，其中，文盲半文盲贫困人口占比基本在 10%左右，巴彦淖尔市此类占比偏高，文盲半文盲贫困人口占该地区贫困人口总数的 25.3%，普遍高于其他地区，包头市次之，占比为 21%；各盟市 45%左右的贫困人口文化程度集中在小学水平，兴安盟偏高，占比达到 63.4%，乌海市偏低，占比为 32.8%；全区 30%左右的贫困人口集中于初中文化水平，呼伦贝尔市最高，占比达到该地区所有贫困人口的 46%，通辽市次之，占比为 43.3%，其他地区基本一致；统计全区文化程度为初中及以下贫困人口分布情况，呼和浩特市、包头市、赤峰市、通辽市、呼伦贝尔市、巴彦淖尔市、兴安盟均处于 90%以上，其他地区在 80%~90%之间，兴安盟最高，占比达 95.3%，阿拉善盟最低，占比为 81.2%（见表 3.3）。虽然，不同地区间贫困人口的文化结构存在一定差异，但其差异性不大，文化程度普遍较低。

表 3.3 2016 年内蒙古不同盟市间贫困人口文化结构分布

单位：%

地区	文盲半文盲	小学	初中	高中	大专
呼和浩特市	18.03	45.27	26.89	6.21	3.60
包头市	20.97	45.54	26.07	4.33	3.08

续表

地区	文盲半文盲	小学	初中	高中	大专
乌海市	15.20	32.84	36.43	7.73	7.80
赤峰市	10.63	51.88	28.87	4.90	3.72
通辽市	4.40	44.40	43.28	4.34	3.59
鄂尔多斯市	10.21	47.09	27.14	7.77	7.78
呼伦贝尔市	3.60	45.18	46.04	3.26	1.92
巴彦淖尔市	25.30	42.85	24.62	4.60	2.64
乌兰察布市	10.34	48.03	29.71	6.26	5.66
兴安盟	6.27	63.68	25.38	2.65	2.02
锡林郭勒盟	6.03	44.88	37.59	7.00	4.49
阿拉善盟	8.50	42.03	30.71	10.70	8.06
全区	9.49	50.00	31.98	4.79	3.73

数据来源：内蒙古扶贫信息系统。

3.2.4 贫困人口身体健康

根据《扶贫开发建档立卡指标体系》要求，对贫困人口身体健康情况进行调查，将贫困人口身体健康水平分为四种类型：健康、长期慢性病、患有大病、残疾，由贫困者本人按照自身实际情况填写，并由扶贫办工作人员进行核实。其中，长期慢性病，主要指贫困者需要长期服用药物抵抗某些身体病变来维持体力，保证正常生活状态；患有大病是指贫困者患有某种癌症等，需要进行重大手术治疗，严重影响正常生活能力的状态，此类群体基本失去劳动能力；残疾类贫困人口以残疾证为依据。统计内蒙古扶贫信息系统相关数据，2016 年，全区 78.7 万贫困人口中，健康类贫困群体居多，占比达 63.4%；长期慢性病贫困群体占比 23.1%；患有大病及残疾两类贫困群体的合计占比为 13.5%。如图 3.5 所示。

分析 2013~2016 年内蒙古贫困人口身体健康情况，前两年，贫困人口身体健康结构基本稳定，各类贫困人口占比相差不超 6 个百分点，其中，健康类贫困人口占全区贫困人口总数的 80%以上，长期慢性病群体占全区贫困人口总数的 12%左右；自 2015 年开始，全区贫困人口中健康类群体保持下降趋势，占比由 2013 年的 83.4%下降至 2015 年的 71.6%，2016 年继续下降，占比为 63.4%，同比下降 8.2%，较 2013 年下降 20 个百分点；全区贫困人口中长期慢性病群体占比处于增加趋势，2015 年较 2013 年占比增加 7.4%，2016 年该贫困群体的占比继续增加，较 2013 年增加了 10.9%，较 2015 年增加了 3.5%；四年间，患有大病及残疾贫困人口的比重处于下降趋势，但下降幅度较小，大病贫困人口下降幅度在 2%左右，残疾贫困人口波动略大，2014 年该类群体在全区贫困人口中的占比较 2013 年增加了 3.4%，2015 年基本保持上一年状态，2016 年同比增加 4.1 个百分点，较 2013 年增加 8.3%。如图 3.6 所示。

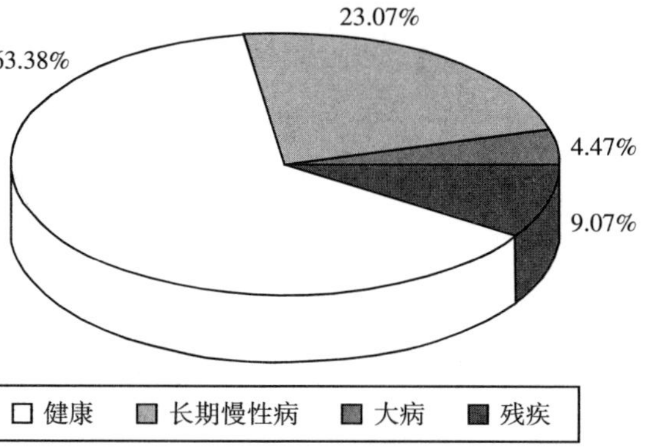

图 3.5　2016 年内蒙古农村牧区贫困人口身体健康结构分布

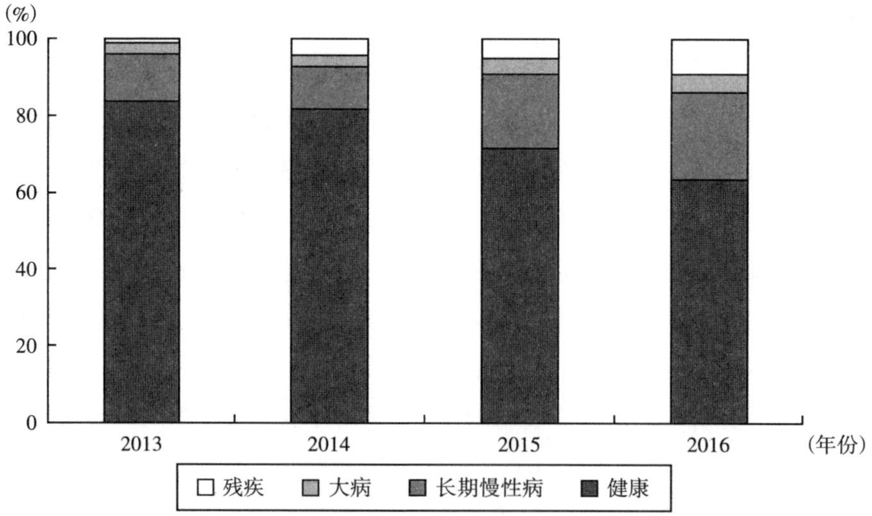

图 3.6　2013~2016 年内蒙古农村牧区贫困人口身体健康结构分布

对比分析内蒙古 12 个盟市间贫困人口身体健康情况，2016 年，健康类贫困人口占比最高的是锡林郭勒盟，占该地区贫困人口总数的 78.3%，占比最小的是乌海市，仅占该地区贫困人口总数的 42%，与锡林郭勒盟相差将近一半，鄂尔多斯市、呼伦贝尔市、乌兰察布市、锡林郭勒盟四个盟市健康类贫困人口的占比在全区保持较高水平，均为 70%以上，呼和浩特市、包头市、赤峰市、通辽市、阿拉善盟五个盟市接近自治区平均水平，健康类贫困人口的占比在 60%~70%，其余三个盟市健康类贫困人口不足当地贫困人口总数的一半，占比在 40%~50%；2016 年，患有长期慢性病的贫困人口在当地贫困人口总数中的占比基本处于 20%~30%，唯有兴安盟超出 30%，占比为 32.7%，另有乌兰察布市、呼伦贝尔市、鄂尔多斯市、锡林郭勒盟四个盟市占比在 10%~20%，其中，锡林郭勒盟最低，占比为 11.8%；2016 年，全区 12 个盟市中患有大病的贫困人口占比仅有乌海市超出 10%，占比为 14.1%，其他地区均控制在 10%之内，其中，呼伦贝尔市占比最低，为 3.1%；2016 年，12 个盟市间残疾类贫困群体在当地贫困人口总数中的占比基本控制在 10%左右，其中，乌海市最高，占比为 18.5%，乌兰察布市最低，为 5.8%（见表 3.4）。综合上述分析，内蒙古 12 个盟市间，贫困人口身体健康水平最差的是乌海市，这与该地区快速的工业发展具有直接关系；牧区贫困人口身体健康水平普遍较高，尤其是锡林郭勒盟，贫困人口的综合身体素质处于全区最高水平，这与牧区人们的饮食习惯、居住环境具有较大关系。

表 3.4 2016 年内蒙古 12 个盟市贫困人口身体健康结构分布

单位：%

地区	健康	长期慢性病	大病	残疾
呼和浩特市	59.94	26.19	4.62	9.25
包头市	61.58	26.51	4.78	7.14
乌海市	41.98	25.41	14.13	18.48
赤峰市	63.76	23.36	3.41	9.47
通辽市	67.77	20.72	4.16	7.35
鄂尔多斯市	70.25	14.11	5.10	10.53
呼伦贝尔市	72.29	18.47	3.08	6.17
巴彦淖尔市	47.80	27.96	8.20	16.03
乌兰察布市	70.62	19.73	3.87	5.78

续表

地区	健康	长期慢性病	大病	残疾
兴安盟	45.95	32.74	7.76	13.55
锡林郭勒盟	78.34	11.77	2.26	7.63
阿拉善盟	60.24	20.85	4.74	14.17
全区	63.38	23.07	4.47	9.07

数据来源：内蒙古扶贫信息系统。

3.2.5 贫困人口务工情况

根据《扶贫开发建档立卡指标体系》要求，对内蒙古贫困人口务工情况进行了调查，分为务工贫困人口及非务工贫困人口，其中务工贫困人口又按照务工地点进行了分类，分为乡（镇）（苏木）内务工、乡（镇）（苏木）外（旗）县内务工、（旗）县外省（自治区）内务工及省（自治区）外务工四类。统计内蒙古扶贫信息系统数据，2016 年，全区 78.7 万贫困人口中，务工贫困人口总数为 6.5 万人，仅占全区贫困人口总数的 8.3%，务工贫困人口中，大多数贫困群体务工地点为乡（镇）（苏木）内，其占比为 74.3%，另有 12.5%的贫困群体选择在乡（镇）（苏木）外（旗）县内务工。如图 3.7 所示。

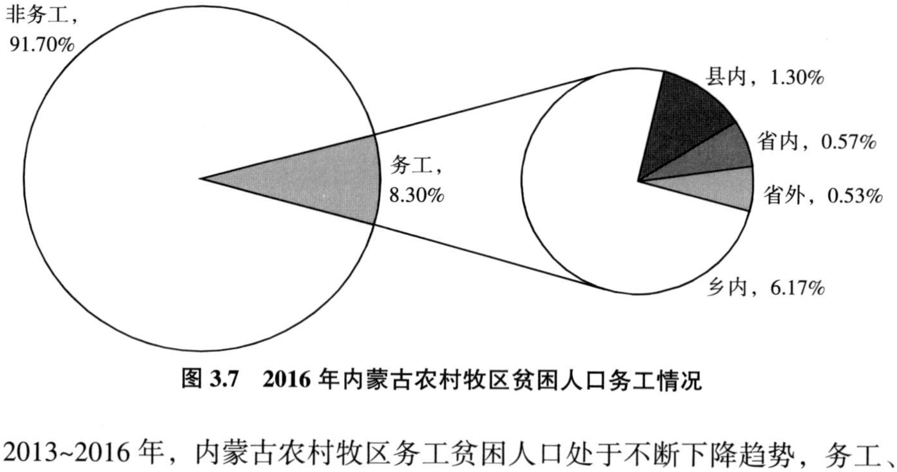

图 3.7　2016 年内蒙古农村牧区贫困人口务工情况

2013~2016 年，内蒙古农村牧区务工贫困人口处于不断下降趋势，务工、非务工贫困人口的比值不断缩减。具体分析，2013 年，全区务工贫困人口总数为 24.7 万人，占比 15.7%。2014 年，务工贫困人口减少了 7.5 万人，占比降为 14.4%，同比下降 1.3 个百分点。2016 年，全区务工人口总数减少为 6.5 万人，较 2015 年减少了 4.8 万人，同比下降 1.2%，较 2013 年减少了 18.1 万人，下降 7.4%；务工、非务工贫困人口的比值由 2013 年的 0.19 缩减为 2016 年的 0.09。如表 3.5 所示。

表 3.5　2013~2016 年内蒙古农村牧区贫困人口务工情况

年份	务工贫困人口		非务工贫困人口	
	人口（万人）	占比（%）	人口（万人）	占比（%）
2013	24.7	15.7	132.8	84.3
2014	17.2	14.4	101.8	85.6
2015	11.3	9.5	107.7	90.5
2016	6.5	8.3	72.1	91.7

数据来源：内蒙古扶贫信息系统。

从务工地点分析，全区务工贫困人口的地点选择基本保持平稳状态，2013~2016 年，乡（镇）（苏木）内务工贫困人口在全区务工贫困人口中的占比均保持在 70%以上，以年均 2%左右的幅度下降，占比由 2013 年的 79.2%降为 2016 年的 74.3%，四年仅下降 4.9 个百分点；选择乡（镇）（苏木）外（旗）县内为务工地点的贫困人口占比均控制在 10%左右，且以 1%左右的幅度不断增加，占比由 2013 年的 10.1%增加至 2016 年的 12.5%；其他两类务工贫困人口占比基本保持稳定状态，波动幅度不足 1%。如表 3.6 所示。

表 3.6　2013~2016 年内蒙古贫困人口务工地点分布情况

年份	乡（镇、苏木）内		乡外（旗）县内		（旗）县外自治区内		自治区外	
	人口（万人）	占比（%）	人口（万人）	占比（%）	人口（万人）	占比（%）	人口（万人）	占比（%）
2013	19.5	79.2	24.9	10.1	16.5	6.7	1.0	4.0
2014	13.5	78.8	17.8	10.3	11.6	6.8	0.7	4.1
2015	8.7	77.1	12.5	11.1	0.8	6.8	0.6	5.0
2016	4.8	74.3	0.8	12.5	0.4	6.8	0.4	6.4

数据来源：内蒙古扶贫信息系统。

分析内蒙古 12 个盟市间贫困人口务工情况，从务工结构分析，2016 年，所有盟市贫困人口务工结构基本一致，非务工贫困人口均占当地所有贫困人口的 80%以上；呼和浩特市、乌海市、赤峰市、通辽市、巴彦淖尔市、兴安盟、阿拉善盟七个地区非务工贫困人口占当地贫困人口总数的90%以上，巴彦淖尔市最高，为96.9%；包头市、呼伦贝尔市、乌兰察布市、鄂尔多斯市、锡林郭勒盟五个地区非务工贫困人口占比在80%~90%，包头市最低，为83%，其他四个地区均接近90%。从务工地点分析，包头市贫困人口选择在乡（镇）内务工的占比最高，占该地区贫困人口总数的82.8%，巴彦淖尔市的占比最低，为46.5%；选择在乡（镇）（苏木）外（旗）县内务工的贫困人口中，阿拉善盟占比最高，为39%，巴彦淖尔市次之，占比为33.2%，其他地区基本控制在15%左右，通辽市最低，占比为7.5%；全区不同盟市贫困人口选择在（旗）县外自治区内务工的占比基本在10%以内，仅有呼和浩特市、巴彦淖尔市两个地区超过10%，巴彦淖尔市的占比最高，为17.4%，呼和浩特市次之，占比为12.1%，鄂尔多斯市占比最低，仅为2.8%；12个盟市中，赤峰市、通辽市两地区贫困人口选择自治区外务工的占比较高，超过10%，通辽市最高，占比为12.3%，赤峰市次之，占比为10.8%，兴安盟与呼伦贝尔市两地区的占比接近10%，乌海市最低，占比仅为0.39%。如表3.7所示。

表3.7　2016年内蒙古不同盟市贫困人口务工地点分布

单位：%

地区	乡（镇、苏木）内	乡外（旗）县内	（旗）县外自治区内	自治区外
呼和浩特市	72.33	14.44	12.09	1.13
包头市	82.77	11.00	5.83	0.40
乌海市	76.06	17.37	6.18	0.39
赤峰市	67.94	12.64	8.58	10.84
通辽市	74.46	7.52	5.74	12.29
鄂尔多斯市	80.37	15.00	2.84	1.78
呼伦贝尔市	78.55	8.92	3.25	9.27
巴彦淖尔市	46.45	33.20	17.43	2.92
乌兰察布市	79.89	13.13	5.59	1.40
兴安盟	74.18	8.56	7.97	9.29
锡林郭勒盟	71.77	16.67	8.02	3.54
阿拉善盟	50.40	39.02	7.01	3.57
全区	74.29	12.49	6.82	6.40

数据来源：内蒙古扶贫信息系统。

3.2.6 贫困人口劳动能力

根据《扶贫开发建档立卡指标体系》要求，将贫困人口劳动能力分为普通劳动力、技能劳动力、丧失劳动力和无劳动力四类。其中，普通劳动力是指年满16周岁及16周岁以上的，具有劳动能力，但未取得职业资格证书的贫困者；技能劳动力是指通过技术等级考试合格后，获得相关单位统一发放的相应等级资格证书、具有劳动能力的贫困者；丧失劳动力是指由于疾病或者残疾等失去劳动能力的贫困者；无劳动力是指未满16周岁或者超过劳动年龄已经无劳动能力的贫困者。统计分析内蒙古扶贫信息系统相关数据，2016年，全区78.7万贫困人口中，普通劳动力占比最高（58.2%），其次为无劳动能力的贫困群体（32.3%），根据上述贫困人口年龄结构的分析，16周岁以下贫困人口占比为8%，因此，这里32.3%的无劳动能力贫困群体多数是由于超过了劳动年龄导致，占全区贫困人口总数的24.3%。如图3.8所示。

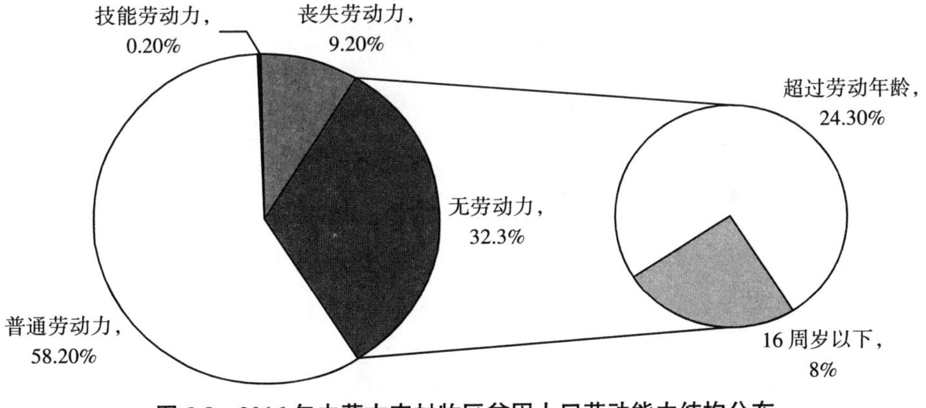

图3.8 2016年内蒙古农村牧区贫困人口劳动能力结构分布

纵向分析内蒙古农村牧区贫困人口的劳动能力，2013~2016年，贫困人口劳动能力结构分布基本稳定，表现为具有普通劳动能力的贫困群体占比最高，四年占比均达一半以上，其次为无劳动能力的贫困群体，占比在30%左右，四年间，全区具有普通劳动能力与无劳动能力的两类贫困群体均占贫困人口总数的90%以上。具体分析，2013~2016年，具有普通或技能劳动能力的贫困人口处于不断下降趋势，但下降幅度相去甚远，2013年，全区具有普通劳动能力的贫困人口占比为 71.4%，2016 年，该类贫困群体的占比下降至 58.2%，较 2013 年下降了 13.1%，同比下降 7.1%，技能贫困人口占比由 2013 年的 0.5%下降至 2016 年的 0.2%；四年间，丧失或无劳动能力的贫困人口均处于不断上升趋势，其中，丧失劳动能力的贫困人口占比由 2013 年的 3.5%增加至 2016 年的 9.2%，增加了 5.7 个百分点，无劳动能力的贫困人口占比由 2013 年的 24.6%增加至 2016 年的 32.3%，增加了 7.7 个百分点。由此可见，2013~2016 年，内蒙古农村牧区贫困人口劳动能力处于不断衰退状态，具有劳动能力与丧失及无劳动能力的贫困人口占比不断缩减，今后内蒙古扶贫政策的制定与实施具有向“兜底”方向倾斜的可能性与必要性。如图 3.9 所示。

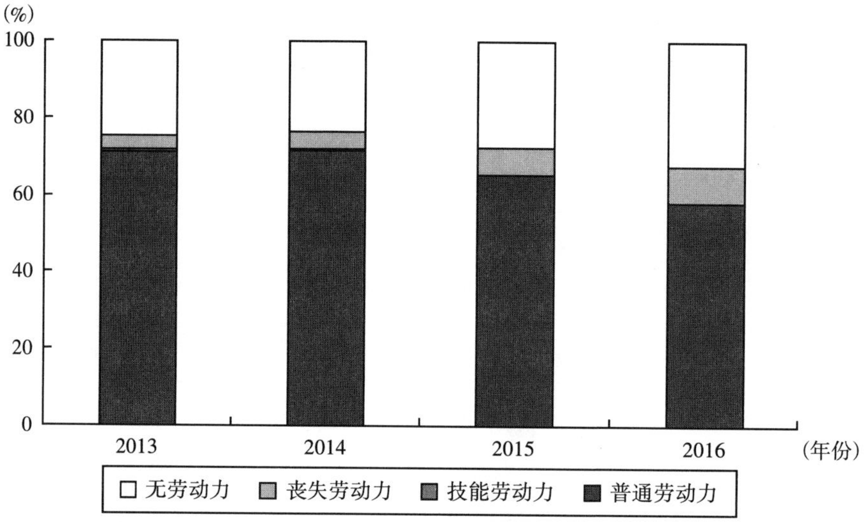

图 3.9　2013~2016 年内蒙古农村牧区贫困人口劳动能力变化

横向分析内蒙古贫困人口劳动能力，2016 年，全区 12 个盟市贫困人口劳动能力的结构分布基本一致，表现为具有普通劳动能力的贫困人口与无劳动能力的贫困人口之和占据当地贫困人口总数的 90%左右，多数处于 90%以上，但不同地区两类贫困群体结构差异明显，巴彦淖尔市与兴安盟两地区的结构分配最差，两类贫困群体基本保持平均分配，比值为 1.04，占比分别为 42.5%、41%，兴安盟两类贫困群体比值为 1.07，占比分别为 46.3%、43.2%；锡林郭勒盟贫困人口劳动能力的结构分配最佳，具有普通劳动能力的贫困人口占比为 74.5%，无劳动能力贫困人口占比为 21.4%，两类贫困群体的比值为 3.5；全区 12 个盟市，具有技术能力的贫困人口微乎其微，占比均不足 1%；乌海市、赤峰市、巴彦淖尔市、兴安盟四个地区丧失劳动能力的贫困人口占比偏高，均超过 10%，乌海市最高，占比为 17.8%，其他地区均在 10%以内，鄂尔多斯市最低，占比为 3.8%。如表 3.8 所示。

表 3.8　2016 年内蒙古 12 个盟市贫困人口劳动能力结构分布

单位：%

地区	普通劳动力	技能劳动力	丧失劳动力	无劳动力
呼和浩特市	57.17	0.34	5.70	36.80
包头市	59.40	0.47	6.03	34.09
乌海市	44.88	0.66	17.82	36.63
赤峰市	57.82	0.19	10.85	31.15
通辽市	61.49	0.24	7.92	30.35
鄂尔多斯市	66.18	0.21	3.83	29.77
呼伦贝尔市	67.30	0.23	4.73	27.75
巴彦淖尔市	42.49	0.06	16.52	40.93
乌兰察布市	62.56	0.36	8.70	28.39
兴安盟	46.26	0.19	10.37	43.19
锡林郭勒盟	74.45	0.31	3.86	21.38
阿拉善盟	55.09	0.12	8.66	36.13
全区	58.22	0.24	9.20	32.34

数据来源：内蒙古扶贫信息系统。

3.3　贫困户现状分析

3.3.1　贫困户区域分布

内蒙古扶贫信息系统数据显示，2016 年，全区共有贫困户 35.1 万户，较 2013 年减少了 22.9 万户。从区域分布特征看，基本与贫困人口保持一致，目前，赤峰市拥有的贫困户数量最多，为 111422 户，占全区贫困户总数的 31.8%，成为自治区减贫攻坚战的主阵地，其次为乌兰察布市，拥有贫困户 60935 户，占全区贫困户总数的 17.4%，结合上述分析的贫困人口现状，两地区贫困户户均人口为 2 人，由此推测，目前，内蒙古农村牧区贫困户中可能存在很多孤寡老人，或因身体缺陷、家庭发生重大事故等所致的单身群体，统计系统数据显示，2016 年全区一人贫困户占比达 24.3%。如表 3.9 所示。

表 3.9 2016 年内蒙古农村牧区贫困户区域分布情况

地区	贫困户（户）	占比（%）	户均人口（人）
呼和浩特市	12231	3.49	2.07
包头市	6555	1.87	2.06
乌海市	696	0.20	2.18
赤峰市	111422	31.78	2.19
通辽市	48653	13.88	2.53
鄂尔多斯市	5174	1.48	2.42
呼伦贝尔市	25474	7.26	2.40
巴彦淖尔市	19401	5.53	1.91
乌兰察布市	60935	17.38	2.24
兴安盟	48206	13.75	2.17
锡林郭勒盟	9147	2.61	2.25
阿拉善盟	2757	0.79	2.13
全区	350651	100.00	2.24

数据来源：内蒙古扶贫信息系统。

3.3.2 贫困户致贫原因

根据《扶贫开发建档立卡指标体系》要求，结合生产要素理论、人力资本理论、多维贫困理论等，将贫困户致贫原因分为 11 种类型，分别为：因病致贫、因残致贫、因学致贫、因灾致贫、缺土地、缺水、缺技术、缺劳动力、缺资金、交通落后、自身发展力不足，由贫困户按照家庭实际情况填写相关内容，部分贫困户存在多种致贫原因的交叉，在此，仅按照自身认为最重要的原因登记。统计内蒙古扶贫信息系统数据，2016 年，全区贫困户致贫原因主要体现在因病、缺资金、因灾、缺劳动力、因残五方面，其中，因病致贫贫困户最多，占据全区贫困户总数的 39.9%，其次为缺资金致贫，占比为 17.3%，因灾致贫、缺劳动力、因残致贫占比依次为 9.1%、8.7%、7.3%，五类贫困群体占全区贫困户总数的 82.3%。如图 3.10 所示。

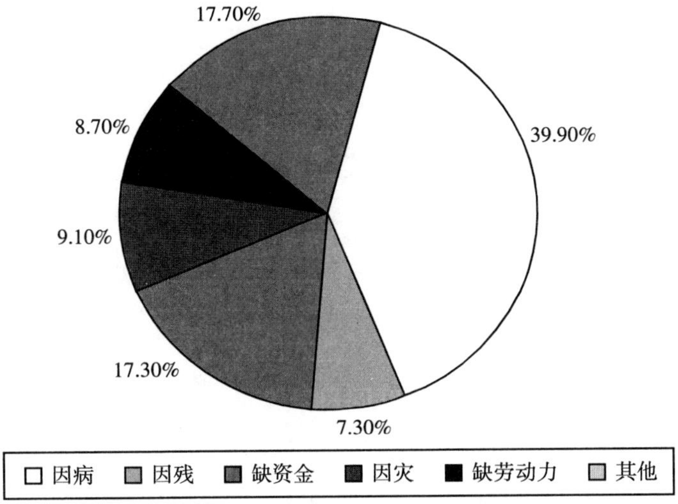

图 3.10 内蒙古农村牧区贫困户致贫原因结构分布

横向分析内蒙古农村牧区贫困户致贫原因，呈现出明显的地域差异，工业发达地区因病致贫的贫困群体占比较高，而草原牧区则是因灾致贫的贫困群体占比较高。具体分析，2016 年，乌海市拥有贫困户 696 户，其中高达 76.4%的群体属于因病致贫，另有 12.6%的贫困群体为因残致贫，两类群体合计占比 89%，该特征与上述分析的贫困人口健康现状保持一致；其他 11 个盟市中，兴安盟与巴彦淖尔市因病致贫贫困户占比也保持较高水平，占比分别为 58.5%、50.5%；锡林郭勒盟因病致贫贫困户占比最低，为 19.6%，这与上述分析的贫困人口健康现状也保持一致，该地区体现出较多的因灾致贫，占比高达 45%，据调查了解，该地区最主要的灾情为旱灾、雪灾，锡林郭勒盟为典型的草原牧区，草原畜牧业是当地牧民主要的收入渠道，旱灾的发生导致草场产草力下降，无法满足牲畜需求，最终降低牧民收入水平，使其步入贫困群体，雪灾的发生导致羊群无法放养，增加了饲草料成本，另有部分牲畜存在被冻死现象，从而导致牧户贫困，该地区另一主要致贫原因是缺资金，该类贫困群体占比为 16.8%，据了解，这是由目前较低的肉羊价格与较高的饲草料成本所致。各地区排前三位的致贫原因结构分布如表 3.10 所示。

表 3.10　2016 年内蒙古农村牧区贫困户主要致贫原因结构分布

地区	致贫原因	占比（%）	致贫原因	占比（%）	致贫原因	占比（%）
呼和浩特市	因病	44.31	缺资金	16.27	缺劳动力	12.62
包头市	因病	38.11	因灾	24.01	缺劳动力	11.62
乌海市	因病	76.44	因残	12.64	因学	5.60
赤峰市	因病	36.77	缺资金	22.28	缺劳动力	11.72
通辽市	因病	40.73	缺资金	17.93	缺土地	10.84
鄂尔多斯市	因病	36.51	缺资金	16.24	缺土地	12.62
呼伦贝尔市	因病	29.69	缺土地	28.32	因灾	11.67
巴彦淖尔市	因病	50.47	因残	14.24	缺资金	10.97
乌兰察布市	因病	33.20	缺资金	19.73	因灾	13.46
兴安盟	因病	58.51	因残	9.79	因灾	9.48
锡林郭勒盟	因灾	45.03	因病	19.60	缺资金	16.80
阿拉善盟	因病	40.95	因残	18.97	缺资金	8.71
全区	因病	39.88	缺资金	17.30	因灾	9.12

数据来源：内蒙古扶贫信息系统。

2013 年，中共中央、国务院制定并颁发《关于创新机制扎实推进农村扶贫开发工作的意见》，在提出深化改革，创新扶贫开发工作机制的政策建议中明确指出，要建立精准扶贫工作机制，精准扶贫主要包括四个环节：精准识贫、精准帮扶、精准管理、精准考核，四环节紧密相扣，一一递进，精准识贫是基础环节，是精准扶贫的关键。2015 年 10 月 16 日，习近平总书记在 2015 减贫与发展高层论坛上强调，中国扶贫攻坚工作实施精准扶贫方略，关键要注重六个精准，即扶贫对象精准、项目安排精准、资金使用精准、措施到户精准、因村派人精准、减贫成效精准。由此可见，明确和掌握贫困户致贫原因是精准识贫的关键，为精准帮扶提供有力的政策依据和方向，关系到精准扶贫工作的顺利开展。通过上述分析，内蒙古应从病、灾、资金、劳动力四个方面入手，制定不同的扶持策略，保证精准帮扶，同时要注意贫困户致贫原因的地域性差异，尤其是农区与牧区之间，避免帮扶措施“一刀切”。

3.3.3 贫困户土地资源

土地是农户生产活动的主要要素，其禀赋直接关系农户收入水平，影响农户生活。通过上述贫困户致贫原因分析，土地资源短缺已成为部分贫困户主要的致贫原因，如呼伦贝尔市，28.3%的贫困户因缺土地致贫，通辽市、鄂尔多斯市也拥有 10%以上的贫困户认为缺土地是他们的主要致贫原因。为了解内蒙古农村牧区贫困户土地资源拥有情况，结合自治区土地资源类型，选取耕地面积、有效灌溉面积、林地面积、牧草地面积四项指标进行分析。

内蒙古扶贫信息系统数据显示，2016 年，全区贫困户人均拥有耕地面积 5.62 亩、灌溉面积 1.59 亩，林地面积 9.25 亩、牧草地面积 285.9 亩。2015 年《内蒙古统计年鉴》数据显示，2014 年内蒙古耕地面积为 915.5 万公顷，水浇地 284.1 万公顷，承包到户的草地面积 6940 万公顷，乡村人口 1361.13 万人，牧区人口 186.17 万人，按照 1 公顷=15 亩标准折算，2014 年内蒙古农村居民人均拥有耕地面积 10.09 亩、灌溉面积 3.13 亩，牧区居民人均拥有草地面积 559.17 亩。根据内蒙古统计数据，2012 年以来，内蒙古农村、牧区人均耕地、草地面积变化不大，在此可近似对比与 2016 年贫困群体间的差距。通过上述分析发现，内蒙古农村牧区贫困户人均耕地、水浇地、草地面积均低于自治区平均水平，土地资源较为薄弱。

3.3.4 贫困户家庭收入结构

农户家庭收入结构主要包括四部分，即生产经营性收入、务工性收入、财产性收入、转移性收入。其中，生产经营性收入主要指农户通过在承包、流转的耕地上进行种植业、养殖业等生产活动而获得的收入，也包括农户经营店铺、买卖等所取得的收入；务工性收入，就是指农户的打工收入，包括临时打工的收入，也包括常年打工收入；财产性收入，是指农户通过出售、出租家庭物质资产，如土地、房屋等所获得的收入；转移性收入，是农户从国家政府、财政或其他人手中所获得的收入，如政府补贴、养老金、儿女赡养金等。以上四部分收入构成了农户家庭总收入，从家庭总收入中扣除生产性支出便可得家庭纯收入。分析 2016 年内蒙古贫困户家庭收入结构，生产经营性收入为贫困户最主要的收入来源，在贫困户家庭总收入中的占比达到 58.2%，其次为转移性收入，占比为 31%，通过调查发现，贫困户主要的转移性收入为国家各类补贴，如草原生态保护补助奖励政策给予的禁牧补助与草畜平衡奖励、退耕还林补贴、低保金以及部分老年群体养老金等。为此，进一步分析自治区贫困户转移性收入结构，按照扶贫信息系统显示，将其分为五类，包括计划生育补贴、低保金、养老金、生态补偿金、其他。其中，低保金在贫困户转移性收入中的占比最高，为 35%，生态补偿金占比为 21.5%，养老金占比为 16%；低保金与养老金合计占比达 51%，占贫困户转移性收入的一半，结合上述贫困人口现状分析推断，目前，内蒙古扶贫工作已开始向“兜底”方向倾斜。如图 3.11 所示。

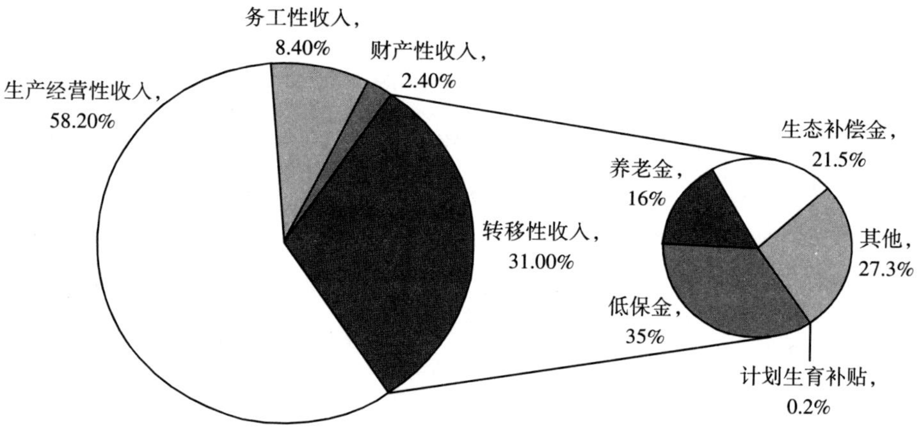

图 3.11　2016 年内蒙古农村牧区贫困户家庭收入结构

进一步分析内蒙古各盟市贫困户家庭收入结构，地区差异较为显著。2016 年，贫困户收入结构中相对一致的是财产性收入，该类收入占比普遍很低，为 2%左右，呼伦贝尔市相对高些，占比为 5.3%，原因是该地区家庭农场较多，部分贫困户将土地流转给大户，从而提高了财产性收入占比。其他三类收入结构均体现出较大的地区差异：首先，分析不同地区贫困户生产经营性收入，12 个盟市间，该类收入占比最大相差 50.1 个百分点，体现在通辽市与阿拉善盟之间，两地区生产经营性收入占比分别为 73.5%、23.4%，乌海市该类收入占比也处于较低水平，占比为 34.4%，鄂尔多斯市、乌兰察布市次之，占比分别为 47.7%、43.3%，其他地区该类收入占比均达一半以上，成为当地贫困户主要的收入来源；

其次，分析不同地区贫困户务工性收入，乌海市此类收入占比最高，达 28.6%，鄂尔多斯市次之，占比为 18.3%，其他地区基本处于 10%左右，巴彦淖尔市与兴安盟最低，占比均为 4.8%，此类收入结构存在较大地区差异的原因与上述分析的贫困人口务工情况一致，与当地经济结构及发展速度有关；最后，分析不同地区贫困户转移性收入，农区与牧区间差异明显，阿拉善盟贫困户转移性收入占比最高，为 68.4%，成为该地区贫困户的主要收入来源。如表 3.11 所示。

表 3.11　2016 年内蒙古各盟市贫困户收入结构

单位：%

地区	生产经营性收入	务工性收入	财产性收入	转移性收入
呼和浩特市	54.86	10.92	1.82	32.40
包头市	50.90	10.37	0.59	38.14
乌海市	34.42	28.56	0.25	36.77
赤峰市	61.97	7.73	1.94	28.36
通辽市	73.49	6.16	2.89	17.45
鄂尔多斯市	47.72	18.25	3.40	30.62
呼伦贝尔市	64.86	13.02	5.25	16.87
巴彦淖尔市	54.42	4.78	2.17	38.63
乌兰察布市	43.27	11.62	1.14	43.98
兴安盟	59.02	4.78	2.35	33.84
锡林郭勒盟	54.33	7.62	1.81	36.24
阿拉善盟	23.42	9.88	2.86	63.84
全区	58.22	8.44	2.38	30.96

数据来源：内蒙古扶贫信息系统。

进一步分析各盟市贫困户转移性收入结构，各类收入均存在较强的地区差异。乌海市户均领取低保金在转移性收入中的占比最高，为 76.6%，由此可见，目前，乌海市多数贫困户已被划入低保群体，该市扶贫工作基本进入“兜底”状态，阿拉善盟贫困户低保金收入占比最低，仅为 5.4%，主要由该地区较高的生态补偿金所致，此类转移性收入占比高达 69%，成为当地贫困群体生产、生活的主要收入来源，为此，自治区政府等相关部门应提高警惕，一旦相应的生态补偿政策停止，该地区将出现大量贫困群体“返贫”，需提前做好防备工作，避免

"返贫"现象的发生。分析户均领取养老金转移性收入占比情况，呼和浩特市、包头市该类收入占比较高，分别为 48%、39.1%，其他地区基本保持在 10%~20%，锡林郭勒盟最低，占比仅为 6.7%。这除了与贫困户年龄结构、文化素质相关之外，与地区城镇化建设水平存在很大关系，城镇化水平较高的地区，保险机构分布较多，保险业务的宣传较广泛，人们的保险意识较强，体现为养老金在转移性收入中的占比较高。户均领取生态补偿金的地域性差异极其明显，尤其是林区、牧区，近年来，在草原生态保护补助奖励政策的大力实施下，给予政策实施对象高额的生态保护林、禁牧、草畜平衡等奖励或补助，大大增加这部分贫困户的生态补偿金收入，例如，阿拉善盟、锡林郭勒盟，两地区户均生态补偿金在转移性收入中的占比均达 60%以上，分别为 69%、66.3%，在贫困户生产、生活中占据重要地位。如表 3.12 所示。

表 3.12　2016 年内蒙古各盟市贫困户转移性收入结构

单位：%

地区	计划生育补贴	低保金	养老金	生态补偿金	其他
呼和浩特市	0.26	20.78	47.96	15.02	15.99
包头市	0.12	33.67	39.16	12.17	14.88
乌海市	1.03	76.62	19.76	0.12	2.46
赤峰市	0.32	39.73	19.12	16.99	23.85
通辽市	0.29	27.44	13.06	19.12	40.08
鄂尔多斯市	0.41	26.29	16.25	36.72	20.33
呼伦贝尔市	0.37	39.2	9.46	12.97	38.00
巴彦淖尔市	0.09	37.32	18.78	8.99	34.81
乌兰察布市	0.13	33.67	13.05	17.41	35.74
兴安盟	0.28	52.3	13.68	12.98	20.76
锡林郭勒盟	0.3	14.28	6.72	66.29	12.41
阿拉善盟	0.19	5.38	15.72	69	9.71
全区	0.24	34.97	16	21.52	27.27

数据来源：内蒙古扶贫信息系统。

3.3.5 贫困户人均纯收入

根据2010年贫困标准，即2010年农村居民家庭人均纯收入为2300元不变，之后每年根据物价指数、生活指数等进行动态调整，2014年，农村贫困标准（当年价）应达到家庭人均纯收入2800元，2016年约为3000元，为此，选取500元、2800元作为两个分界点，将贫困户人均纯收入七等分，即500元（不含）以下、500~1000元、1000~1500元、1500~2000元、2000~2500元、2500~2800元、2800元（含）以上。2016年，内蒙古35.1万贫困户人均纯收入主要集中于2000~2800元，占比达66.1%，其中，人均纯收入水平在2500~2800元之间的贫困户最多，为122260户，占全区贫困户总数的34.9%，另有109467户贫困户人均纯收入水平处于2000~2500元之间，占比为31.2%。具体分布如图3.12所示。

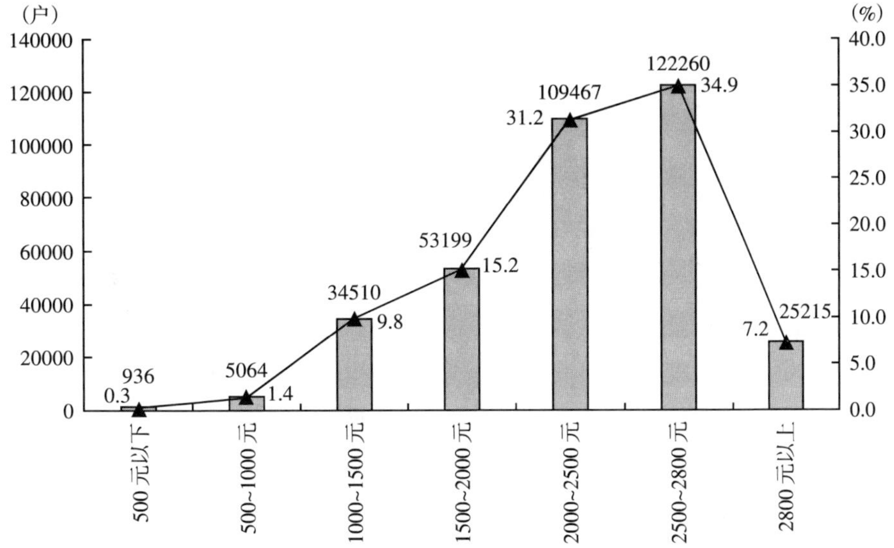

图3.12 2016年内蒙古农村牧区贫困户人均纯收入结构

横向分析内蒙古各盟市贫困户家庭人均纯收入分布情况，所有地区均拥有一半以上的贫困户人均纯收入处于2000~2800元，其中，乌海市、阿拉善盟两地区此阶段贫困户占比达90%以上，贫困户收入水平居全区前两位。据了解，这与地区自然资源、经济结构、政策支持存在很大关系，乌海市属于内蒙古工业较为发达的地区，对贫困户增收的带动作用相对较强。阿拉善盟林区较多，另有部分属于牧区，其牧户拥有的草场面积普遍高于其他地区，加之生态保护政策的大力实施与高额补助、奖励资金的发放，共同作用，促进了该地区贫困户收入的增加；呼和浩特市、包头市、赤峰市、通辽市、呼伦贝尔市、乌兰察布市、兴安盟、锡林郭勒盟8个地区家庭人均纯收入水平处于此阶段的贫困户占比接近自治区平均水平，为70%~80%。鄂尔多斯市与巴彦淖尔市相对较低，占比分别为62.4%、57.6%，这两个地区含有相当一部分贫困户家庭人均纯收入处于1500~2000元，鄂尔多斯市此阶段贫困户占比为32.9%，巴彦淖尔市为41.8%。如表3.13所示。

表3.13　2016年内蒙古各盟市贫困户家庭人均纯收入结构

单位：%

地区	1000元以下	1000~1500元	1500~2000元	2000~2500元	2500元以上
呼和浩特市	3.06	8.81	17.2	34.47	36.45
包头市	1.30	7	13.3	33.99	44.41
乌海市	0.00	0.29	0.29	49.28	50.14
赤峰市	1.73	10.34	16.73	33.67	37.54
通辽市	1.17	9.15	15.03	30.65	44.00
鄂尔多斯市	4.69	15.56	17.32	29.78	32.64
呼伦贝尔市	1.95	8.68	13.24	30.48	45.64
巴彦淖尔市	0.58	21.64	20.18	32.08	25.52
乌兰察布市	2.87	7.35	10.53	26.33	52.93
兴安盟	0.87	9.5	16.7	31.13	41.81
锡林郭勒盟	0.22	7.75	17.51	39.74	34.78
阿拉善盟	0.65	0.51	0.65	1.6	96.59
全区	1.71	9.84	15.17	31.22	42.06

数据来源：内蒙古扶贫信息系统。

3.3.6　贫困户生活条件

阿马蒂亚·森提出的多维贫困理论，把贫困定义为人的基本可行能力的剥夺，认为收入低下仅仅是剥夺指标中的一个，还应包括收入之外其他维度的福利被剥夺，如道路、饮水、住房等生活基本设施建设水平。为了更全面地认识内蒙古农村牧区贫困户现状，现从饮水、入户道路、生活用电、住房四个方面对贫困户的生活条件进行分析。根据建档立卡工作要求，对贫困户饮水是否困难进行了调查，统计扶贫信息系统数据显示，2016 年，全区 35.1 万贫困户中，认为饮水困难的贫困户占比为 7.1%，相比建档立卡初期，即 2013 年，此类贫困群体减少了 9.7%；生活用电方面，2013 年以来，未通生活用电的贫困户占比有所增加，由 2013 年的 1.5%增加至 2016 年的 3%；住房方面，2016 年，居住危房的贫困户占比为 28.5%，较 2013 年增加了 4.2 个百分点；道路修建方面，2016 年，43.2%的贫困户入户道路为普通泥土路，25.4%的贫困户入户道路为砂石路，剩下 31.4%的贫困户入户类型为水泥路或沥青路，后者占比仅为 4%，与 2013 年相比，入户道路为普通泥土路的贫困户占比下降了 26.3%，砂石路占比增加了 8.4%，水泥路与沥青路占比增加 17.9%，其中，入户道路为水泥路的贫困户占比增加了 15.9%（见表 3.14）。由此可见，内蒙古农村牧区水利、电力基础设施建设已取得显著成效，两类福利基本覆盖所有贫困户；但危房改造与道路修建还需进一步加强，尤其是道路的修建，其直接影响贫困地区的交通便利程度，进而影响贫困户农畜产品的销售，恶劣的交通条件将严重制约贫困户生产性收入的提高。

表 3.14　2016 年内蒙古农村牧区贫困户生活条件

单位：%

地区	饮水困难	未通生活用电	危房	入户道路类型			
				泥土路	砂石路	水泥路	沥青路
呼和浩特市	19.25	4.94	4.36	41.92	24.73	21.73	11.62
包头市	39.60	7.19	34.25	39.13	40.88	17.65	2.33
乌海市	0.00	0.00	6.32	10.06	0.29	51.87	37.79
赤峰市	4.70	1.53	24.30	45.10	20.11	32.32	2.47
通辽市	3.35	2.60	16.06	42.59	27.87	25.04	4.49
鄂尔多斯市	18.65	16.80	45.21	58.04	29.67	10.55	1.74
呼伦贝尔市	4.04	5.19	25.19	11.89	39.99	41.12	7.00
巴彦淖尔市	5.97	4.05	37.08	74.40	15.10	8.76	1.74
乌兰察布市	11.36	2.88	38.85	47.86	24.63	25.67	1.84
兴安盟	1.94	0.16	41.75	37.00	30.94	26.52	5.55
锡林郭勒盟	19.50	16.33	22.35	50.79	27.06	16.78	5.37
阿拉善盟	4.06	7.73	9.50	23.18	14.25	37.94	24.63
全区	7.05	3.01	28.45	43.20	25.42	27.41	3.98

数据来源：内蒙古扶贫信息系统。

3.4 本章小结

本章主要介绍了内蒙古农村牧区贫困旗县分布情况，包括 31 个国家重点扶持旗县、26 个自治区重点扶持旗县；采用内蒙古扶贫信息系统数据，分别从六个不同方面对内蒙古农村牧区贫困人口、贫困户进行了现状分析。结果如下：

3.4.1 贫困人口现状

内蒙古农村牧区贫困人口地域分布差异明显，贫困发生率最低为 2.19%，最高达 9%；贫困人口规模自建档立卡、精准扶贫工作开始以来，处于不断下降状态，按照各地区现有减贫速度分析，全区仅有呼和浩特市、通辽市、呼伦贝尔市、乌兰察布市四个地区将提前实现减贫目标，巴彦淖尔市与阿拉善盟两地区将延迟实现，其他地区均将于 2020 年当年实现。2013~2016 年，内蒙古农村牧区贫困人口高龄化程度处于不断提高状态，不同地区贫困人口年龄结构存在很大差距，老龄化程度最高的是巴彦淖尔市，60 岁以上贫困人口占该地区贫困人口总数的 50%；老龄化程度最低的是鄂尔多斯市，60 岁以上贫困人口占比为 12.9%，低于巴彦淖尔市 37.1 个百分点。2013~2016 年，全区贫困人口文化程度处于不断下降趋势，小学及小学以下贫困人口占比不断增加，不同地区贫困人口文化程度差异不大。2013~2016 年，内蒙古农村牧区贫困人口身体健康水平整体处于下降状态，与地区经济结构存在很大关系，表现为工业产业快速发展地区，贫困人口身体健康水平较差；牧区贫困人口健康水平较高。四年间，贫困人口中务工人口占比处于不断下降趋势，务工、非务工贫困人口比值不断缩减，贫困人口务工地点基本位于苏木（乡镇）内；贫困人口务工情况地区差异不大，非务工贫困人口占比均在 80%以上。内蒙古农村牧区贫困人口劳动能力处于不断衰退状态，具有普通劳动能力与丧失及无劳动能力的贫困人口比不断缩减。整体分析，内蒙古农村牧区贫困人口人力资本水平处于不断下降状态，今后自治区扶贫政策的制定与实施具有向“兜底”方向倾斜的可能性与必要性，但不同地区间贫困人口人力资本水平存在一定差异性，与地区自然资源、经济结构存在较大关系，为此，要保证扶贫政策的制定与实施具有地域性特点，避免“一刀切”。

3.4.2 贫困户现状

贫困户区域分布结构与人口分布基本一致。内蒙古农村牧区贫困户致贫原因中，因病致贫贫困户占比最高，达 40%，其次为缺资金致贫，占比为 17.3%；贫困户致贫原因存在明显的地域性差异，与地区经济结构、自然环境等具有直接联系，工业较发达地区，因病致贫占比较高，如乌海市，此类贫困户占比达 76.4%，因残致贫贫困户占比 12.6%，两类群体占比之和高达 89%；草原牧区贫困户因灾致贫占比较高，如锡林郭勒盟该类贫困群体占比达 45%。内蒙古农村牧区贫困户家庭生产经营性收入为主要的收入来源，在贫困户家庭总收入中的占比达到 58.2%，其次为转移性收入，占比为 31%；近年来，在草原生态保护补助奖励政策的大力实施下，贫困户家庭收入结构存在较大的地域性差异，牧区贫困户转移性收入占比较高，尤其户均草场面积较大的阿拉善地区，转移性收入占比高达 68.4%，为该地区贫困户主要收入来源。贫困户人均纯收入主要集中于 2000~2800 元，占比达 66.1%，地区人均纯收入受经济结构、政策支持影响较大，工业较发达、政策支持力度较大的地区，人均纯收入水平较高，如乌海市、阿拉善盟，人均纯收入水平 90%以上（接近 100%）处于 2000~2800 元。贫困户拥有的土地资源明显低于自治区平均水平，人均耕地、水浇地、草地面积均为自治区平均水平的一半左右，物质资本较为薄弱。内蒙古农村牧区在水利、电力基础设施建设方面具有显著成效，两类福利基本覆盖所有贫困户，但住房与道路建设依然落后，尤其是道路方面，接近一半的贫困户入户道路仍为普通泥土路，另有 25.4%的贫困户入户道路为砂石路，两部分群体占贫困户总数的 69%。

综上，提出以下建议：首先，进一步加强贫困户危房改造、道路修建，保证贫困户基本生产、生活条件；其次，根据贫困户不同致贫原因，有针对性地制定扶贫政策，确保精准扶贫，提高扶贫效率；最后，内蒙古政府工作人员需提高警惕，采取相应措施，避免因草原生态保护补助奖励政策的停止实施导致草原牧区大量“返贫”现象的发生。

4　内蒙古金融扶贫发展概况

4.1　金融扶贫开发历程

自中华人民共和国成立开始，中国政府就一直致力于发展生产力，加快经济增长速度，提高人均纯收入，虽未正式提出“消除贫困”，但其早已成为政府工作的终极目标。改革开放之后，国家政府开始在全国范围内有计划、有组织地实施以解决农村贫困人口温饱问题为主要目标的大规模扶贫开发工作，从《国家八七扶贫攻坚计划（1994~2000 年）》到《中国农村扶贫开发纲要（2001~2010 年）》，再到《中国农村扶贫开发纲要（2010~2020 年）》的实施，我国扶贫事业取得了显著的成效。1978 年，国家农村贫困人口规模为 77039 万人，在扶贫开发工作的顺利开展下，截至 2014 年，农村贫困人口规模下降了 90.89%，减为 7017 万人，贫困发生率也由改革开放初期（1978 年）的 97.5%下降为 2014 年的 7.2%。回顾我国整个扶贫开发历程，大致可以分为以下五个阶段（见图 4.1）：

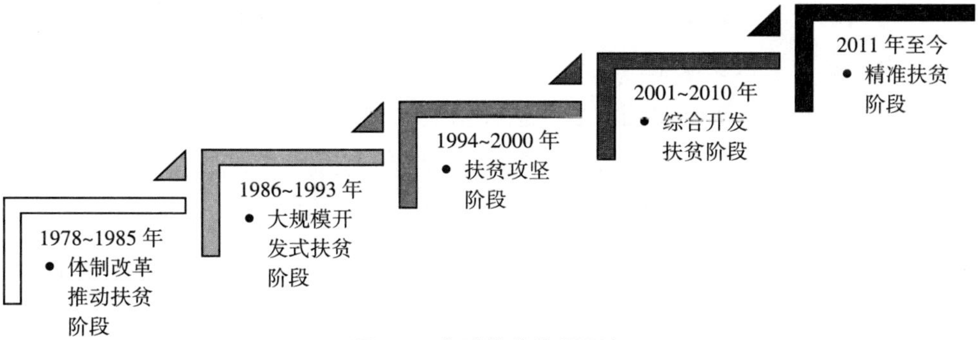

图 4.1　金融扶贫发展历程

4.1.1 第一阶段：体制改革推动扶贫阶段（1978~1985 年）

中华人民共和国成立初期，在城乡二元经济制度背景下，我国农村将近一半人口具有生存危机。1978 年，中国政府为满足人们基本生存的需求，制定出当时的扶贫标准，即 1978 年标准，按此标准，我国贫困人口规模达 2.5 亿，贫困发生率为 30.7%。导致这一时期人口贫困的原因很多，但最主要的还是当时不适应生产力发展的经济制度，为此，农村经济体制改革便成为解决中国贫困问题的主要途径。

1983 年，我国政府取消了人民公社集体经营制度，取而代之的是家庭承包经营制，该制度的实施，赋予了农民更多的经营自主权，大大激发了农民的劳动积极性，从而使我国生产力得以解放，土地利用率不断提高，同时也放宽了农村农产品价格，乡镇企业得以迅速发展，产业结构得以调整，农业产业开始由低附加值向高附加值转型，带动了农村人口就业问题，将经济利益传递给农村贫苦人群，使农村贫困问题得以缓解。据统计，1978~1985 年，我国贫困人口规模下降一半，由 1978 年的 2.5 亿减为 1985 年的 1.25 亿，贫困发生率下降近 16 个百分点，为 14.8%，农民人均纯收入水平提高了 2.6 倍。

4.1.2 第二阶段：大规模开发式扶贫阶段（1986~1993 年）

20 世纪 80 年代末期至 90 年代初期，在改革开放政策的大力推动下，我国农村经济得以快速发展，但体现出严重的地区发展不平衡问题，东部沿海地区经济发展速度较快，西部地区仍存在大量人群无法满足自身基本生存需求。为解决这部分人群的温饱问题，国家进一步加大扶贫力度，自 1986 年开始，我国政府成立了专门的扶贫工作机构，并安排扶贫专项资金，为贫困地区制定专门的优惠政策，开始了信贷扶贫政策，尽可能消除因经济、社会、文化、地理、自然等因素导致的地区经济发展不平衡问题。但在信贷扶贫政策的实施中，政府的干预性较为突出，在扶贫贴息贷款的发放过程中，银行不积极，并未发挥主动性。与此同时，我国政府还制定了相应的扶贫瞄准机制，将贫困县作为主要的扶贫对象，并改变传统扶贫方式，由救济式扶贫转为开发式扶贫，使中国扶贫进入一个新的历史阶段。

1986~1993年，经过8年的不懈努力，我国重点扶贫县人均纯收入水平提高为原来的1.35倍，1993年，我国拥有贫困人口8000万人，贫困发生率为8.7%，农村贫困人口规模在1985年的基础上再减4500万人，贫困发生率再降6.1%。

4.1.3 第三阶段：扶贫攻坚阶段（1994~2000年）

随着开发式扶贫工作的大力开展，我国贫困人口规模呈现出逐年减少趋势，但贫困人口分布呈现明显的地域性特征，贫困人口集中分布于中西部地区，尤其是西南大石山区、西北黄土高原区、秦巴贫困山区、青藏高寒区等自然环境恶劣、基础设施薄弱、社会发展落后等偏远地带。为缓解这些地区的贫困现状，1994年3月，国家制定并颁布了《国家八七扶贫攻坚计划》。该计划明确指出，要集中人力、物力、财力，动员社会各界力量，力争用七年时间，到2000年底基本解决农村贫困人口温饱问题，这也是我国历史上扶贫目标、扶贫对象、扶贫措施、扶贫期限最明确的扶贫开发纲要，标志着我国扶贫工作又一次进入新阶段，即扶贫攻坚阶段。该阶段主要对金融扶贫模式进行了初步探索，结果是小额信贷模式得到了国家的认可与支持：1997年，开始对小额信贷进行试点工作，由扶贫社发放贴息贷款；1998年，小额信贷工作由中国农业银行开展，实施到村入户；1999年之后，小额信贷业务由农村信用社推广。

据统计，1997~1999年，我国每年有800万贫困人口解决温饱问题，2000年底，贫困人口规模为3000万人，贫困发生率降为3%左右，基本实现我国“八七”扶贫攻坚计划目标。

4.1.4 第四阶段：综合开发扶贫阶段（2001~2010年）

随着“八七”扶贫攻坚战的顺利开展，我国除了少数社会保障对象及生活在自然条件恶劣地区的特困人口、部分残疾人群以外，全国农村贫困人口已基本解决温饱问题。缓解、消除贫困，实现共同富裕，是我国政府永远的使命与责任。为进一步解决国家贫困问题，2001年5月，中央扶贫开发工作会议在北京召开，会议总结了“八七”扶贫攻坚战取得的成果，并制定了《中国农村扶贫开发纲要（2001~2010年）》，这是继《国家八七扶贫攻坚计划》之后的又一具有指导性的重要扶贫纲领，再一次将我国扶贫开发工作推入新阶段。该纲要明确指出，要集中力量，坚持开发扶贫方针，坚持综合开发与全面、可持续发展理念，加快贫困地区减贫致富进程，尽快解决少数贫困人口温饱问题，进一步改善贫困地区基本生产、生活条件，提高贫困人口综合素质与生活质量。该纲要的制定对扶贫对象进行了调整，明确规定，规划要以贫困县为基本单元，以贫困乡、村为基础，在此基础上，全国确定了 14.81 万个贫困村作为扶贫工作的重点。从 2004 年到 2010 年，中央一号文件均提出对农村金融体制进行改革，积极探索功能齐备的农村金融体系。

据统计，2000 年人均纯收入 1274 元，2000 年，我国农村贫困人口规模为 9422 万人，2010 年，减为 2688 万人，贫困发生率由 10.2%下降为 2.8%，再次实现我国扶贫史上的一大突破。

4.1.5　第五阶段：精准扶贫阶段（2011 年至今）

在过去一系列扶贫工作的大力推进下，我国扶贫事业取得了巨大成就，但区域经济发展不平衡问题依然存在，相对贫困问题凸显，返贫现象时有发生，贫困地区特别是集中连片特困区发展相对滞后，扶贫开发工作依然艰巨。为此，2011 年，我国制定并颁发了《中国农村扶贫开发纲要（2011~2020 年）》，将集中连片特困区确定为扶贫工作的主战场；2013 年 11 月，习近平总书记在湖南湘西考察时，首次提出“精准扶贫”理念；2013 年 12 月，国务院颁发了《关于创新机制扎实推进农村扶贫开发工作的意见》，该意见明确指出，要建立精准扶贫工作机制；2014 年 5 月，国务院扶贫开发领导小组办公室制定并公布《建立精准扶贫工作机制实施方案》，对我国扶贫开发工作做出了创新性的战略部署，进行金融供给侧改革，大力发展普惠金融，真正将我国扶贫工作推入到精准扶贫阶段，将贫困户、贫困人口作为扶贫对象，并对其进行建档立卡、信息系统动态管理，力争到 2020 年稳定实现扶贫对象不愁吃、不愁穿，保障其义务教育、基本医疗和住房，保证贫困地区农民人均纯收入增长幅度高于全国平均水平。

4.2 金融扶贫发展概况

4.2.1 实施背景

为贯彻落实党中央十八大、十八届三中全会、中央经济工作会议、中央城镇化工作会议精神，全面推进自治区扶贫攻坚进程，进一步完善金融服务机制，促进贫困地区经济可持续发展，按照《中国农村扶贫开发纲要（2011~2020 年）》《关于创新机制扎实推进农村扶贫开发工作的意见》《关于全面做好扶贫开发金融服务工作的指导意见》及《关于创新发展小额信贷的指导意见》，内蒙古以扶贫富民为出发点，以财政扶贫资金扶持为主导，在自治区 57 个贫困旗县实施“金融扶贫富民工程”，以信贷资金市场化运作为基础，建立有效的风险防控机制，解决贫困地区农牧民无抵押、无担保、贷款难的问题，加快贫困地区经济发展，促进贫困农牧民增收致富，全面实现 2020 年彻底减贫目标。

4.2.2 基本概况

内蒙古“金融扶贫富民工程”自 2013 年开始，将全区 57 个重点扶贫旗县作为扶贫工作的重点旗县，实施为期五年的金融扶贫农户信贷支持。中国农业银行股份有限公司内蒙古分行成为“金融扶贫富民工程”的首要金融合作单位。2013 年起，自治区连续五年为每一个国家重点扶贫旗县年均投入 1000 万元，为每一个自治区重点扶贫旗县年均投入 500 万元，作为“金融扶贫富民贷款”的风险补偿金，农行按照自治区风险补偿金的 10 倍左右安排县域扶贫专项资金的投放，即第一年投放资金 50 亿元，并保证以后逐年增加，五年累计资金投放量不得小于 500 亿元，确保 38 个国家重点扶贫旗县第一年不低于 1 亿元，19 个自治区重点扶贫旗县第一年不低于 5000 万元，以此支持“金融扶贫富民工程”的开展。另外，自治区自 2013 年起，每年拿出 4.75 亿元作为 57 个重点扶贫旗县“金融扶贫富民工程”农户贷款的补偿担保本金，从 2014 年开始，每年从增量扶贫资金中拿出不超出 2.1 亿元，并在上年基础上约增加 2.1 亿元用于农户贷款贴息。

4.2.3 扶持对象

"金融扶贫富民工程"主要以重点扶贫旗县、贫困嘎查（村）具有生产能力的农牧户、农牧民专业合作组织、扶贫互助合作组织、扶贫龙头企业为扶持对象。农行内蒙古分行结合"金融扶贫富民工程"的相关要求，对贫困农牧民个人类客户发放"金融扶贫富民农户贷"，主要用于农牧民种植业、养殖业等生产和规模性经营融资，其贷款金额，农牧户单户为 1000~50000 元（含），从事专业化、规模化生产经营主体最高不超于 300 万元，贷款期限一般不超 3 年，根据不同生产结构进行适当调整，最长不超 5 年；对龙头企业等公司类客户发放"金融扶贫富民产业贷"，以此作为农牧户、组织、企业等的生产经营资金扶持，充分发挥龙头企业、农牧民专业合作组织等的产业带动作用，其放款额度根据实际提供的抵押担保情况结合还款能力等各方面因素综合确定，原则上不得超出 5000 万元，贷款期限由农行等金融机构自行确定。另外，自治区还将对不同产品类型进行贴息扶持，其中，"金融扶贫富民农户贷"贷款年贴息率为 5%，"金融扶贫富民产业贷"为 3%。自治区要求农行用于农牧民的生产贷款，即投放到户的贷款额原则上要达到当年"金融扶贫富民贷款"总额的 70%左右。

4.2.4 扶贫贷款发放情况

截至 2016 年 4 月底，中国农业银行内蒙古分行为全区 85 个旗县累计投放"金融扶贫富民工程"贷款 196.86 亿元。其中，"金融扶贫富民农户贷"累计发放 170.8 亿元，覆盖全区 415 个苏木（乡镇）、4385 个嘎查（行政村）、37.21 万户农牧户，贷款农牧户户均增收达 5000 元以上；"金融扶贫富民产业贷"累计投放 21 亿元，扶持自治区龙头企业 120 个，直接带动 2.5 万贫困人口就业，间接带动 16 万人增收；农行内蒙古分行累计回收"金融扶贫富民工程"贷款 92.09 亿元，共计 18.17 万笔贷款业务，到期贷款本息已全部回收。

4.3 金融扶贫成功模式

2013 年，内蒙古“金融扶贫富民工程”实施以来，金融机构、农牧业厅（局）及扶贫办等相关单位积极探索、勇于创新，针对不同地区的自然资源禀赋与农牧民生产、生活水平，制定出适合当地发展、被当地农牧民所接受和认可的金融扶贫模式，对缓解自治区贫困地区农户及贫困户贷款困难等问题产生了有利的影响，满足了部分农户、贫困户的资金需求，提高生产条件、增加经济收入、改善生活状态，帮助很多农户走向小康、贫困户实现减贫。总结近年来内蒙古金融扶贫经验，梳理自治区金融扶贫模式，主要包括联户联保、村委会反担保、龙头企业产业贷、整村推进贷、土地流转贷、信贷集合贷、房贷转产业贷等金融扶贫新模式，为此，选取自治区“金融扶贫富民工程”中较为成功的五种模式，分别从模式产生的背景、运作方式、实施效果等方面进行总结与概括。

4.3.1 “政府风险补偿资金+动物资产抵押+上下游企业订单”模式

乌兰察布市位于内蒙古中部，中国正北方，其区位优势极其明显，第一产业以种植、养殖为主，牲畜存栏达 700 余万头。该地区拥有国家重点扶贫旗县 8 个：卓资县、化德县、商都县、兴和县、察哈尔右翼前旗、察哈尔右翼中旗、察哈尔右翼后旗、四子王旗；自治区扶贫旗县 2 个：凉城县、丰镇市。养殖业新型经营主体专业大户和家庭农场的生产经营场所主要集中在农村牧区，虽然养殖户拥有规模化的牛、羊资产，但自古“家有千万，四条腿儿的不算”，缺乏符合信贷政策的抵押物，这一问题一直困扰着乌兰察布市金融机构及当地农牧民专业大户等新型经营主体。自“金融扶贫富民工程”实施以来，就如何支持新型经营主体专业大户和家庭农场生产经营，乌兰察布市扶贫办与农业分行进行了摸索和突破，探索出一条动物资产抵押的金融扶贫新模式，并选取察哈尔右翼后旗、察哈尔右翼中旗、四子王旗和凉城县 4 个畜牧业比较发达，具有资源优势的贫困旗县作为试点，通过实践，该金融扶贫模式取得了显著成效，有效降低了农牧户贷款抵押、担保门槛，解决了农牧户生产资金短缺问题。

贷款对象的选择上，结合乌兰察布市实际情况，按照中国农业银行内蒙古分行批复的“政府风险补偿资金+动物资产抵押+上下游企业订单/土地（草场）承包经营权抵押”的模式，决定首先开展以生产乳、仔等生命周期相对较长，且持有上游企业订单的养殖户所拥有的肉牛和奶牛作为抵押动物资产。察哈尔右翼后旗主要从与“自治区级扶贫龙头企业”察哈尔右翼后旗蒙原食品有限责任公司签订《雪龙黑牛合作繁育合同》的养殖专业大户和家庭农场中选择贷款支持对象；凉城县在与蒙牛公司和伊利公司签订牛奶收购合同的专业大户和家庭农场中筛选客户，选择管理科学、奶款返还现金流正常的专业大户和家庭农场客户进行贷款支持。

贷款操作与风险防控方面，首先，开展联合调查，根据上游合作公司提供的养殖户名单及贷款申请，会同扶贫办、农牧业局、畜牧局、兽医局、保险公司等组成联合调查组，对筛选出的养殖户进行实地调查，审慎评估用于抵押的动物资产价值，并由扶贫办出具单独的政府风险资金补偿书面承诺；其次，严格、准确登记抵押物，农牧业局、畜牧局、兽医局、保险公司等部门按其职责分别进行登记和开展防疫工作，农业银行乌兰察布市分行根据抵押登记部门和保险公司提供的动物抵押和保险花名对抵押物进行现场拍照，建立档案，针对动物资产抵押业务配置专职的客户经理，加强贷前和贷后管理，进行现场监督检查，定期核实抵押物；最后，引入商业保险和政府补贴，由保险公司承保，当地农行分行为第一受益人，为了能覆盖全部贷款本息，保险公司对死亡牛每头理赔 6000 元，地方政府大力支持，如察哈尔右翼后旗、凉城县人民政府出台相关优惠政策，对雪龙肉牛养殖户每头基础母牛补贴 2000 元，每平方米棚圈补贴 100 元，每头母牛补贴保险 408 元，占总保险额的 85%，个人缴纳 72 元，仅占保险总额的 15%。

截至 2015 年末，农业银行乌兰察布市分行发放“金融扶贫富民贷款”以动物资产为抵押的“富农贷”察哈尔右翼后旗 796.5 万元、凉城县 150 万元。其中，国家重点扶贫旗县察哈尔右翼后旗，支持专业大户 4 户，抵押肉牛 204 头，贷款金额 102 万元；自治区扶贫旗县凉城县，支持家庭农场 10 户，抵押肉牛 1089 头，奶牛 880 头，贷款金额 844.5 万元。以动物资产抵押方式为养殖户进行融资担保，有效破解了“活体资产担保难”的瓶颈制约问题，解决了贫困旗县

“三农”客户的生产资金需求，促进2020年贫困旗县全部“摘帽”减贫目标的实现。

4.3.2 “银行+龙头企业+农户”模式

太仆寺旗是内蒙古锡林郭勒盟的旗县之一，位于锡林郭勒盟南部，地处阴山北麓，在浑善达克沙地南缘，是国家重点扶贫旗县之一。自“金融扶贫富民工程”实施开始，太仆寺旗政府、扶贫办、农行支行等相关部门积极探索，依托内蒙古格瑞得马铃薯种业有限公司产业链上下游客户资源，探索完善“政府+银行+公司+农户”的集约化经营服务模式。内蒙古格瑞得马铃薯种业有限公司成立于2007年1月，是内蒙古农业产业化重点龙头企业、内蒙古扶贫龙头企业、锡林郭勒盟农业产业化重点龙头企业。自2010年以来，随着该公司加工规模的不断扩大，为保障上游马铃薯供应的数量和质量，格瑞得公司开始逐步尝试推行“公司+基地+农户”的发展模式，一方面自建马铃薯种业基地，实行标准化、集约化、规模化培育；另一方面发动周边农户参与马铃薯种植，探索采用订单农业模式，与农户签订长期合同。截至2015年底，格瑞得公司已培植和发展长期合作的上游薯业农户1000余户。

从金融服务对象的选择及服务内容方面分析，中国农业银行太仆寺旗支行着力对格瑞得薯业产业链的上游农户进行服务延伸，依托其在种薯产业链中的核心地位，着力农户经营转型，一方面支持了格瑞得自建种植基地，实行标准化、集约化、规模化种植，另一方面支持和培育了农户发展，综合运用“金穗强农贷”农业产业化企业贷款、农户小额贷款等“三农”金融产品，对龙头企业以及依托企业生产的农户进行综合金融服务，逐步探索出一条对产业化经营进行全方位金融服务的成功路径。

首先，紧跟企业、农户资金需求，加强与企业合作，建设种植基地，提升抵御风险的能力，与格瑞得公司共同支持和培育种植户发展，解决种植户融资难、抵押担保难的问题，按照企业推荐、农户自愿的原则，择优筛选种植规模较大、经验丰富、有较强经营实力的种植户，向其提供“富农贷”农户小额贷款、农村个人生产经营贷款，并由格瑞得公司提供融资担保，截至2015年底，太仆寺旗农行支行向该企业投放的强农贷达800万元，对产业链上1000户农户发放近

5000万元贷款。

其次，着力满足企业、农户的个性化、多元化金融需求，组建了上下级行联动、部门交叉联动的营销维护团队，为企业、农户量身定制金融服务方案，金融产品由单一的流动资金贷款延伸至企业网银、POS、现金收支等，构建金融服务链，使农户在足不出村的情况下，就可办理交易结算、小额支付等金融服务。截至2015年底，太仆寺旗农行支行为企业安装POS机2台，为员工办理银行卡100余张及办理代发工资业务，同时为企业提供了各项代理服务和投资理财顾问服务，在种植集中地区布放转账电话50台，并向种植户发放惠农卡1200张、个人网银密盾500个。

从金融服务效果分析，龙头企业一头联结市场，一头联结农户，在带动产业发展、带动农民增收的进程中，具有不可替代的作用，大力支持龙头企业带动的农户，有效克服网点及人员数量不足的问题，实现了农行经济效益、企业发展、农户成长的有机结合。首先，通过实施链式综合金融服务，格瑞得公司不断扩大生产规模，现已进入了快速发展阶段，公司每年生产的种薯产量供不应求，且价格高于其他公司同等种薯产品价格，公司2013~2015年的销售收入均在8000万元以上，每年利润达1800万元，其中，2015年其种植面积比上年增加0.8万亩，销售收入同比增加370多万元，利润同比增加400万元，达到2300万元；其次，通过信贷支持，不断延伸企业服务，2015年，企业将其种薯以每吨低于市场价300元的价格销售给当地10多个马铃薯种植基地，带动了当地300多户农民，户均增收3000元，近1100人减贫，80多户实现小康生活；最后，“政府+银行+公司+农户”的金融服务模式，实现了农户贷款服务方式、利益联结、管理方式“三个转变”，进而，提升了银行金融服务效率，通过构建“三位一体”的良性金融生态体系，把风险防控的责任由银行扩展到了龙头企业和农户，实现了信息、代偿、产业三大保障，进而提升了农户信贷服务的风险保障。

4.3.3 “银行+农牧民信用互助协会+农户”模式

阿鲁科尔沁旗位于赤峰市东北部，内蒙古中部，地处西拉木伦河北岸，大兴安岭南端东麓，具有“中国草都”之称，优质牧草种植面积达到100万亩，牛羊养殖产业为阿鲁科尔沁旗的特色产业和支柱产业，全旗大小牲畜存栏达300万头

（只）以上，是国家重点扶贫旗县之一。在“金融扶贫富民工程”的实施过程中，阿鲁科尔沁旗政府、扶贫办、中国农业银行分行等相关部门，结合该地区区域特色，深入调查，积极探索出“农牧民信用互助协会+农户”模式的金融服务模式，通过发放农户小额贷款和农村个人生产经营贷款，大力支持阿鲁科尔沁旗牛羊养殖产业的发展，使阿鲁科尔沁旗早日摘掉“贫困县”的帽子，帮助贫困户减贫，尽快实现所有农户的小康梦。

2013 年以来，阿鲁科尔沁旗政府、扶贫办、农行支行一直致力于对当地涉农产业的市场调研，通过走访当地牛羊加工企业及农牧户发现，牛羊养殖产业各环节的结算和融资需求都很强烈，通过进一步细分产业链条各环节的有效需求，决定把当地有养殖经验的农牧户和经营成熟、市场经验丰富的优质企业作为贷款营销的重点，但由于养殖户大多除了农村房屋和生物资产外，无法提供有效抵押物，银行融资极其困难。为解决这一问题，阿鲁科尔沁旗政府、扶贫办、中国农业银行分行等相关部门积极沟通、协作，努力探索出“农牧民信用互助协会+农户”模式的金融服务模式，引导农牧户在自愿、互助、互利、互相监督的前提下成立信用互助协会，协会设常务理事会和理事，理事会成员由协会会员民主选举产生，经阿鲁科尔沁旗民政局、技术监督局注册，取得社团和组织机构代码证后，到支行开立风险基金账户。协会的核心目的是解决协会会员借贷担保难题，原则是“自愿入会、缴纳基金、享受优惠、会员联保、风险共担、协会负责、互相监督、贷款到期无条件归还”。由“农牧民信用互助协会”为会内成员做担保，从而解决这些农牧户贷款难的问题。另外，“农牧民信用互助协会”进一步扩大服务领域，以协会名义与农资生产商、销售商进行协商、合作，为会内成员提供低成本的生产资料，从而提高会内成员经济收益等。截至 2015 年底，阿鲁科尔沁旗政府、扶贫办会同农行支行先后在双胜镇、巴彦花镇、坤都镇、绍根镇等 13 个乡镇成立了 40 个农牧民信用互助协会，吸纳会员 3000 多户。

“农牧民信用互助协会+农户”模式建立起了政府、银行、企业、农户之间的有效发展与合作，通过此模式的实施，解决了农牧户银行融资、担保难的问题，有效推动了地方经济的发展，实现了政府、社会、农行、企业和农户的“多方共赢”。截至 2015 年 12 月末，中国农业银行阿鲁科尔沁旗支行共发放养殖业贷款 14125 万元，其中，累计发放“金融扶贫富农贷款”22465 万元，覆盖全旗

14 个乡镇，71 个行政村，5404 户养殖户，为养殖户累计取得 3000 多万元的经济效益。

4.3.4 “银行+创新公司+合作社+农户”模式

固阳县是包头市唯一的国家重点扶贫旗县，位于内蒙古中西部，农牧结合、以农促牧、以牧养农是固阳县主要的产业结构，也是农牧民增收的主要途径。2013 年，在“金融扶贫富民工程”的实施下，固阳县政府、扶贫办、财政部门与金融办精诚合作，共同为促进农户减贫致富探索新思路。金融扶贫富民工程实施初期，相关部门工作人员对固阳县西斗铺镇红泥井村委的农户展开联合调查，2014 年提出了“银行+创新公司+合作社+农户”的金融扶贫新模式，主要依托三主粮集团股份公司、三主粮农牧业专业合作社解决农户贷款难问题，提高农户收入，实现农户减贫。

三主粮集团股份公司（以下简称“三主粮”）成立于 1997 年 6 月，主营业务有中国裸燕麦（莜麦）的种源繁育、推广种植、生产加工、销售服务及精深研发，是中国最大的燕麦全产业链综合性集团化企业，是全球唯一一家生产经营全胚芽燕麦米公司。包头市固阳县三主粮农牧业专业合作社是三主粮集团股份公司的子公司，该合作社在固阳县西半铺镇十四分子村的以肯忽洞、西西场村、十一分子、四眼井村流转土地 19.5 万亩，建成了三主粮有机燕麦种植基地，农民以土地入股参社，成为合作社成员、企业股东和利益分配主体。在固阳县政府、扶贫办、农业银行固阳县支行等相关单位的共同协商合作下，选择三主粮集团股份公司、三主粮农牧业专业合作社及其所带动的所有农户作为“金融扶贫富民工程”的实施对象，由公司及合作社为其社员（农户）提供融资担保，从而满足合作社内所有农户的资金需求。为促进“金融扶贫富民工程”顺利实施，2014 年，三主粮集团公司启动了“千亩作业单元”建设，即产业链上游农户每四户农户组成一个单元，每户农户种 1000 亩燕麦，养 1000 只羊，采取种养结合的生产方式，集团公司通过订单方式回购农户的燕麦和羊肉，燕麦秸秆养羊、羊粪还田做基础肥料，形成种养结合的有机绿色循环体系，整个建设过程都由中国农业银行固阳县支行提供生产资金支持，为每一单元中的农户发放贷款，尤其保证启动初期农户基础设施建设资金。另外，三主粮集团股份公司与中国农业银行固阳县支行在“互联网+”方面开展了合作，银行不仅对该企业提供资金支持，同时对企业网上销售平台结算业务（B2C模式）提供相应的技术支持。

在“银行+创新公司+合作社+农户”金融扶贫模式的实施下，2015年，中国农业银行固阳县支行共计投放“富农贷”243万元，保证贷款及时发放到农户手中，助力当地农民购买基础母羊和开展春耕备耕，解决了30户养羊农户2000多只羊的饲草料购置资金需求，解决了51户农户种植燕麦购买化肥、地膜等季节性信贷资金需求。通过“富农贷”支持，保证了每户农民买羊20多只，经繁殖增产，目前，每户可获羊60~70只，通过种植和养殖两种方式，每户农民年收入可达7万元左右，并带动了当地300多户农民减贫致富。另外，中国农业银行固阳县支行支持三主粮集团公司启动的“千亩作业单元”建设，合作初期，建设四个“千亩作业单元”共计12户农户，根据修建羊舍、购进基础种羊、作业单元种植等测算，每户农户需投入资金约200万元，银行积极对接三主粮公司、合作社和当地农户，为每户农户发放“富农贷”120万元用于修建羊舍、种植燕麦等，贷款投放后，预计三年收回本金，农户每年可实现户均纯增收约15万元以上。“创新公司+合作社+农户”金融扶贫模式的实施，在贫困旗县、贫困农牧民精准扶贫、精准减贫等方面取得了良好的成效。

4.3.5　“大户带小户、富户带穷户”景堂模式

科尔沁右翼前旗，简称科右前旗，隶属内蒙古兴安盟，位于自治区的东北部，大兴安岭南麓，是兴安盟市五个国家重点扶贫旗县之一。2013年，自治区开始实施“金融扶贫富民工程”，科右前旗政府、扶贫办、农行支行等单位依托“金穗富农贷”和“金穗强农贷”两项产品，立足于科右前旗地域环境、特色资源禀赋及产业项目规划，以养殖大户刘景堂发起的合作社为合作对象，通过权属确定、资产登记、试点组织等流程设计，探索出“大户带动小户、富户带动穷户”的“富农贷”模式，后来称为“景堂模式”。在“金融扶贫富民工程”下实现农户贷款模式创新，进一步推动当地肉羊养殖业发展，为农户自主创业、减贫致富提供便捷通道，有效解决农户贷款抵押担保难题。

“景堂模式”始发于科右前旗巴拉格歹乡永进村，该村下辖3个自治屯，共534户，2210口人，总面积29.3平方千米，其中耕地面积20637亩，土地资源

较为丰富。当地农户主要从事传统种养殖业，以发展肉羊养殖项目为主，年人均纯收入 2810 元，生产经营情况总体较好。2013 年，永进村在全盟范围内被评为信用村，丰富的农牧业资源、良好的信用环境、夯实的产业项目为“景堂模式”的提出奠定了基础。“景堂模式”以科右前旗俊伟养殖专业合作社为依托，该合作社成立于 2013 年 5 月，主要经营范围为育肥羊养殖销售，经营场所为自有，场所面积 16056.99 平方米，房产 1000 平方米，棚圈 2723.36 平方米。合作社与收购企业建立了长期的贸易关系，并通过订立合同确保了肉羊正常销售。养殖大户刘景堂作为养殖合作社发起人，带动了当地 13 个贫困户成为合作社成员，贫困户由村委会推荐入社，并出具村委会研究决议及贫困户申请入社承诺书，确保有生产经营能力、减贫致富愿望强烈的贫困户加入合作社组织。入社贫困户将自己名下流转土地和自有住宅反担保给刘景堂，增强贫困户的风险承担意识，贷款一旦发生风险，由政府风险补偿金发挥风险缓释作用，确保贷款资金安全，在合作社社员自愿的前提下，以优惠费率为其办理人身意外保险。银行通过“政府风险补偿金+部分合作社成员联保+合作社集体土地承包权及地上附着物抵押+刘景堂个人肉羊资产抵押+刘景堂个人全程全额保证”多种担保方式的组合形式向刘景堂及合作社社员统一授信发放“金穗富农贷”，实现产业支撑、项目带动、大户示范的扶贫富民理念。

截至 2016 年 2 月，中国农业银行科尔沁右翼前旗支行累计投放“景堂模式”贷款 530 万元。俊伟养殖专业合作社效益实现大幅增长，2014 年全年实现销售总额达 1500 万元，同比增加 700 万元，全年出栏育肥羊 14000 只，同比增加 1 倍。2015 年全年销售总额 1300 万元，出栏育肥羊 15000 只，两年累计扩大棚圈 2700 平方米，辐射带动周边贫困农户 13 户，惠及 40 余人，带动农户年均增收两万余元。“景堂模式”较好地践行了“扶贫资金跟着穷人走，穷人跟着能人走，能人跟着项目走，项目跟着政策走”的扶贫理念，对当地扶贫工作产生了不可忽视的作用与影响，不仅受到内蒙古的高度重视，同时得到国家的关注，2016 年，中央电视台 7 套军事农业频道“聚焦三农”节目对其进行了单独报道，大力推广此模式在其他地区的广泛应用。

分析上述金融扶贫成功模式，五种模式主要通过提高贫困户抵押担保能力，降低贫困户贷款门槛儿，解决贫困户“贷款难”问题，包括将动物（牲畜）资本作为有效抵押物、龙头企业带动、合作社带动、（大户）富裕户带动等，其存在一个共同的特点，即对农牧产业的依赖性较强，为此，建议内蒙古政府、扶贫办等相关部门做好农牧产业风险防控，有效规避农牧产业自然、市场风险，避免贫困户返贫问题的产生。

4.4 本章小结

首先，梳理了内蒙古金融扶贫的发展与演变历程，包括五个阶段：体制改革推动扶贫阶段（1978~1985 年）、大规模开发式扶贫阶段（1986~1993 年）、扶贫攻坚阶段（1994~2000 年）、综合开发扶贫阶段（2001~2010 年）、精准扶贫阶段（2011 年至今）。其次，从实施背景、基本概况、扶持对象及贷款资金的发放四个方面对内蒙古“金融扶贫富民工程”进行了简要介绍。最后，选取内蒙古金融扶贫实施过程中较为成功的五种模式：“政府风险补偿资金+动物资产抵押+上下游企业订单”模式、“银行+龙头企业+农户”模式、“银行+农牧民信用互助协会+农户”模式、“银行+创新公司+合作社+农户”模式、“大户带小户、富户带穷户”景堂模式，分别从模式产生的背景、运作方式、实施效果等方面进行了总结与概括，找出其共有特点及问题所在，为金融扶贫的顺利开展提供政策依据。

5　贫困户贷款需求研究

金融扶贫以“造血”形式代替了过去财政支农的“输血”，体现了“授之以渔”的观念，在指导思想上符合当前国家发展普惠金融的主流理念。但目前学术界、金融界等普遍认为，贫困户均具有贷款需要，由于其缺乏还款意识与能力，无法构成真正、有效的需求市场，金融扶贫脱离实际；即使贫困户具有贷款需求，由于其缺乏金融机构认可的抵押担保以及金融机构的商业化属性，金融扶贫同样存在“目标转移”问题，贫困地区的非贫困户成为主要的扶持对象，而真正的贫困户仍无法得到扶贫贷款，贫困户“贷款难”问题依然得不到有效解决。为此，本章从内蒙古建档立卡贫困库中随机抽取调查样本，并对其进行问卷调查，梳理、统计调查数据，从贫困户贷款需要、需求、获得性三方面进行实证研究，分析不同贫困群体特征，找出规律性变化；采用 Probit、Logit 模型，研究影响贫困户贷款需要、需求、获得性的主要因素；通过本章研究，力求回答以下问题：首先，是否所有贫困户均具有贷款需要？其次，金融扶贫是否存在有效的需求市场？最后，贫困户能否获得扶贫贷款，即贫困户“贷款难”问题能否得到解决？通过回答上述问题，帮助读者了解、掌握贫困户贷款需求现状及满足情况，为今后内蒙古金融扶贫供给侧结构性改革提供相应的理论依据和政策支持。

5.1 贫困户贷款需要分析

5.1.1 数据来源

使用手机下载的“随机数生成器”软件，结合分层抽样的方法，按照不同盟市进行分层，在内蒙古建档立卡贫困库中，随机抽取 500 户贫困户，并对其进行问卷调查，获得贫困户贷款相关信息，进行实证研究。贫困户调查主要包括家庭基本情况、收入支出结构及贷款需要、意愿、获得性三个方面的内容，前两方面涉及的信息与数据采用内蒙古扶贫信息系统，问卷调查主要获取贫困户贷款信息。由于本书研究对象限定为贫困户，考虑区域分布、交通便利、资金成本、工作效率等问题，此次问卷采取电话调查的方式，贫困户电话号码由自治区扶贫办提供，最终获得完整问卷 475 份，但在调查、统计数据的过程中发现，其中 20 户阿拉善盟贫困户的基本情况与其他地区贫困户相去甚远，该地区贫困户所拥有的草场面积基本在万亩之上，部分贫困户拥有林地，其面积也为百亩以上，相当于所抽取的其他地区整个盟市贫困户总水平，甚至超出总水平，为保证研究的可靠性、普遍性、代表性，为此，将阿拉善盟 20 户贫困户剔除，最终获得有效问卷 455 份，以此作为本书实证分析的数据基础。样本分布于内蒙古 11 个盟市，88 个旗县。

5.1.2 研究方法

Logit、Probit 模型分别代表逻辑斯蒂 CDF 和正态 CDF，属于二分响应变量模型，其因变量性质体现为二元选择类指标，如“是”“否”；“有”“没有”，采用“0”“1”变量表示。由于函数为非线性的，且无法进行线性化处理，所以，只能用最大似然法（ML）估计。通过两种方法的应用，可以获得某一事件发生概率的模型表达式，找出影响某事件发生概率变化的相关因素，同时可对未来某一事件的发生概率做出判断。

理论模型均为：

$$Y_i = \beta_1 + \beta_2 X_i + \mu_i \tag{5-1}$$

其中：

$$\begin{cases} Y = 1，表示事件发生； \\ Y = 0，表示事件不发生； \end{cases}$$

X_i 表示影响事件发生的因素。

条件期望：$E(Y_i|X_i) = \beta_1 + \beta_2 X_i$ (5-2)

记某事件发生的概率为 $P(Y_i = 1|X_i)$，则事件不发生的概率就是 $1 - P(Y_i = 1|X_i)$。

$$E(Y_i|X_i) = 1 \times P(Y_i = 1|X_i) + 0 \times (1 - P(Y_i = 1|X_i)) = P(Y_i = 1|X_i)$$

该模型形似一个典型的线性回归模型，但由于因变量是二值的或者二分的，且条件期望等于其事件发生的条件概率即 $P(Y_i = 1|X_i)$。因此这个模型被称为线性概率模型（LPM）。由于概率必须介于 0~1，于是该模型的一个约束条件

$$0 \leqslant E(Y_i|X_i) \leqslant 1 \tag{5-3}$$

即条件期望（或条件概率）必须介于 0~1。

5.1.2.1 Logit 模型

Logit 逻辑分布的回归模型（见图 5.1）为：

令 $Z_i = \beta_1 + \beta_2 X_i$

$$P_i = P(Y_i = 1|X_i) = E(Y_i|X_i) = \frac{1}{1 + e^{-(\beta_1 + \beta_2 X_i)}} \tag{5-4}$$

则式（5-4）可以表示为：$P_i = \frac{1}{1 + e^{-Z_i}} = \frac{e^{Z_i}}{1 + e^{Z_i}} = G(Z)$ (5-5)

式（5-5）被称为（累积）逻辑斯蒂分布函数模型。当 Z 趋近于负无穷时，G(Z) 趋近于 0；而当 Z 趋近于正无穷时，G(Z) 趋近于 1，即当 Z 从负无穷变动到正无穷时，P 从 0 变为 1 而且 P 对 Z（从而对 X）是一种非线性关系。

式（5-5）表示某事件发生的概率 P_i，则该事件不发生的概率为 $1 - P_i$，表达式为：

$$1 - P_i = \frac{1}{1 + e^{(\beta_1 + \beta_2 X_i)}} \tag{5-6}$$

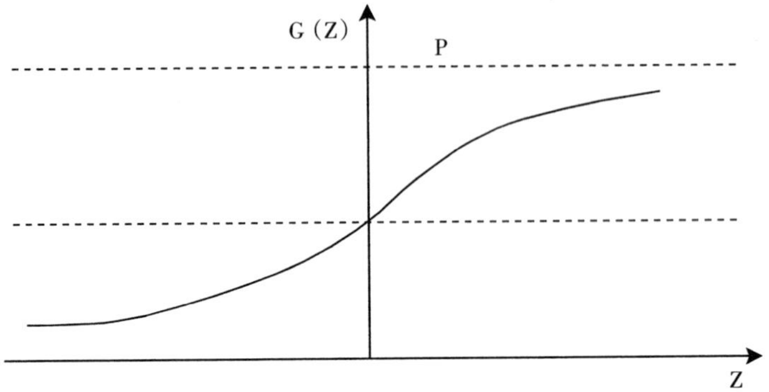

图 5.1　Logit 模型

进而得到：$\frac{P_i}{1-P_i}=e^{\beta_1+\beta_2X_i}$　　(5–7)

其中，$P_i/(1-P_i)$被称为某事件的发生比，即事件发生与不发生的概率之比。

现将表达式（5–7）取自然对数，得到：

$$L_i=\ln(\frac{P_i}{1-P_i})=\beta_1+\beta_2X_i+\mu_i \tag{5–8}$$

也就是说，发生比的对数 L_i 不仅对 X_i 为线性，同时对参数也表现为线性，L 被称为 Logit，表达式为（5–8）形式的模型被称作 Logit 模型。

Logit 模型主要表现为四个特点：其一，随着事件发生概率 P 从 0 到 1，L 由负无穷变到正无穷，也就是说，事件发生概率必须落在 0 到 1 之间，但 Logit 并不受此约束；其二，虽然 L 对 X 表现为线性，但概率本身是非线性的；其三，每一自变量对应的斜率系数 β_i 所表达的意思为对应的 X 每单位变化引起的 L 的变化；其四，对于不同的个体，若含有其模型中自变量所对应的具体数据，则可用模型表达式对该个体发生某一事件的概率进行估计。需要注意的是，采用 Logit 模型直接回归出的结果无法进行影响程度的解释，需进一步获得其边际贡献，由此得出合理的模型表达式，进行系数解释与概率估计等。

Logit 模型回归的具体步骤如下：

(1) 在所有个体对应的自变量水平 X_i 下，计算出某事件发生的估计概率 $\hat{P}_i=\frac{n_i}{N_i}$。

（2）对每一 X_i 求其 Logit，即 $\hat{L}_i = \ln(\frac{\hat{P}_i}{1-\hat{P}_i})$。

（3）将表达式（5–8）变换为：

$$\sqrt{\omega_i}\, L_i = \beta_1\sqrt{\omega_i} + \beta_2\sqrt{\omega_i}\, X_i + \sqrt{\omega_i}\, \mu_i \tag{5–9}$$

以此消除异方差问题，其中，权重 $\omega_i = N_i\hat{P}_i(1-\hat{P}_i)(=1/\hat{\sigma}^2)$。

（4）对上述模型表达式中的变量进行替换处理，并用最大似然法（ML）估计以下模型：

$$L_i^* = \beta_1\sqrt{\omega_i} + \beta_2 X_i^* + v_i \tag{5–10}$$

在此可以证明，$v_i = \sqrt{\omega_i}\, \mu_i$ 为同方差。

（5）用最大似然法（ML）建立置信区间和检验假设。

严格地讲，只有当样本量足够大时该检验假设才有效，所以，应谨慎解释小样本所得的估计结果。

5.1.2.2 Probit 模型

效用函数是 Probit 模型的理论基础，也就是说，某个体对是否发生某事件的选择取决于一种不可观测的效用指数 I_i，表达式为 $I_i = \beta_i + \beta_2 X_i$，其中，$X_i$ 为自变量，如果令 $Y = 1$ 代表发生某事件，则 $Y = 0$ 代表不发生。假定每一个体都有一个对应的指数临界值 I_i^*，那么，当 I_i 大于 I_i^* 时，表现为该个体发生某事件，否则不发生，假设效用指数服从标准正态分布，则可估计出其参数。

其中，$P(Y_i = 1|X_i)$ 表示某个体在给定自变量值 X 时某事件发生的概率（见图 5.2）。

$$\begin{aligned} P_i &= P(Y_i = 1|X_i) = E(Y_i|X_i) = P(I_i^* \leqslant I_i) \\ &= P(Z_i \leqslant \beta_1 + \beta_2 X_i) = \Phi(\beta_1 + \beta_2 X_i) = \Phi(I_i) \\ &= \frac{1}{\sqrt{2\pi}}\int_{-\infty}^{I_i} e^{-t^2/2}\, dt \\ &= \frac{1}{\sqrt{2\pi}}\int_{-\infty}^{\beta_1+\beta_2 X_i} e^{-t^2/2}\, dt \end{aligned} \tag{5–11}$$

其中：Φ 为标准正态分布函数，I_i 为个体效用函数，其效用模型表示为：

$$I_i = \beta_1 + \beta_2 X_i + \mu_i \tag{5–12}$$

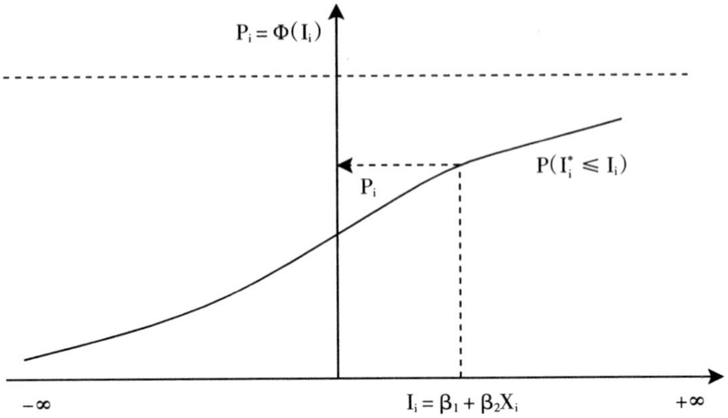

图 5.2　Probit 模型

或者 $Probit = \tilde{\beta}_1 + \tilde{\beta}_2 X_i + \tilde{\mu}_i$

由于 $P_i = \Phi(I_i)$，Φ 单调递增，所以，$I_i = \Phi^{-1}(P_i)$ 为正态 CDF 的反函数。

Probit 模型的具体估计步骤为：

（1）从分组数据中获得 $\hat{P}_i = \frac{n_i}{N_i}$。

（2）给定 $\hat{P}_i$，从标准正态 CDF 中找出 $I_i = \Phi^{-1}(P_i)$。

（3）用上述得到的 I_i 作为效用模型中的因变量，用最大似然法（ML）估计回归方程。Probit 模型同 Logit 模型一样，需进一步获得边际贡献，再得出合理的模型表达式，进行系数解释与概率估计等。

5.1.2.3　Logit 与 Probit 模型的对比

首先，表现为两模型的几何形状不同，两条曲线都是在 $P_i = 0.5$ 处有拐点，但其逻辑分布的尾部平坦程度不同，具体表现为 Logit 曲线的尾部比 Probit 曲线厚。如图 5.3 所示。

其次，两种模型难易程度不同，Logit 模型使用起来更简单些，二者的估计值有所区别。为确保所做研究在模型选取方面的合理性，实际操作中常将二者结合起来使用，通过对比两种模型的回归结果，验证模型选取是否合理、有效，保证研究方法的准确性、科学性。

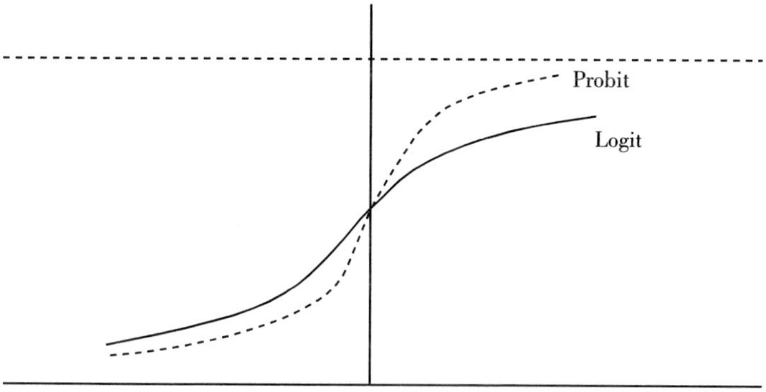

图 5.3　Logit 和 Probit 模型的累积分布

5.1.3　贫困户贷款需要现状及群体特征分析

整理、统计 455 户贫困户调查问卷数据显示，存在贷款需要的贫困户 321 户，占样本总数的 70.5%，无贷款需要的贫困户 134 户，占样本总数的 29.5%（见图 5.4）。为充分了解贫困户贷款需要结构以及不同群体特征，现从需要贷款的用途与金额、家庭基本信息、收入结构、人力资本、物质资本五个方面进行统计性描述与分析。

5.1.3.1　贫困户需要贷款的用途与金额

对 321 户具有贷款需要的贫困户进行贷款用途的调查与分析，其用途主要包括生产（养殖、种植）、生活、经商、上学、看病、买保险、还借款、房屋改造 8 个方面。其中，贷款用途为生产性支出的贫困户最多，样本量为 202 户，占存在贷款需要贫困户总数的 62.9%；用途为看病的样本量为 48 户，占比为 15%；贷款用途为上学的贫困户 25 户，占比 7.8%；其余各项贷款用途按照样本量由大到小，依次为保险、生活、还借款、房屋改造、经商，贷款用途为保险的贫困户占比仅次于上学，为 6.2%，其余各项不足 4%。贫困户贷款需要结构如图 5.4 所示。

需要金额，即在不考虑银行限制贷款金额的情况下，贫困户满足自身贷款用途，需要获得的贷款金额。分析 321 户贫困户需要的贷款金额，整体分布于 1 万~10 万元，主要集中在 3 万~5 万元，该部分贫困户 247 户，占具有贷款需要总样本量的 76.9%，为此，内蒙古扶贫办与金融合作机构在制定贫困户贷款金额上限时，应保证不低于 3 万元，争取达到 5 万元，这与目前“金融扶贫富民工程”

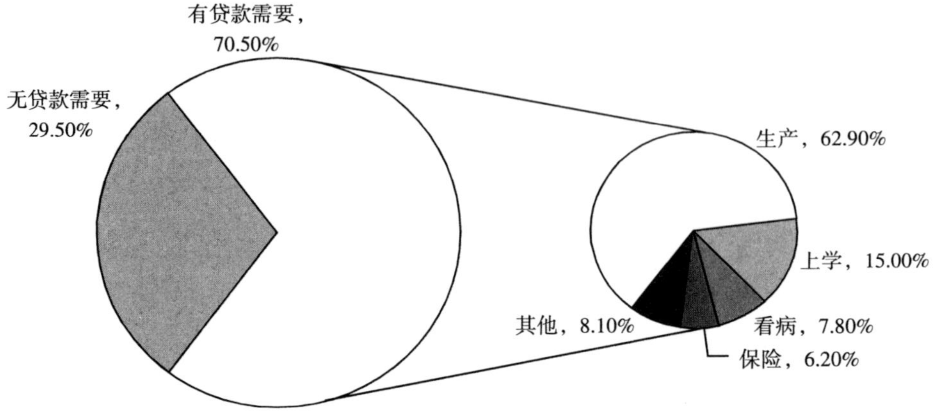

图 5.4　贫困户贷款需要结构

所规定的农户贷款金额范围基本一致。

5.1.3.2　贫困户家庭基本信息

(1) 贫困户致贫原因。分析 455 户贫困户致贫原因，因缺资金而导致贫困的样本量 295 户，占调查总样本的 64.8%，其中，214 户贫困户具有贷款需要，占比为 72.5%，与调查总样本中具有贷款需要的贫困户占比相当；因病致贫的贫困户 78 户，占比为 17.1%，其中，具有贷款需要的贫困户 47 户，占比为 60.3%，因病致贫的贫困户贷款需要强度较缺资金致贫的低，两类贫困群体的贷款需要强度相差 12.2%。贫困户致贫原因与贷款需要的结构分布见表 5.1。通过上述分析，无论何种致贫原因，其贫困户均存在贷款需要，需要强度均超出 50%。

表 5.1　不同致贫原因的贫困户贷款需要结构分布

致贫原因	总样本		贫困户类型			
			有贷款需要		无贷款需要	
	户数（户）	占比（%）	户数（户）	占比（%）	户数（户）	占比（%）
缺资金	295	64.84	214	72.54	81	27.46
缺技术	7	1.54	7	100.00	0	0.00
缺劳动力	15	3.30	11	73.33	4	26.67
缺土地	17	3.74	14	82.35	3	17.65
因病	78	17.14	47	60.26	31	39.74
因学	11	2.42	7	63.64	4	36.36

续表

致贫原因	总样本		贫困户类型			
			有贷款需要		无贷款需要	
	户数（户）	占比（%）	户数（户）	占比（%）	户数（户）	占比（%）
因残	14	3.08	8	57.14	6	42.86
因灾	14	3.08	10	71.43	4	28.57
自身发展动力不足	4	0.88	3	75.00	1	25.00
合计	455	100	321	70.55	134	29.45

数据来源：问卷调查与内蒙古扶贫信息系统。

（2）贫困户家庭人口数量。455 户贫困户家庭人口数量最多的为 6 人，仅存 1 户；最少的为 1 人，有 57 户，其中，无贷款需要的贫困户有 45 户，在 57 户贫困户中的占比为 79.0%；调查样本户均人口数量为 2.6 人。具有贷款需要的 321 户贫困户户均人口数量为 2.8 人，高于总样本平均水平，户均人口数量主要集中于 2~3 人，占具有贷款需要贫困户的 72.6%，其中，家庭人口数为 3 人的贫困户占比达 37.7%；无贷款需要的 134 户贫困户户均人口数量为 2 人，主要分布于 1~2 人贫困群体中，其中，1 人贫困户占比达 33.6%（见图 5.5）。

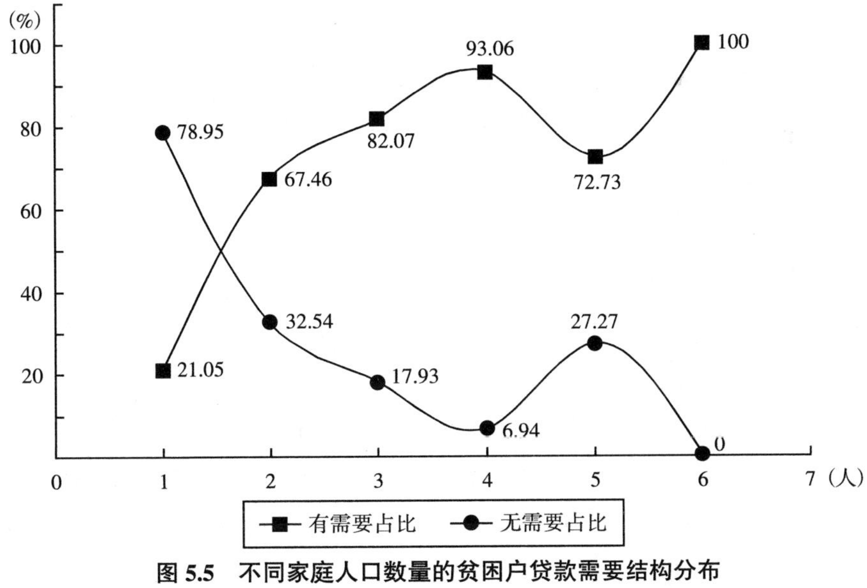

图 5.5　不同家庭人口数量的贫困户贷款需要结构分布

（3）贫困户属性。455 户贫困户中，一般贫困户 360 户，低保户 95 户。一般贫困户中，265 户贫困户具有贷款需要，占比达 73.6%，其中，143 户贷款用途为生产性支出，在具有贷款需要一般贫困户中的占比为 54%；95 户低保户中，56 户具有贷款需要，占比为 58.9%，其中，20 户贫困户贷款用途为看病，占具有贷款需要低保户的 35.7%，远远高于贷款需要为看病的贫困户在调查样本总量中的占比，分析原因，与低保户的致贫原因存在一定联系，95 户低保户中，因病致贫的 29 户，占低保户的 30.5%。因此，内蒙古扶贫办今后在制定扶贫政策时，应着重加强贫困户尤其低保户医疗保险方面的扶持力度，加强一般贫困户生产方面的资金支持，保证扶贫措施具有针对性、有效性。

5.1.3.3 贫困户收入结构

（1）贫困户人均纯收入。2015 年，455 户贫困户户均人均纯收入为 2565 元，根据 2010 年贫困标准，以 2010 年人均纯收入 2300 元的不变价格推算，2014 年贫困标准达到 2800 元，2015 年贫困标准应在 3000 元左右。具体分析调查样本人均纯收入结构分布情况，主要集中于 2000~3000 元，该类贫困群体 241 户，占调查总样本的 53%，其次为 1000~2000 元，样本量 104 户，占比为 22.9%，即人均纯收入水平在 1000~3000 元在的贫困户占比达 75.9%，1000 元以下的贫困户占比最小，仅为 14 户，其余 96 户人均纯收入在 3000 元以上。在此需要说明的是，贫困户的认定并非仅仅依靠人均纯收入水平，同时结合贫困户家庭劳动力结构、生产生活条件、教育、医疗等其他方面，因此，存在部分贫困户人均纯收入水平高于 3000 元的情况。

具体分析不同人均纯收入水平下的贫困户贷款需要结构，人均纯收入为 1000 元以下的贫困户中，13 户贫困户具有贷款需要，其中，12 户贫困户贷款用途为生产性支出，户均需要贷款 4 万元；人均纯收入在 1000~2000 元的贫困户中，75 户贫困户具有贷款需要，其中，51 户贫困户贷款用途为生产性支出，户均需要贷款 4.2 万元；人均纯收入在 2000~3000 元的贫困户中，169 户贫困户具有贷款需要，占该部分贫困户总数的 70.1%，其中，103 户贫困户贷款用途为生产性支出，户均需要贷款 4 万元；人均纯收入水平超出 3000 元的贫困户中，64 户贫困户具有贷款需要，其中 36 户贫困户贷款用途为生产性支出，户均需要贷款 4.4 万元。如图 5.6 所示。

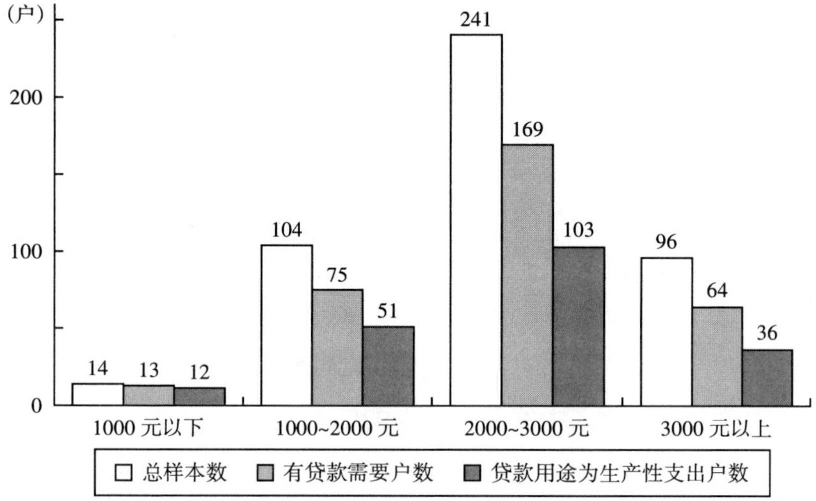

图 5.6 不同人均纯收入水平的贫困户贷款需要的结构分布

由此可见，无论贫困户家庭人均纯收入处于哪一水平，均具有 70%左右的贫困群体具有贷款需要；具有贷款需要的贫困户中，又有一半以上的贫困户贷款用途为生产性支出；不同人均纯收入水平下的贫困户贷款需要额均为 4 万元左右，其需要金额随着人均纯收入水平的提高有所增加，但增加幅度不大。

（2）贫困户收入来源。对于农户而言，其收入来源包括财产性收入、生产性收入、经营性收入、工资性收入、打工收入、转移性收入（见图 5.7）。结合贫困户实际情况，经营性与工资性收入很少，所以，此处将经营性收入划入生产性收入中，工资性收入划入打工收入中。分析 455 户贫困户家庭收入结构，生产性收入为主要的收入来源，在家庭总收入中的占比达 63.6%，其次是转移性收入，占比为 20%；打工收入占比为 15.2%，财产性收入仅占 1.2%。整体看，内蒙古农村牧区贫困户主要依靠生产性收入维持生活；扶贫策略基本符合国家倡导的“造血”形式；贫困户土地流转率低；为保证家庭基本生活，部分贫困户打工创收，具有很好的补充效应。

内蒙古农村牧区贫困户收入结构存在很强的地区差异，主要表现为：首先，工业化、城镇化发展较好，家庭农场多、经营规模大的地区，贫困户打工收入较高，例如，呼和浩特市、乌海市、包头市、呼伦贝尔市均具有一半左右的贫困户具有打工收入，收入占比达 25%以上，高于转移性收入，在收入来源中居第二位；其次，草原牧区贫困户的转移性收入占比普遍较高，例如，锡林郭勒盟转移性收入占比达 32.3%，分析原因，主要由草原生态保护补助奖励政策的实施所致，为保护草原生态环境，政策要求牧民减畜，为其提供一定的禁牧补助与草畜平衡奖励，改变了牧户收入结构，增加了转移性收入占比，降低了生产性收入占比，统计调查数据显示，锡林郭勒盟贫困户生态补偿金在转移性收入中的占比高达 82.3%，呼伦贝尔市陈巴尔虎旗、乌兰察布市四子王旗等其他草原牧区旗县具有相同的收入结构特征；最后，贫困人口规模较小的地区，基本进入“兜底”状态，采取低保形式扶持，如乌海市贫困人口规模为 1515 人，58.3%的贫困户为低保户，低保金在转移性收入中的占比高达 93%，分析原因，与该地区贫困户致贫原因具有很大关系，数据显示，乌海市 77.1%的贫困户因残、因病致贫，户主身体处于健康水平的贫困户仅 9 户，其他群体均患有长期慢性病或大病或残疾，占比高达 81.3%，对于这样的特殊群体，低保无疑成为主要的扶持手段。

具体分析具有贷款需要与无贷款需要两类贫困群体的收入来源，对于具有贷款需要的贫困户而言，生产性收入占比为 68.9%，高出调查样本平均水平 5.3 个百分点；转移性收入占比为 16.6%，低于调查样本平均水平 3.4 个百分点；打工收入占比为 13.1%，低于调查样本平均水平 2.1 个百分点。对于无贷款需要的贫困户而言，生产性收入占比为 50.8%，低于调查样本平均水平 12.8%；转移性收入占比为 28.1%，高于调查样本平均水平 8.1%；打工收入占比 20.1%，高于调查样本平均水平 4.9%（见图 5.7）。由此可见，有、无贷款需要的两类贫困群体，其收入结构存在明显差异，有贷款需要的贫困户转移性、打工性收入占比相对较低，而生产性收入占比相对较高。

5.1.3.4 贫困户人力资本

人力资本是指农户通过接受教育、培训、医疗等方面的投资而获得的知识与技能的积累，也被称为“非物力资本”。在此，从户主年龄、性别、受教育程度、身体健康情况、劳动力类型五个层面对贫困户人力资本进行统计性描述与分析。

（1）年龄。分析 455 户贫困户户主年龄结构，最高年龄为 80 岁，最低年龄为 31 岁，平均年龄为 56 岁。其中，户主年龄为 60 岁以上的贫困户 154 户，占比为 33.8%；50~60 岁的贫困户占比最高，为 44.2%；40~50 岁的贫困户 91 户，占比 20%，户主年龄在 40 岁以下的贫困户占比仅为 2%。

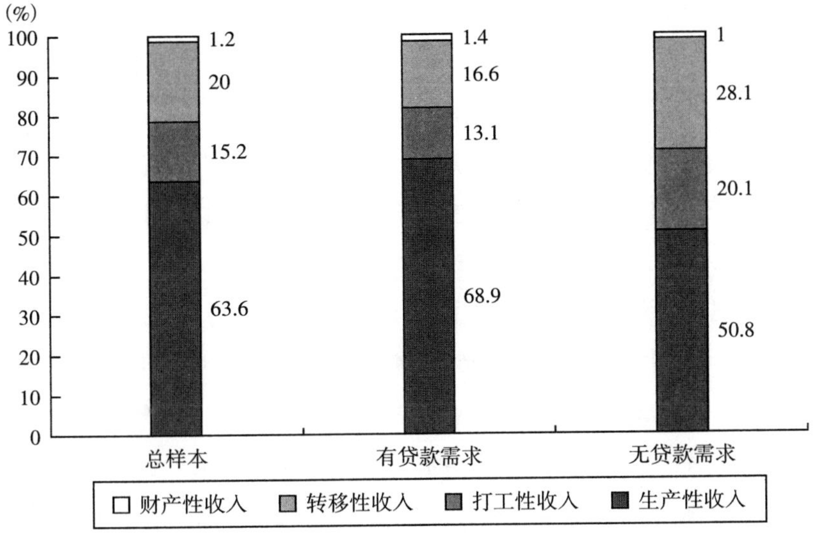

图 5.7 有、无贷款需要贫困户家庭收入结构

321 户具有贷款需要的贫困户，户主平均年龄为 53 岁，其中，户主年龄为 60 岁以上的贫困户占比为 17.8%，贷款用途主要集中于生产、看病、保险三方面，贷款用途为生产性支出的贫困户占比 33.3%；贷款用途为看病与保险的贫困户占比为 43.9%，为此，内蒙古可继续加强扶贫部门与保险公司、医疗机构之间的金融扶贫合作关系，形成多机构共同参与的金融扶贫新模式。无贷款需要的贫困户户主平均年龄为 62 岁，其中，户主年龄为 60 岁以上的贫困户 97 户，占比高达 72.4%。

（2）户主性别。户主性别为女性的贫困户 52 户，占比为 11.4%，其中具有贷款需要的贫困户 30 户，占比为 57.7%；户主为男性的贫困户 403 户，其中 72.2% 的贫困群体具有贷款需要。两类贫困群体中，一半以上的贫困户具有贷款需要，户主性别为男性的贫困户贷款需要更为强烈。

（3）受教育程度。根据建档立卡工作要求，将贫困户受教育程度分为五个级别：文盲半文盲、小学、初中、高中、大专及以上。分析调查样本户主文化教育情况，内蒙古农村牧区贫困户户主受教育程度主要集中于小学，占比为 44.2%；其次为初中水平，占比为 41.5%。由此可见，贫困户户主受教育程度普遍较低，85.8%的贫困户户主受教育程度处于初中或初中以下水平。进一步分析不同户主教育水平下的贫困户贷款需要情况，户主为文盲半文盲贫困户中，具有贷款需要的贫困户占比41%；户主具有小学文化的贫困户中，具有贷款需要的贫困户占比为69.2%；户主具有初中文化的贫困户中，具有贷款需要的贫困户占比为75.1%；户主为高中、大专及以上文化的贫困户中，具有贷款需要的贫困户占比为65%。由此可见，具有贷款需要的贫困户户主受教育水平相对较高，但此特征并不明显；具有贷款需要的贫困户中，户主具有初中或初中以上文化程度的贫困户占比为51.7%，在无贷款需要贫困群体中的占比为36.6%。

（4）身体健康情况。贫困户户主身体健康水平分为健康、长期慢性病、大病、残疾四类。统计调查数据，455户贫困户中，户主身体健康的贫困户较多，占比达69.7%；其次为户主患有长期慢性病的贫困群体，占比为18.2%；户主患有大病或残疾的贫困户占比分别为2.4%、9.7%。具有贷款需要的贫困群体中，户主身体健康的贫困户占比为73.5%；无贷款需要的贫困群体中，户主身体健康的贫困户占比为60.4%。由此看来，目前，内蒙古农村牧区贫困户户主身体健康水平相对乐观，户主身体健康程度与贷款需要之间尚未表现出明显的规律性变化。

（5）劳动力类型。分析调查贫困户户主劳动力类型，技能劳动力仅2户；丧失、无劳动能力的贫困户96户，占比21.1%，此类贫困群体中，具有贷款需要的贫困户占比为61.5%；户主为普通劳动力的贫困户中，73.1%的贫困户具有贷款需要。对比分析户主劳动力类型不同情况下的贫困户贷款需要，其特征与户主身体健康处于不同水平下时基本一致，但需注意的是，劳动力类型与身体健康情况并无直接联系，丧失或无劳动力并非因身体患病所致，部分贫困群体是由于年老超出劳动范围所致，同样，身体患病也并非丧失或无劳动力，很多贫困群体虽然身体患病，但仍具有一定的劳动能力，属于普通劳动力类型。

5.1.3.5 物质资本

物质资本，是指农户所拥有的以生产、生活物资形式而长期存在的实体物质，如房屋、耕地、生产生活基础设施等。在此，对贫困户土地资源类型与面积进行分析。内蒙古农村牧区土地资源主要包括耕地、草地、林地三大类，455户贫困户中，13户同时拥有三种类型的土地资源，57户同时含有两种类型，24户无土地，其他贫困户均拥有其中一类土地资源。其中，223户贫困户仅拥有耕地资源，面积分布于1~100亩，户均面积16.2亩；38户贫困户仅拥有草地资源，面积分布于79~20890亩，户均面积3711亩；6户贫困户仅拥有林地资源，面积分布于 4.2~780 亩，户均面积 253 亩。

进一步分析具有贷款需要的贫困户土地资源禀赋情况，仅拥有耕地资源的贫困群体中，65.5%的贫困户具有贷款需要，户均耕地面积为 19 亩，比调查样本平均水平多 2.8 亩；仅拥有草地资源的贫困群体中，84.2%的贫困户具有贷款需要，户均草地面积 3532 亩，比调查样本平均水平低 179 亩；仅拥有林地资源的贫困群体中，50%的贫困户具有贷款需要，户均林地面积 496 亩，明显高于调查样本平均水平。由此可见，贫困户贷款需要与土地资源存在一定规律性。首先，对于不同土地类型而言，贫困户贷款需要强度由高到低依次为草地、耕地、林地，即内蒙古草原牧区贫困户贷款需要更为强烈，需要强度达 84.2%，分析原因，与近年来畜牧业经济发展形势具有很大关系，肉羊价格不断下跌，饲草料价格不断上涨，牧民生产、生活难以维持原有水平，因此需要大量外部资金的扶持。其次，从土地面积分析，土地类型为耕地、林地的贫困群体，具有贷款需要的贫困户户均土地面积均高于调查样本平均水平，分析原因，与贫困户贷款用途有关，多数贫困户贷款用途为生产性支出，土地面积越大，生产性支出越多，对资金的需要越强烈；而对土地类型为草地的贫困户而言，具有贷款需要的贫困户户均面积低于调查样本平均水平，分析原因，与草原生态保护补助奖励政策的实施有关，草地面积大的贫困户，获得的奖补资金多，满足生产、生活的能力强，故对贷款需要降低。

5.1.4 贫困户贷款需要影响因素研究

查阅相关文献，未发现专门研究农户贷款需要方面的成果，但根据阅读、分析贫困户贷款需求方面的文献发现，很多学者将贷款需要与需求的概念混淆，将贷款需要作为贷款需求进行研究，这必然导致大量“无效需求”的生成，使研究结果缺乏合理性、科学性。本书基于上述对贫困户贷款需要的概念界定，结合问卷调查情况，分别从人力资本、物质资本、收入支出结构、家庭基本情况四个方面选取以下变量，构建 Logit、Probit 模型，对影响贫困户贷款需要的因素进行实证分析。

5.1.4.1 变量选取

Y 为因变量，代表贫困户是否具有贷款需要；

$$\begin{cases} Y=1，贫困户具有贷款需要 \\ Y=0，贫困户无贷款需要 \end{cases}$$

X 为自变量，本研究选取家庭人口数（X_1）、贫困户属性（X_2）、户主年龄（X_3）、户主受教育水平（X_4）、户主身体健康（X_5）、打工收入占比（X_6）、转移性收入占比（X_7）、生产性支出（X_8）、人均纯收入（X_9）、土地面积（X_{10}）10 个指标作为自变量进行研究。其中，贫困户属性（X_2）、户主受教育水平（X_5）、户主身体健康情况（X_6）为三个虚拟变量。贫困户属性分为一般贫困户、低保户两类；户主受教育程度实际数据显示为五个等级，根据上述统计性分析，做变量引入时，将该变量分为初中及以上、初中以下两种类型；身体健康分为健康、不健康（患病）两类。虚拟变量具体表达如下：

$X_2=0$：一般贫困户；$X_2=1$：低保户。

$X_5=0$：初中以下；$X_5=1$：初中及以上。

$X_6=0$：不健康（患病）；$X_6=1$ 健康。

5.1.4.2 构建模型

$$Y=\beta_0+\beta_1X_1+\cdots+\beta_9X_9 \tag{5-13}$$

5.1.4.3 理论假设

（1）家庭人口数（X_1）：不考虑年龄以及技能等其他人力资本，家庭人口数越多，支出项目越多，需要的资金量越大，表现为具有贷款需要的可能性更高，随着家庭人口数的增加，其贷款需要的强度不断提高，故预期结果为正相关。

（2）贫困户属性（X_2）：对低保户而言，多数为年老、残疾等特殊弱势群体，政府采取“输血”形式扶持，当然，也不乏存在一部分低保户是正常群体，此时，低保金发挥“造血”功能，低保金的发放使贫困户拥有一定资金来源，减弱贫困户对正规金融机构贷款的需要，所以，预期结果为负相关。

（3）户主年龄（X_3）：不考虑户主身体健康以及贫困户精神追求，对年老贫困户而言，部分群体将获得儿女提供的赡养金；另外，随着年龄的逐渐老去，该类群体仅需维持基本生存，缺乏高质量的生活追求，对外部资金的需要较低，因此，预期结果为负相关。

（4）户主受教育水平（X_4）：户主受教育水平较高，其获得信息、知识、技术的能力较强，对相关政策的认知程度较高，以创造家庭效用最大化为目标，渴望获得较多的外部资金，所以，预期结果为正相关。

（5）户主身体健康情况（X_5）：不考虑年龄因素，户主身体健康，劳动能力增强，为创造家庭效用最大化，对外部资金的需要程度增强，所以，预期结果为正相关。

（6）打工收入占比（X_6）：打工收入占比高的贫困群体，家庭生产性支出少，依靠打工收入维持家庭生活的能力强，对外部资金的需要不强，所以，预期结果为负相关。

（7）转移性收入占比（X_7）：转移性收入占比高，贫困户满足现有生活的外来资金多，对贷款的需要程度降低，所以，预期结果为负相关。

（8）生产性支出（X_8）：不考虑其他因素，生产性支出多的贫困群体，其需要的资金投入多，对外部资金的需要程度高，所以，预期结果为正相关。

（9）人均纯收入（X_9）：人均纯收入水平高的贫困户，其满足生活所需资金的能力强，对贷款的需要低，所以，预期结果为负相关。

（10）土地面积（X_{10}）：对内蒙古草原牧区而言，部分草场禁止放牧或要求减畜，政府给予牧户一定补助资金，在牧户减畜的情况下，其生产性支出减少，对贷款的需要减少；但在牧户改变生产方式的情况下，变放养为圈养，其生产性支出反而增加，对贷款的需要增加；另外，由于贫困户拥有的土地类型不同，政策支持存在显著的差异，三种土地资源的扶持资金相差悬殊，贫困户转移性收入差距较大，从而使其对贷款需要的表现不同。综上所述，土地面积与贷款需要的预期关系不确定。

5.1.4.4 结果与分析

（1）模型估计。模型估计之前，首先对各变量间共线性进行检验。相关系数显示，贫困户属性（X_2）与转移性收入占比（X_7）、生产性支出（X_8）与土地面积（X_{10}）相关系数略大于0.5，存在共线性，结合上述理论假设及实际调查情况，加之生产性支出以及作为连续变量的转移性收入占比作为离散变量的贫困户属性更能直观解释因变量的变化，因此保留转移性收入占比（X_7）、生产性支出（X_8），剔除贫困户属性（X_2）、土地面积（X_{10}）。使用Stata12对剩余变量进行Probit模型估计，估计结果如表5.2所示。

表 5.2 贫困户贷款需要 Probit 模型估计结果

变量	系数	标准误差	Z 值	P 值
X_1	0.4426***	0.0839	5.27	0.000
X_3	−0.0790***	0.0100	−7.34	0.000
X_4	0.0730	0.1537	0.47	0.635
X_5	0.0403	0.1615	0.25	0.803
X_6	−0.0092***	0.0028	−3.29	0.001
X_7	−0.0070**	0.0029	−2.39	0.017
X_8	5.85e−06	9.53e−06	0.61	0.539
X_9	−0.4290**	0.2063	−2.08	0.038
C	7.0725	1.7547	4.03	0.000
			样本量	455
对数似然比	−191.92297		卡方值	167.74
			P 值	0.0000
			伪 R^2	0.3041

注：*、**、*** 分别表示在 10%、5%、1%水平上显著；C 为常数项。
数据来源：Stata12 运行结果。

进行 Logit 模型估计，回归结果如表 5.3 所示：

表 5.3 贫困户贷款需要 Logit 模型估计结果

变量	系数	标准误差	Z 值	P 值
X_1	0.7791***	0.1570	4.96	0.000
X_3	−0.1387***	0.0195	−7.10	0.000
X_4	0.1692	0.2691	0.63	0.529
X_5	0.1115	0.2811	0.40	0.691
X_6	−0.0170***	0.0050	−3.42	0.001
X_7	−0.0123**	0.0051	−2.44	0.015
X_8	9.30e−06	0.0002	0.56	0.576
X_9	−0.6969**	0.3710	−1.88	0.060
C	4.2588	3.2258	3.97	0.000
			样本量	455

续表

变量	系数	标准误差	Z 值	P 值
对数似然比	-188.40216		卡方值	174.78
			P 值	0.0000
			伪 R^2	0.3169

注：*、**、*** 分别表示在 10%、5%、1%水平上显著；C 为常数项。
数据来源：Stata12 运行结果。

对比贫困户贷款需要 Probit、Logit 两模型估计结果，各变量影响程度、方向及模型稳健性、可信性基本处于一致状态，研究方法科学、合理。

（2）结果分析。分析上述估计结果，贫困户贷款需要主要受五个变量的影响：贫困户家庭人口数、户主年龄、打工收入占比、转移性收入占比、人均纯收入，各变量作用方向与上述理论假设一致；贫困户家庭人口数对贷款需要产生显著正影响；户主年龄、打工收入占比、转移性收入占比、人均纯收入产生显著负影响；户主受教育程度、户主身体健康、生产性支出对贫困户贷款需要的影响不显著。

1）不显著变量的原因分析。具体分析三变量不显著的原因，贫困户判断是否具有贷款需要的依据为家庭收入能否满足消费支出，满足则不需要贷款，不满足则需要贷款。对贫困户而言，户主受教育程度普遍较低，集中于小学、初中水平，生产性收入为贫困户主要的收入来源，两种文化程度的差异不会导致贫困户存在明显的生产技术区别，同时也不会使贫困户消费产生明显差距，因此，户主受教育水平对贫困户贷款需要的影响不显著。

户主身体健康对贫困户贷款需要影响不显著的原因是该变量同时影响家庭收入与支出，健康的身体具有强壮的生产能力，此类贫困群体具有扩大规模或改进生产技术的意愿，为满足资金投入，产生强烈的贷款需要。而对身体患病的贫困户而言，一方面，这部分群体希望实现机械代替人工的生产方式转变，需要更多生产资金的投入；另一方面，该类贫困群体求医治病同样需要大量资金的投入，产生强烈贷款需要。结合上述分析，无论户主身体健康与否，都将产生强烈的贷款需要，其差异性主要体现为资金用途的不同。

生产性支出影响不显著的原因主要表现在该变量仅为贫困户生产的一个环

节，生产性支出多的贫困户，其收入水平相对较高，在收入水平满足生产性支出的情况下，不需要外部资金投入，否则需要；该解释同样适用于生产性支出少的贫困户，因此，无论贫困户生产性支出多或少，贫困户均具有贷款需要的可能性，主要由收入水平能否满足现有支出决定。

2）显著变量的原因分析。从经济学角度分析，贫困户人口规模直接影响家庭消费支出，人口越多，生活消费越高，在保障基本生活水平的前提下，需要的收入越多；另外，从心理学角度分析，家庭人口数多的贫困户，处于“上有老”或“下有小”的状态，这样的人员结构可以激发家庭成员的劳动积极性，促进生产能力的提高，具有较强的扩大生产规模、改进生产技术的愿望，增加对外部资金的需要程度；人口数少的家庭，主要指一人、两人，往往是年龄偏大的贫困群体，由于年龄及身体因素，该类贫困群体缺乏高质量的生活追求，实现温饱即可满意，尤其是一人贫困户，“一人吃饱全家不饿”，劳动积极性相对减弱，降低了对贷款的需要。因此，家庭人口数对贫困户贷款需要表现出显著的正向作用。

根据贫困户户主年龄结构的分析，年龄较小的户主主要集中于40~50岁，该类贫困户家里通常有孩子上学，或者面临孩子结婚，加之年轻群体具有强壮的身体素质，较强的奋斗精神，具有扩大生产规模的愿望，无论生产或生活，该类贫困群体都需要较多的资金投入，因此，对贷款的需要普遍强烈；而对年龄较大的贫困群体而言，不仅生产能力低，同时对生活的追求下降，无须过多资金投入，缺乏贷款需要；综合分析，贫困户贷款需要随着户主年龄的增加而不断减弱，即产生显著的负影响。

打工收入在贫困户家庭总收入中的占比越大，意味着生产性收入占比越小，对应的生产性支出也越少。另外，打工性收入占比较大，说明该贫困户身体健康水平较高。根据上述对贷款用途的分析，贫困户贷款用途主要为生产、看病两方面，而对此类贫困群体而言，这两方面的贷款需要几乎为零，即表现为无贷款需要。因此，打工收入占比越大，贫困户需要贷款的可能性越低，产生显著负影响。

分析455户贫困户转移性收入构成，主要包括生态补偿金、低保金、养老金三部分，其中，含有生态补偿金的贫困户，其生态补偿金在转移性收入中的占比达80.9%；含有低保金的贫困户，低保金占转移性收入的83.17%；含有养老金的贫困户，养老金占转移性收入的65%；生态补偿金的发放主要由草原生态保护补助奖励政策的实施所致，为保护草原生态环境，要求牧民减畜，部分草场直接禁牧，生态补偿金越多，贫困户禁牧、减畜程度越强，从而使部分贫困户省出劳动力打工，另外，减畜、禁牧同时导致生产性支出下降，所以，生态补偿金不仅增加收入渠道，同时减少生产性支出，贫困户人均纯收入提高，表现为不需要贷款；低保金的发放对象主要为年老、无劳动能力的弱势群体，该类贫困户对生活质量要求低，低保金基本满足生活需求，同样不需要贷款；养老金的领取对象为60岁以上的老年群体，其目的是解决养老问题，该类群体生活简单，基本不需要贷款。综上所述，生态补偿金、低保金、养老金的发放与领取均使转移性收入占比增加，结合上述分析，转移性收入占比增加，贫困户需要贷款的可能性降低，因此，转移性收入占比对贫困户贷款需要产生显著的负影响。

纯收入是指家庭总收入扣除生产性支出后用于日常生活的那部分收入，所以，纯收入水平越高，贫困户用于生活消费的收入越多；人均纯收入等于家庭纯收入除以家庭人口数，因此，导致人均纯收入高的原因包括两个：贫困户用于生活消费的收入多，或贫困户家庭人口数少。结合上述分析，两个原因都将导致贫困户的贷款需要下降，两者共存，贫困户贷款需要最低，表现为不需要贷款，因此，人均纯收入对贫困户贷款需要产生显著的负影响。

5.1.4.5 边际效应影响分析

Probit、Logit 模型估计结果不能直接解释为变量的边际效应，为进一步考察各变量对贫困户贷款需要的影响程度，使用 Stata12，取得各变量边际效应，结果如表 5.4 所示。

表 5.4 贫困户贷款需要边际效应

变量	dy/dx（边际效应）	
	Probit 模型	Logit 模型
X_1	0.1326	0.1230
X_3	−0.0212	−0.0219
X_6	−0.0027	−0.0027
X_7	−0.0021	−0.0020
X_9	−0.1285	−0.1100

数据来源：Stata12 运行结果。

根据表 5.4 结果分析，5 个显著变量中，对贫困户贷款需要影响最大的因素是家庭人口数，按照 Probit 模型解释，家庭人口数每增加一个单位，贫困户需要贷款的概率增加 0.133%。其次为人均纯收入，家庭人均纯收入每增加一个单位，贫困户需要贷款的概率降低 0.129%；户主年龄每增加一个单位，贫困户需要贷款的概率降低 0.021%；贫困户家庭打工收入占比每增加 1%，其需要贷款的概率降低 0.003%；贫困户家庭转移性收入占比每增加 1%，其需要贷款的概率降低 0.002%。

通过对贫困户贷款需要的研究发现，并非所有贫困户都需要贷款，贫困户是否需要贷款主要受家庭人口数、人均纯收入、户主年龄、打工收入占比、转移性收入占比五个因素的影响，家庭人口数多、人均纯收入水平高、户主年龄小、打工与转移性收入占比小，这样的贫困群体表现为具有贷款需要，455 户调查样本中，需要贷款的贫困户占比为 70.5%。根据对贫困户贷款需要的研究，可以与下面的贫困户贷款需求进行对比，从而判断贫困户是否具有信用意识，若具有贷款需要的这部分贫困户均具有贷款需求，则表明贫困户无信用意识，其选择贷款行为时，并未考虑家庭还款能力，此时将形成巨大的金融扶贫无效市场；若贫困户具有贷款需要，但考虑家庭结构、收入支出情况等，最终选择放弃贷款，说明贫困户具有一定的信用意识，此时将存在一定的金融扶贫有效市场。

5.2 贫困户贷款需求分析

5.2.1 研究对象与方法

5.2.1.1 研究对象

目前，学术界对农户贷款需求与需要、意愿的分析不加以区分，专家、学者们普遍认为三者是相同的概念。本书认为，贷款意愿处于贷款需要与贷款需求中间，贷款需要、贷款意愿、贷款需求三者属于“一一递进”关系，在数理关系上，前者属于后者的必要不充分条件，即，有贷款需求的贫困户一定具有贷款意愿与需要，有贷款需要或意愿的贫困户不一定形成贷款需求。为此，本书选取需要贷款的贫困户作为研究对象，对贫困户贷款需求进行实证分析。样本分布如表5.5所示。

表 5.5 研究贫困户贷款需求的样本分布

盟市	旗县数（个）	户数（户）
呼和浩特市	8	34
包头市	4	26
乌海市	3	26
巴彦淖尔市	7	23
乌兰察布市	9	29
呼伦贝尔市	10	26
兴安盟	5	31
锡林郭勒盟	12	29
通辽市	7	42
鄂尔多斯市	7	33
赤峰市	8	22
合计	80	321

数据来源：根据调查问卷梳理得出。

样本覆盖内蒙古 11 个盟市，80 个旗县，共计 321 户。

5.2.1.2 研究方法

研究方法同上述贫困户贷款需要实证分析，采用 Logit、Probit 模型。

5.2.2 贫困户贷款需求现状及群体特征分析

需要贷款的 321 户贫困户中，愿意且具有一定还款能力的贫困户，即具有贷款需求的贫困户 264 户，占需要贷款贫困群体的 82.2%，占调查样本的 58%，其他 57 户贫困户表示担心无法偿还贷款本息，故选择放弃贷款，虽然具有贷款需要，但不具有贷款需求。本书从贷款需求的用途、家庭基本信息、收入结构、人力资本、物质资本五方面对有、无贷款需求的贫困群体进行统计性描述与分析。

5.2.2.1 贷款用途

分析264户具有贷款需求贫困户的贷款用途，72%的贫困户贷款用途为生产性支出，其次为上学，占比为9.4%，贷款用途为看病的贫困户占比为8.7%，排第三位；与需要贷款的贫困户整体相比，贷款用途的结构分布发生了一定变化，具体表现为：生产性支出、上学型贫困群体占比上升；看病型贫困群体占比下降，低于上学型；贷款用途为其他生活性支出的贫困群体占比也处于下降趋势。具有贷款需要但不具备还款能力的贫困户中，贷款用途为生产性支出的贫困群体占比仅为24.6%，看病型贫困群体占比最高，达43.9%。如图5.8所示。

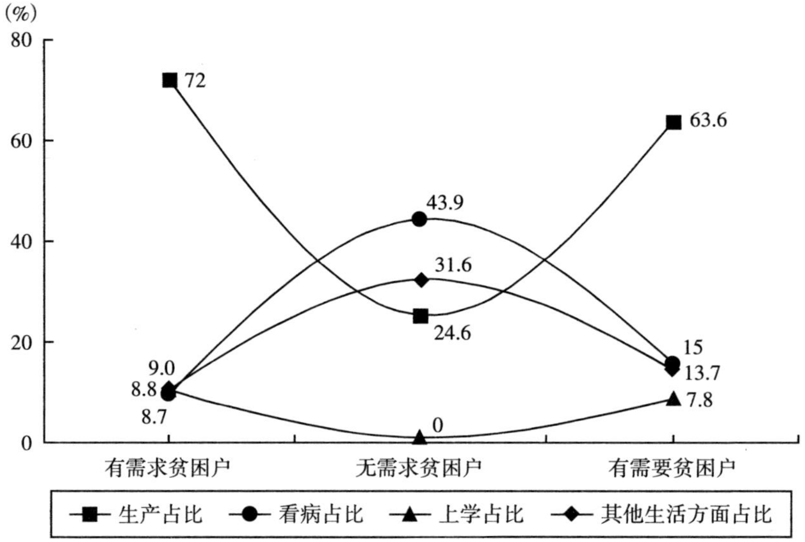

图5.8 有、无贷款需求贫困户贷款用途

由此可见，不同贫困群体贷款用途存在很大差异，主要表现为生产、生活两方面，贷款用途为生产性支出的贫困群体，其贷款需求强度明显高于生活性支出群体。

5.2.2.2 家庭基本信息

从贫困户家庭人口数、致贫原因、贫困户属性三方面对有、无贷款需求的贫困群体进行分析。如表5.6所示。

表 5.6 有、无贷款需求贫困户的家庭基本信息

指标名称	指标分类	贫困户类型						
		有需求		无需求		合计（有需要）		
		户数（户）	占比（%）	户数（户）	占比（%）	户数（户）	占比（%）	
							有意愿	无意愿
家庭人口数	2 人及以下	91	34.5	35	61.4	126	72.2	27.8
	3~4 人	164	62.1	22	38.6	186	88.2	11.8
	5~6 人	9	3.4	0	0	9	100.0	0.0
贫困户属性	一般贫困户	229	86.7	36	63.2	265	86.4	13.6
	低保贫困户	35	13.3	21	36.8	56	62.5	37.5
致贫原因	缺资金	182	68.9	32	56.1	214	85.0	15.0
	因病、因残	34	12.9	21	36.8	55	61.8	38.2
	因学、因灾	15	5.7	2	3.5	17	88.2	11.8
	缺土地、缺技术、缺劳动力	33	12.5	2	3.5	35	94.3	5.7

数据来源：内蒙古扶贫信息系统与问卷调查。

根据表 5.6 分析，具有贷款需求的贫困户家庭人口数主要分布于 3 人以上，占比达 65.5%，无贷款需求的贫困户家庭人口数主要分布于 2 人以下，占比达 61.4%，贫困户贷款需求随着家庭人口数的增加呈现逐渐增强趋势。贫困户属性方面，一般贫困户的贷款需求高于低保户。具体表现为，一般贫困户中，具有贷款需求的群体占比为 86.4%，低保户中的占比为 62.5%，低于一般贫困户 23.9 个百分点。分析有、无贷款需求贫困户的致贫原因，缺土地、技术、劳动力的贫困户贷款需求最强，占比高达 94.3%；其次为因学、因灾致贫群体，88.2%的贫困户具有贷款需求，缺资金贫困户的贷款需求仅次于因学、因灾，占比为 85%；最后是因病、因残类贫困群体，具有贷款需求的贫困户占比为 61.8%，虽在不同贫困群体中的贷款需求表现为最低，但在此类贫困群体中仍处于较高水平。综合分析，贫困户贷款需求与致贫原因并无直接联系，各类贫困户均表现出较高的贷款需求强度。

5.2.2.3 收入结构

（1）人均纯收入。根据表 5.7 分析，有、无贷款需求两类贫困群体的人均纯

收入分布基本一致，集中于2000~3000元，其中，具有贷款需求的贫困群体人均纯收入为2513元，无贷款需求的为2473元，两类贫困群体人均纯收入水平差距不大；贫困户是否具有贷款需求与人均纯收入水平无直接联系，不同收入水平的贫困群体中，均存80%左右的贫困户具有贷款需求，人均纯收入3000元以上的贫困群体贷款需求最强，需求强度为86.5%，人均纯收入1000~2000元的贫困群体贷款需求最低，强度为78.8%，与人均纯收入3000元以上的贫困户相比，需求强度相差不足10个百分点，仍处于较高水平。

表5.7　有、无贷款需求的贫困户人均纯收入结构

<table>
<tr><th rowspan="4">人均纯收入水平</th><th colspan="7">贫困户类型</th></tr>
<tr><th colspan="2">有需求</th><th colspan="2">无需求</th><th colspan="3">合计（有需要）</th></tr>
<tr><th rowspan="2">户数（户）</th><th rowspan="2">占比（%）</th><th rowspan="2">户数（户）</th><th rowspan="2">占比（%）</th><th rowspan="2">户数（户）</th><th colspan="2">占比（%）</th></tr>
<tr><th>有需求</th><th>无需求</th></tr>
<tr><td>1000元以下（不含）</td><td>9</td><td>3.4</td><td>2</td><td>3.5</td><td>11</td><td>81.8</td><td>18.2</td></tr>
<tr><td>1000（含）~2000元（不含）</td><td>52</td><td>19.7</td><td>14</td><td>24.6</td><td>66</td><td>78.8</td><td>21.2</td></tr>
<tr><td>2000（含）~3000元（不含）</td><td>139</td><td>52.7</td><td>31</td><td>54.4</td><td>170</td><td>81.8</td><td>18.2</td></tr>
<tr><td>3000元以上（含）</td><td>64</td><td>24.2</td><td>10</td><td>17.5</td><td>74</td><td>86.5</td><td>13.5</td></tr>
<tr><td>合计</td><td>264</td><td>100</td><td>57</td><td>100</td><td>321</td><td>82.2</td><td>17.8</td></tr>
</table>

数据来源：内蒙古扶贫信息系统与问卷调查。

（2）收入来源。根据图5.9发现，有、无贷款需求的两类贫困群体中，生产性收入均为主要的收入来源，其次为转移性收入，两类贫困群体的收入结构差距不大，主要体现为，有贷款需求的贫困户生产性收入占比较高，比无贷款需求的贫困群体高11.1%，转移性收入占比低，比无贷款需求的贫困群体低11.8%，其他两类收入结构相差极小，不到3个百分点，具体表现为，有贷款需求的贫困户打工收入占比比无贷款需求的高2.3%，财产性收入占比低1.6%。

5.2.2.4　人力资本

分别从贫困户户主性别、年龄、民族、受教育水平、身体健康状况及劳动力类型6个方面对有、无贷款需求的贫困群体特征进行描述与分析。

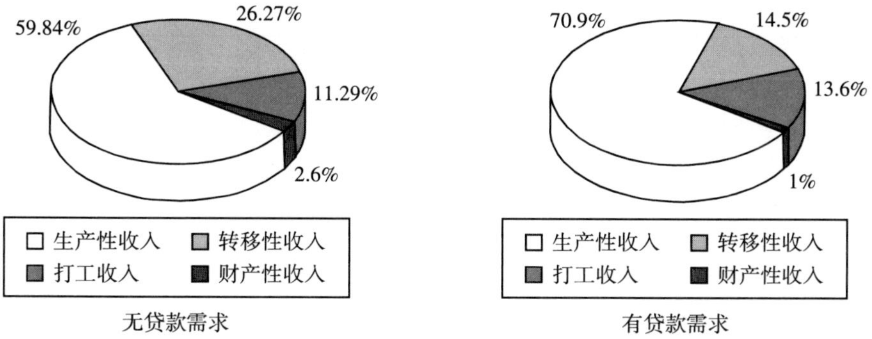

图 5.9 有、无贷款需求贫困户收入结构

表 5.8 有、无贷款需求贫困户的人力资本

户主信息	指标类型	贫困户类型						
		有需求		无需求		合计（有需要）		
		户数（户）	占比（%）	户数（户）	占比（%）	户数（户）	占比（%）	
							有需求	无需求
性别	男	249	94.3	42	73.7	291	85.6	14.4
	女	15	5.7	15	26.3	30	50	50
年龄	40 岁（不含）以下	17	6.4	1	1.8	18	94.4	5.6
	40（含）~50 岁(不含)	76	28.8	7	12.3	83	91.6	8.4
	50（含）~60 岁(不含)	141	53.4	22	38.6	163	86.5	13.5
	60 岁（含）以上	30	11.4	27	47.4	57	52.6	47.4
民族	汉族	190	72.0	46	80.7	236	80.5	19.5
	少数民族	74	28.0	11	19.3	85	87.1	12.9
受教育水平	文盲半文盲	11	4.2	5	8.8	16	68.8	3.2
	小学	106	40.2	33	57.9	139	76.3	23.7
	初中	124	47.0	18	31.6	142	87.3	12.7
	高中及以上	23	8.7	1	1.8	24	95.8	4.2
身体健康情况	健康	209	79.2	27	47.4	236	88.6	11.4
	长期慢性病	26	9.8	20	7.6	46	56.5	43.5
	残疾	24	9.1	5	1.9	29	82.8	17.2
	大病	5	1.9	5	1.9	10	50	50

续表

户主信息	指标类型	贫困户类型						
		有需求		无需求		合计（有需要）		
		户数（户）	占比（%）	户数（户）	占比（%）	户数（户）	占比（%）	
							有需求	无需求
劳动力类型	技能劳动力	1	0.4	0	0	1	100	0
	普通劳动力	228	86.4	33	57.9	261	87.4	12.6
	丧失劳动力	18	6.8	11	19.3	29	62.1	37.9
	无劳动力	17	6.4	13	22.8	30	56.7	43.3

数据来源：内蒙古扶贫信息系统与问卷调查。

根据表 5.8 数据分析，户主为男性的贫困户贷款需求高于女性，两类贫困群体中，具有贷款需求的贫困户占比分别为 85.6%、50%，相差 35.6 个百分点。

分析有、无贷款需求贫困群体的户主年龄，有贷款需求的贫困群体户主年龄主要分布于 40~50 岁，占比为 53.4%，无贷款需求的贫困群体户主年龄主要分布于 60 岁以上，占比为 47.4%；有、无贷款需求贫困群体的户主平均年龄分别为 52 岁、58 岁，表现为具有贷款需求的贫困户户主相对年轻；户主年龄不同的贫困群体中，一半以上贫困户具有贷款需求，需求强度随户主年龄的增长不断下降，60 岁以下贫困群体的贷款需求处于 90%左右，60 岁以上的贫困群体贷款需求降至 52.6%。

贫困户贷款需求与户主民族、身体健康并无直接联系；不同民族的贫困群体均表现出 80%以上的贷款需求；户主身体健康处于不同水平的贫困群体中，其贷款需求均高于 50%。

分析不同贫困群体户主受教育情况，有贷款需求的贫困户户主受教育水平主要集中于初中阶段，占比为 47%，无贷款需求的贫困户户主受教育水平主要集中于小学阶段，占比为 57.9%。

贫困户贷款需求与户主劳动力类型表现出规律性变化，随着户主劳动能力的下降，贫困户贷款需求不断减弱，贫困户贷款需求由高到低依次为：技能劳动力、普通劳动力、丧失劳动力、无劳动力。

5.2.2.5 物质资本

从土地资源类型分析，有贷款需求的贫困群体中，26 户贫困户同时拥有耕地、草地、林地，占比为 9.8%；72 户贫困户同时拥有其中两种类型土地资源，占比为 27.3%；125 户贫困户仅拥有耕地，户均面积为 19.9 亩，25 户贫困户仅拥有草地，户均面积为 3480.3 亩，1 户贫困户仅拥有林地，面积为 694 亩，15 户贫困户无土地。无贷款需求的贫困群体中，同时拥有三种土地资源的贫困户 6 户，占比为 10.5%；拥有其中两种土地资源的贫困户 15 户，占比为 26.3%；21 户贫困户仅拥有耕地，户均面积为 13.7 亩；7 户仅拥有草地，户均面积 3718.6 亩；2 户仅拥有林地，户均面积 397.5 亩；6 户贫困户无土地。由此可见，有、无贷款需求贫困户所拥有的土地类型基本一致，但土地面积存在明显差异，有贷款需求的贫困户户均耕地、林地面积均大于无贷款需求群体，但户均草地面积小于无贷款需求群体，即农区贷款需求强的贫困户户均土地面积较大，牧区则相反，这是由草原生态保护补助奖励政策的实施所致，政策奖补资金按照草场面积发放，面积越大，得到的奖补资金越多，此类贫困群体表示，并非他们不具备还款能力，只是与贷款相比，其更愿意使用奖补资金满足家庭所需，不愿意承担贷款利息，因此放弃贷款，即贷款需求降低。

5.2.3 贫困户贷款需求影响因素研究

查阅已有文献，目前，专家、学者将贷款需求与意愿的概念混为一谈，对农户贷款意愿影响因素的研究基本等同于贷款需求，变量的选取基本一致。本书认为，贷款需求是指贫困户具有贷款需要，且愿意贷款，并具有充足还款能力的经济学概念，因此，贷款意愿介于需要与需求之间，贷款需要、贷款意愿、贷款需求三者属于“一一递进”关系，前者为后者的必要不充分条件，贷款需求不仅受贷款需要与意愿的影响，同时受家庭还款能力与贷款成本等因素的影响。为此，本书结合已有研究及问卷调查情况，选取以下变量，分别构建 Logit、Probit 模型，对贫困户贷款需求的影响因素进行实证分析。

5.2.3.1 变量选取

Y 为因变量，代表贫困户是否具有贷款需求；

$$\begin{cases} Y=1，贫困户具有贷款需求 \\ Y=0，贫困户无贷款需求 \end{cases}$$

X 为自变量，本书选取户主性别（X_1）、户主受教育水平（X_2）、户主年龄

(X_3)、户主身体健康状况 (X_4)、户主劳动力类型 (X_5)、家庭人均纯收入 (X_6)、打工收入占比 (X_7)、转移性收入占比 (X_8)、贷款用途 (X_9)、土地面积 (X_{10})、户主民族 (X_{11}) 11 个指标作为自变量进行研究。其中，户主性别 (X_1)、户主民族 (X_{11})、户主受教育水平 (X_2)、户主身体健康情况 (X_4)、劳动力类型 (X_5)、贷款用途 (X_9) 为 6 个虚拟变量。具体表示如下：

户主性别 (X_1)："0"为女性，"1"为男性；

户主民族 (X_{11})："0"为少数民族，"1"为汉族；

户主受教育水平 (X_2)："0"为小学及以下，"1"为初中及以上；

户主身体健康情况 (X_4)："0"为不健康（患病），"1"为健康；

户主劳动力类型 (X_5)："0"为健全劳动力，"1"为不健全劳动力；

贷款用途 (X_9)："0"为生活性支出，"1"为生产性支出。

5.2.3.2 理论模型

$$Y = \beta_0 + \beta_1 X_1 + \cdots + \beta_{11} X_{11} \tag{5-14}$$

5.2.3.3 预期结果

预期结果见表 5.9 所示。

表 5.9 贫困户贷款需求影响因素的预期结果

变量名称	预期符号（作用方向）	假设原因
户主性别 (X_1)	"+"；正向	户主为男性的贫困户，其外交活动比女性多，胆识与见识超出户主为女性的贫困群体，更愿意选择贷款，表现为贷款需求强烈
户主民族 (X_{11})	"+"；正向	少数民族贫困群体可能担心语言交流障碍，不愿意办理贷款业务，表现为贷款需求低
户主年龄 (X_3)	"−"；负向	年龄较大的贫困群体，生产能力较低，担心无法偿还贷款本息，造成贷款违约，或嫌麻烦而放弃贷款
户主受教育水平 (X_2)	"+"；正向	受教育水平越高，对政策的认知越深，对生产技术的学习与掌握能力越强，创造财富与还款的能力越高，具有贷款需求的可能性越大
户主身体健康情况 (X_4)	"+"；正向	对身体患病的贫困户而言，其生产、还款能力较低，可能担心还不上贷款本息，从而选择放弃，降低贷款需求
劳动力类型 (X_5)	"+"；正向	劳动力水平越高，创收、还款能力越强，越愿意贷款，贷款需求越强烈
打工收入占比 (X_7)	不确定	部分贫困户可能选择依靠打工收入维持生活，不愿意承担贷款利息；部分贫困户将打工收入作为贷款的信用保障，提高还款能力，增强贷款需求

续表

变量名称	预期符号（作用方向）	假设原因
转移性收入占比（X_8）	“+”；正向	作为还贷信用保障，愿意贷款，贷款需求增强
人均纯收入（X_6）	“+”；正向	人均纯收入水平越高，还款能力越强，在具有贷款需要的基础上，其贷款需求更强烈
土地面积（X_{10}）	“+”；正向	土地面积越多，生产性收入越高，还款能力越强，贷款需求越强烈
贷款用途（X_9）	“+”；正向	生产性支出属于创收型投资，保证具有一定的投资报酬，提高还款能力，贷款需求强烈；生活性支出属于纯消费，该类群体往往缺乏生产能力或条件，尚不构成贷款需求

5.2.3.4　结果与分析

（1）模型估计。检验各变量间共线性，相关系数显示，户主身体健康（X_4）与户主劳动力类型（X_5）相关系数大于0.5，存在共线性，剔除户主劳动力类型（X_5），保留户主身体健康状况（X_4），使用Stata12对剩余变量进行Probit模型估计，估计结果如表5.10所示。

表5.10　贫困户贷款需求Probit模型估计结果

变量	系数	标准误差	Z值	P值
X_1	1.7250***	0.3177	5.43	0.000
X_2	0.1919	0.2255	0.85	0.395
X_3	−0.0710***	0.0159	−4.45	0.000
X_4	0.6022***	0.2311	2.61	0.009
X_6	0.0001	0.0001	0.73	0.466
X_7	0.0060	0.0044	1.36	0.174
X_8	0.0017	0.0049	0.36	0.722
X_9	1.2821***	0.2498	5.13	0.000
X_{10}	−0.0134**	0.0070	−1.92	0.043
X_{11}	−0.9164***	0.3242	−2.83	0.005
C	2.7386	0.9733	2.81	0.005
			样本量	321
对数似然比	−93.847547		卡方值	112.56
			P值	0.0000
			伪R^2	0.3749

注：*、**、*** 分别表示在10%、5%、1%水平上显著；C为常数项。
数据来源：Stata12运行结果。

为保证研究方法具有科学性、合理性，再次使用 Stata12 进行 Logit 模型估计，结果如表 5.11 所示。

表 5.11　贫困户贷款需求 Logit 模型估计结果

变量	系数	标准误差	Z 值	P 值
X_1	2.9966***	0.5647	5.31	0.000
X_2	0.3730	0.4027	0.93	0.354
X_3	−0.1313***	0.0300	−4.37	0.000
X_4	0.9905***	0.4038	2.45	0.014
X_6	0.0002	0.0002	0.81	0.418
X_7	0.0096	0.0078	1.24	0.215
X_8	0.0032	0.0085	0.37	0.710
X_9	2.1974***	0.4489	4.90	0.000
X_{10}	−0.0368**	0.0001	−2.05	0.037
X_{11}	−1.5498***	0.5662	−2.74	0.006
C	5.1503	1.7722	2.91	0.004
			样本量	321
对数似然比	−95.185947		卡方值	109.88
			P 值	0.0000
			伪 R^2	0.3660

注：*、**、*** 分别表示在 10%、5%、1%水平上显著；C 为常数项。
数据来源：Stata12 运行结果。

对比两模型的估计结果，各变量影响程度、方向以及模型稳健度、可信性等基本一致，研究方法科学、合理。

（2）变量作用效果分析。上述估计结果显示，户主性别、年龄、受教育水平、身体健康状况、家庭人均纯收入、转移性收入占比、贷款用途七个变量的作用方向与预期结果一致，支持原假设；打工收入占比表现出正向作用，支持原假设中的观点二：贫困户将打工收入作为贷款的信用保障，提高还款能力，贷款需求提高，因此，打工收入占比越高，贫困户具有贷款需求的概率越大，作用方向为正。

户主民族对贫困户贷款需求的作用方向与预期相反，分析原因，笔者在提出户主民族的预期结果时，主要考虑少数民族群体的语言交流能力，认为该群体存在沟通障碍，因此不愿意办理贷款业务，但根据调查了解，目前各类群体讲汉话的能力较强，基本可用汉语交流，仅存极少部分贫困户存在语言障碍，对估计结果不会产生明显影响，导致原假设与现实不符，作用方向与预期结果相反；分析产生负作用的原因，主要由少数民族贫困群体消费观念所致，调查样本中 89.4% 的少数民族为蒙古族，根据实地了解，该类群体的消费理念偏向于西方文化，提前消费意识较强，储蓄意识较低，冒险精神高于汉族群体，所以，他们对贷款风险的评估很低，一旦出现，该群体表示可借助高利贷偿还。笔者曾做过一项专门针对牧区牧民（主要为蒙古族）的贷款调查，结果可为此观点提供有力依据，2012 年，111 户锡林郭勒盟牧户贷款总额为 69.82 万元，在近几年肉羊价格剧烈下跌、饲草料价格上涨的市场环境下，2015 年 111 户牧户贷款总额高达 188 万元，其中 78.8%为高利贷。因此，户主民族的估计结果为正，表现为少数民族贫困户具有贷款需求的概率高于汉族。

分析土地面积作用方向与预期相反的原因，多数贫困户不愿意将土地经营权作为贷款抵押，尤其大户，他们认为，作为贫困户，家里的物质资本都不值钱，农村牧区的房子没人要，土地成为他们的唯一财产，一旦贷款出现问题，失去土地经营权，他们将一无所有，随着土地面积的增加，贫困户“惜地”行为更加强烈，贷款意愿、需求逐渐减弱，因此产生负向影响。梳理文献，已有很多专家、学者对农户土地经营权抵押贷款的参与意愿及项目开展效果进行了相关研究，其观点分为两类，一是土地经营权抵押贷款项目的开展解决了农户“贷款难”的问题，值得推广；二是我国不完善的农村金融环境制约了土地经营权抵押贷款工作的开展，缺乏牢固的群众基础，农户尤其是经营大户对土地抵押贷款的意愿极不强烈，此观点与本书结论一致。

（3）变量显著性分析。上述估计结果显示，户主性别、年龄、民族、身体健康状况、贷款用途五个变量对贫困户贷款需求的影响程度均在 1%水平下显著；土地面积在 5%水平下显著；户主受教育水平、人均纯收入、打工收入占比、转移性收入占比四个变量影响效果不显著。

变量显著的原因分析同原假设，在此不做过多解释，现对变量不显著的原因加以说明。首先，根据上述贫困户特征分析，321 户具有贷款需要的贫困群体中，87.5%的贫困户户主受教育水平为小学或初中，对于农村牧区贫困户而言，两种教育程度不会使贫困户在对某一事物的理解与认识、接受与选择方面产生不同，不考虑其他因素，两种教育水平对贫困户生产能力、还款能力的自我评价影响基本一致，87.5%的调查样本处于同等水平，导致该变量对贫困户贷款需求的影响不显著。人均纯收入、打工收入占比、转移性收入占比三个变量在上述贫困户贷款需要方面体现出显著的负影响，即贫困户贷款需要会随着三变量中任一变量的提高而降低；贷款需求则是贫困户贷款需要与还款能力的结合，是否具有贷款需求，即是否愿意且有能力满足贷款需要，根据上述估计结果，三变量的系数显示为“+”，这与三者在贫困户贷款需要中的作用方向相反，而贷款需要是贷款需求的基础，具有贷款需要才有可能形成有效的贷款需求，这样便会造成三个变量在贷款需要、需求两个影响机制中产生互相排斥的作用，最终导致变量在“后机制”中的影响不显著。

5.2.3.5 边际效应分析

为进一步考察各变量对贫困户贷款需求的影响程度，继续使用 Stata12 软件，得到各变量边际效应，具体结果如表 5.12 所示。

表 5.12 贫困户贷款需求边际效应

变量	dy/dx（边际效应）	
	Probit 模型	Logit 模型
X_1	0.4687	0.4644
X_3	−0.0088	−0.0080
X_4	0.0929	0.0755
X_9	0.2149	0.1903
X_{10}	−0.0054	−0.0048
X_{11}	−0.0855	−0.0737

数据来源：Stata12 运行结果。

上述结果显示，户主性别对贫困户贷款需求的影响程度最大，按照 Probit 模型解释，户主性别为男性的贫困户具有贷款需求的概率比女性高 0.469%；贷款用途为生产性支出的贫困户具有贷款需求的概率比生活性支出群体高 0.215%；其他变量按照影响程度由高到低分别解释为，户主身体健康的贫困户具有贷款需求的概率比不健康（患病）群体高 0.093%，户主民族为汉族的贫困户贷款需求比少数民族低 0.086%，户主年龄每增加一个单位，贫困户具有贷款需求的概率降低 0.009%，土地面积每增加一个单位，贫困户具有贷款需求的概率降低 0.005%。

通过上述研究发现，并非所有具有贷款需要的贫困群体均具有贷款需求，说明贫困户具有一定的信用意识，能够在具有贷款需要的基础上，结合自身家庭结构、收入水平，判断是否具有充足的还款能力，从而选择是否贷款，即是否具有贷款需求。在 321 户具有贷款需要的贫困户中，57 户贫困户认为自身缺乏还款能力或其他因素，可能出现贷款违约，因此放弃贷款；264 户贫困户具有金融扶贫的“有效需求”，不仅具有贷款需要，且愿意并具有充足还款能力，该类贫困群体占调查样本的 58%，即内蒙古农村牧区具有 58%的金融扶贫有效市场。

结合上述研究，自治区扶贫办、金融合作机构等相关部门可对每一地区可能存在的金融扶贫有效市场进行预测，为金融扶贫提供有力的理论与政策依据，保证政策的制定从扶持对象的需求出发，实现“供求均衡”。另外，结合不同地区贫困户户均贷款金额，可进一步预测出每一盟市、旗县贫困户所需的贷款资金投放量，从而避免金融扶贫资金外流，既保证满足贫困户的贷款需求，又减轻国家财政压力。相关部门可根据贫困人口、贫困户特征的改变，结合不同影响变量的边际效应，找到贫困户贷款需求的动态变化，合理调整，使金融扶贫政策具有时效性。结合上述贫困户贷款需要研究，获得贫困户需要、需求资金差额，内蒙古扶贫办及金融合作单位可根据差额和贫困户提出的贷款用途，找出差额贷款可能发挥扶贫效果的其他领域，为制定贫困户贷款以外的其他金融扶贫模式提供理论、政策依据，有利于促进内蒙古农村牧区减贫目标的实现，建立可持续的扶贫机制，保证扶贫资金合理分配、用到实处，实现精准扶贫。

5.3 贫困户贷款获得性分析

5.3.1 研究对象与方法

5.3.1.1 研究对象

贷款获得性是指贫困户在具有贷款需求的基础上，采取实际贷款行动，银行根据一系列审核所给予的答复。查阅文献，部分专家、学者对农户贷款获得性进行了相关研究，但并未发现专门研究贫困户贷款获得性的学术成果。目前，政界、学术界各领域普遍认为农户“贷款难”是不争的事实，是制约我国“三农”发展的主要瓶颈问题，“贷款难”主要指具有贷款需求的农户，在进行贷款过程中，由于缺乏抵押、担保或其他因素而导致的无法获得实际贷款，或实际贷款获得率低的现象。因此，研究贫困户贷款获得性的目标对象应为具有贷款需求的那部分群体，对本书而言，即为264户具有贷款需要且愿意贷款并有还款能力的贫困群体。样本具体分布如表5.13所示（其中，“占比1”为具有贷款需要的贫困群体在调查样本中的比重；“占比2”为存在贷款需求的贫困群体在具有贷款需要样本中的比重；“占比3”为具有贷款需求的贫困群体在调查样本中的比重）。

表 5.13 扶贫贷款获得性研究的样本分布

盟市	样本类型					
	总样本	有需要		有需求		
	户数（户）	户数（户）	占比1（%）	户数（户）	占比2（%）	占比3（%）
呼和浩特市	51	34	66.7	29	85.3	56.9
包头市	50	26	52.0	22	84.6	44.0
乌海市	48	26	54.2	19	73.1	39.6
巴彦淖尔市	30	23	76.7	20	87.0	66.7
乌兰察布市	43	29	67.4	24	82.8	55.8
呼伦贝尔市	37	26	70.3	22	84.6	59.5

续表

盟市	样本类型					
	总样本	有需要		有需求		
	户数（户）	户数（户）	占比 1（%）	户数（户）	占比 2（%）	占比 3（%）
兴安盟	39	31	79.5	28	90.3	71.8
锡林郭勒盟	35	29	82.9	24	82.8	68.6
通辽市	52	42	80.8	28	66.7	53.8
鄂尔多斯市	38	33	86.8	32	97.0	84.2
赤峰市	32	22	68.8	16	72.7	50.0
合计	455	321	70.5	264	82.2	58.0

数据来源：内蒙古扶贫信息系统与问卷调查。

5.3.1.2 研究方法

该部分研究方法的选取与上述贫困户贷款需要与需求相同，采用 Logit、Probit 模型。

5.3.2 贫困户贷款获得现状及群体特征分析

分别从贫困户需求贷款与实际贷款、家庭基本信息、收入结构、人力资本、物质资本五个方面对 264 户具有贷款需求贫困群体的基本特征进行统计性描述与分析。

5.3.2.1 需求贷款与实际贷款

264 户具有贷款需求的贫困群体中，55.7%的贫困户实际获得贷款，近一半的贫困户因各种原因被金融机构拒之门外。分析获得、未获得贷款两类贫困群体的贷款用途，前者 87.1%的贫困户贷款用途为生产性支出，剩余 12.9%的贫困户贷款用途主要集中于上学、看病两方面；后者贫困户贷款用途为生产性投资的占比较前者低 37.1 个百分点，为 53%。这意味着，目前扶贫贷款发放的主要目的是满足农户的生产资金需求，这也是金融机构降低自身风险的有力措施，符合其商业化属性。对比分析获得贷款贫困户的需求贷款额与实际贷款额情况，147 户贫困户的需求贷款金额为 666 万元，户均 4.5 万元，实际获得贷款 501.5 万元，户均 3.4 万元，比需求贷款额低 24.4%；具体分析每一贫困户的贷款情况，仅 62 户贫困户实际贷款达到需求金额，57.8%的贫困户贷款需求未得到充分满足。

5.3.2.2 家庭基本信息

分别从贫困户致贫原因、家庭人口数、贫困户属性三个方面，对获得、未获得贷款的贫困群体（即有贷款需求的贫困群体）进行描述性统计与分析。具体分布如表 5.14 所示。

表 5.14 获得、未获得扶贫贷款贫困户家庭基本信息

指标名称	指标分类	贫困户类型						
		获得		未获得		合计（有需求）		
		户数（户）	占比（%）	户数（户）	占比（%）	户数（户）	占比（%）	
							获得	未获得
致贫原因	缺资金	102	69.4	80	68.4	182	56.0	44.0
	因学、因灾	9	6.1	6	5.1	15	60.0	40.0
	因病、因残	14	9.5	20	17.1	34	41.2	58.8
	缺技术、缺劳动力、缺土地、缺动力	22	15.0	11	9.4	33	66.7	33.3
家庭人口数	1~2 人	43	29.3	48	41.0	91	47.3	52.7
	3~4 人	97	66.0	67	57.3	164	59.1	40.9
	5~6 人	7	4.8	2	1.7	9	77.8	22.2
贫困属性	一般贫困户	134	91.2	95	81.2	229	58.5	41.5
	低保贫困户	13	8.8	22	18.8	35	37.1	62.9

数据来源：内蒙古扶贫信息系统与问卷调查。

分析表 5.14 数据，对贫困户贷款获得性表现出直接规律性变化的是因病、因残致贫，该类贫困群体中，获得贷款贫困户占比低于未获得户 17.6%，其他几类贫困群体均表现为获得贷款的贫困户占比高于未获得户。贫困户贷款获得性与家庭人口数表现出较为明显的规律性变化，家庭人口数越多，获得贷款的贫困户占比越高。一般贫困群体中，获得贷款的贫困户占比高于未获得户 17%，而在低保户中，表现为低 25.8%，因此，对于同样具有贷款需求的贫困户而言，一般贫困户比低保户更容易获得扶贫贷款。

5.3.2.3 收入结构

（1）人均纯收入。获得、未获得贷款的两类贫困群体人均纯收入水平均集中于 2000~3000 元，处于该水平以下的贫困群体，获得贷款的贫困户占比低于未获得户，处于该水平以上的贫困群体则表现出相反特征。统计调查数据，264 户具有贷款需求的贫困户人均纯收入为 2513 元，其中，获得贷款的 147 户贫困户人均纯收入为 2600 元，高出平均水平 87 元，具有贷款需求但未获得实际贷款的贫困户人均纯收入为 2403 元，比获得贷款的贫困户低 197 元，比具有贷款需求的贫困户低 110 元。由此可见，获得贷款的贫困户人均纯收入处于相对较高水平。

表 5.15　获得、未获得扶贫贷款贫困户的人均纯收入结构

人均纯收入水平	贫困户类型						
	获得		未获得		合计（有需求）		
	户数（户）	占比（%）	户数（户）	占比（%）	户数（户）	占比（%）	
						获得	未获得
1000 元（不含）以下	6	4.1	3	2.6	9	66.7	33.3
1000（含）~2000 元（不含）	23	15.6	29	24.8	52	44.2	55.8
2000（含）~3000 元（不含）	74	50.3	65	55.6	139	53.2	46.8
3000 元（含）以上	44	29.9	20	17.1	64	68.8	31.2
合计	147	100	117	100	264	55.7	44.3

数据来源：内蒙古扶贫信息系统与问卷调查。

（2）收入来源。根据图 5.10 分析，获得、未获得扶贫贷款两类贫困群体的收入结构基本一致，生产性收入为主要收入来源，整体看，获得贷款贫困户的生产性收入略高于未获得户，但其差距并不明显。

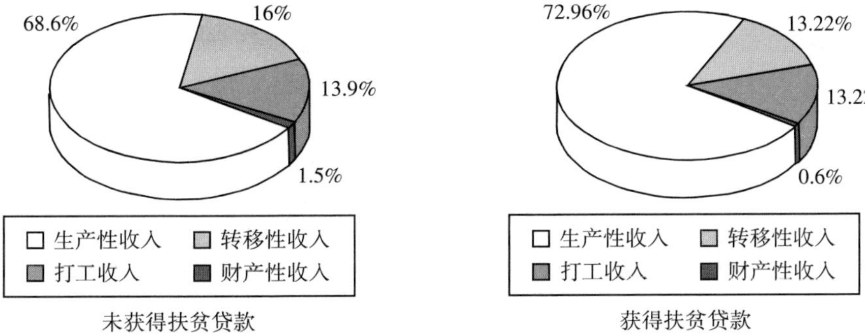

图 5.10　获得、未获得扶贫贷款贫困户的收入结构

5.3.2.4　人力资本

分别从户主性别、年龄、民族、受教育水平、身体健康状况、劳动力类型六个方面分析贫困户人力资本现状，对比研究获得、未获得贷款贫困户的群体结构与特征（见表 5.16）。

表 5.16　获得、未获得扶贫贷款贫困户的人力资本

户主信息	指标类型	贫困户类型						
		获得贷款		未获得贷款		合计（有贷款需求）		
		户数（户）	占比（%）	户数（户）	占比（%）	户数（户）	占比（%）	
							获得	未获得
性别	男	142	96.6	107	91.5	249	57.0	43.0
	女	5	3.4	10	8.5	15	33.3	66.7
年龄	40 岁（不含）以下	11	7.5	6	5.1	17	64.7	35.3
	40（含）~50 岁（不含）	55	37.4	21	17.9	76	72.4	27.6
	50（含）~60 岁（不含）	76	51.7	65	55.6	141	53.9	46.1
	60 岁（含）以上	5	3.4	25	21.4	30	16.7	83.3
民族	汉族	99	67.3	91	77.8	190	52.1	47.9
	少数民族	48	32.7	26	22.2	74	64.9	35.1
受教育水平	文盲半文盲	6	4.1	5	4.3	11	54.5	45.5
	小学	49	33.3	57	48.7	106	46.2	53.8
	初中	77	52.4	47	40.2	124	62.1	37.9
	高中及以上	15	10.2	8	6,8	23	65.2	34.8
身体健康情况	健康	130	88.4	79	67.5	209	62.2	37.8
	长期慢性病	11	7.5	15	12.8	26	42.3	57.7
	残疾	6	4.1	18	15.4	24	25.0	75.0
	大病	0	0.0	5	4.3	5	0.0	100.0
劳动力类型	技能劳动力	1	0.7	0	0.0	1	100.0	0.0
	普通劳动力	132	89.8	96	82.1	228	57.9	42.1
	丧失劳动力	7	4.8	11	9.4	18	38.9	61.1
	无劳动力	7	4.8	10	8.5	17	41.2	58.8

数据来源：内蒙古扶贫信息系统与问卷调查。

表 5.16 数据显示，户主为男性的贫困户获得贷款的概率更高，该类贫困群体中，获得贷款的贫困户占比较未获得户高 14%；在户主为女性的贫困群体中，

获得贷款的贫困户占比较未获得户低 33.4%。

获得、未获得贷款的两类贫困群体中，户主平均年龄分别为 50 岁、54 岁，从户主年龄结构分析，两类贫困群体户主年龄均集中于 50~60 岁，占比分别为 51.7%、55.6%；户主平均年龄高于 60 岁的贫困群体中，获得贷款的贫困户占比较未获得户低 18%；户主年龄低于 50 岁的贫困群体中，获得贷款的贫困户占比较未获得户高 21.9%。由此可见，50~60 岁可谓贫困户贷款获得性的“分水岭”，户主年龄位于“分水岭”的贫困群体，其贷款获得性基本处于平均分配水平；户主年龄位于“分水岭”之上的贫困群体，贷款获得性较差；“分水岭”之下的贫困群体，贷款获得性较强。

具有贷款需求的贫困群体中，户主民族主要为汉族，此类贫困户在获得、未获得贷款贫困群体中的占比均处于 70%左右；分析不同民族贫困群体扶贫贷款的获得情况，少数民族贫困群体的贷款获得性更高，此类贫困群体中，获得贷款的贫困户占比为 64.9%，而在汉族贫困群体中的占比为 52.1%，低于少数民族 12.8%，说明目前金融机构已做到重点保障少数民族享受金融服务的权利。

分析获得、未获得扶贫贷款两类贫困群体的户主受教育水平，获得贷款的贫困群体中，户主受教育水平主要集中于初中阶段，占比为 52.4%，初中及以上贫困户占比为 62.6%；未获得贷款的贫困群体中，户主受教育水平主要集中于小学阶段，占比为 48.7%，初中贫困户占比为 47%。因此，户主受教育水平与年龄表现出类似的特点，初中教育可谓贫困户贷款获得性的“分水岭”，处于“分水岭”之上的贫困户贷款获得性更高。

获得、未获得扶贫贷款两类贫困群体的户主身体均集中于健康水平，但其占比存在较大差距，获得贷款的 147 户贫困群体中，户主身体处于健康状态的贫困户占比为 88.4%，较未获得贷款户高 20.9%；分析不同身体健康水平下贫困户贷款获得性，与户主身体状态呈现出规律性变化，随着户主身体健康水平的不断下降，贫困户贷款获得性也处于下降状态。

分析获得、未获得扶贫贷款两类贫困群体的户主劳动力类型，其结构分布基本一致，两类贫困群体中，户主为普通劳动力的贫困户占比均在 80%以上，各类贫困户占比相差不足 10%；贫困户贷款获得性与户主劳动力类型呈现出与户主身体状况一致的变化趋势，随着户主劳动能力的下降，贫困户贷款获得性不断降低。

5.3.2.5 物质资本

为解决农户“贷款难”问题，国家制定了土地经营权抵押贷款政策，土地成为影响农户贷款获得性的重要因素之一。

首先，从土地类型分析，147 户实际获得贷款的贫困户中，同时拥有耕地、草地、林地三种土地资源的贫困户 13 户，占比为 8.8%；同时拥有其中两种土地资源的贫困户 35 户，占比为 23.8%；仅拥有其中一类土地资源的贫困户 89 户，占比达 60.5%；其余 10 户无土地，占比为 6.9%；117 户未获得贷款的贫困户中，同时拥有三种土地类型的贫困户 10 户，占比为 8.5%；同时拥有其中两类土地的贫困户 37 户，占比为 31.6%；仅拥有其中一类土地的贫困户为 62 户，占比达 53%；其余 8 户无土地，占比为 6.8%。由此可见，贫困户贷款获得性与其拥有的土地类型并无直接联系。

其次，从土地面积分析，147 户获得贷款的贫困户中，68 户仅拥有耕地，户均面积为 21.2 亩；20 户贫困户仅拥有草地，户均面积为 3820.9 亩；另外 1 户仅拥有林地，面积为 694 亩；117 户未获得贷款的贫困户中，57 户贫困户仅拥有耕地，户均面积为 18.3 亩；5 户贫困户仅拥有草地，户均面积为 2118.2 亩；对比两组数据，无论拥有哪种土地资源，其贫困群体中获得贷款的贫困户户均土地面积均高于未获得户。由此可见，贫困户户均土地面积越大，其获得扶贫贷款的可能性越大。

5.3.3 贫困户贷款获得性影响因素研究

5.3.3.1 变量选取

金融机构贷款业务的办理主要包括三个环节：一是贷款申请人的准备阶段；二是金融机构工作人员的审核阶段；三是贷款业务的实际办理。整个过程中，金融机构、银行部门具有充分决定权。根据对金融机构工作人员的访谈，影响农户贷款获得性的主要因素体现在还款能力、抵押担保等方面，信贷人员主要通过判断贷款申请人的生产能力、信用水平、可能存在的风险系数等决定是否对其发放贷款。为此，在已有农户贷款获得性研究的基础上，结合贫困户实际与数据获得情况，分别从人力资本、物质资本、社会资本、收入结构、贷款需求五个方面选取可能影响贫困户贷款获得性的相关指标作为自变量，具体包括：户主性别、年龄、民族、劳动力类型、受教育程度、打工收入占比、转移性收入占比、贷款用途、贫困户属性、贷款金额、土地面积、是否加入合作社、人均纯收入、生产性收入 14 个指标。根据共线性检验结果，转移性收入与土地面积、生产性收入与土地面积、劳动力类型与贫困户属性相关系数大于 0.5，存在多重共线性，在此剔除转移性收入、贫困户属性两变量，将剩余的 12 个指标作为本书研究的自变量，将贫困户扶贫贷款的获得情况作为因变量。变量具体说明如表 5.17 所示。

表 5.17　影响扶贫贷款获得性的变量说明

变量属性	变量类别	变量名称	变量代码	变量定义	预期符号
自变量	人力资本	性别	X_1	“0”为女性，“1”为男性	+/–
		年龄	X_2	具体数据	–
		民族	X_3	“0”为少数民族，“1”为汉族	+/–
		劳动力类型	X_4	“0”为不健全，“1”为健全	+
		受教育程度	X_5	“0”为初中以下，“1”为初中及以上	+
	物质资本	土地面积	X_6	具体数据	+
	社会资本	是否加入合作社	X_7	“0”为否，“1”为是	+
	收入结构	打工收入占比	X_8	具体数据	+
		人均纯收入	X_9	具体数据	+
		生产性收入	X_{10}	具体数据	+
	贷款需求	贷款用途	X_{11}	“0”为生活性，“1”为生产性	+
		需求金额	X_{12}	具体数据	–
因变量		贷款获得性	Y	“0”为未得到，“1”为得到	

5.3.3.2　理论假设

人力资本是个体知识、技能、身体等各方面的综合素质体现，不仅影响贫困户对某一政策、事物的理解与认识，同时影响贫困户的生产能力、创收能力，所以，贫困户人力资本将成为信贷人员分析、判断其还款能力的重要依据，表现为人力资本水平越高，具有的还款能力越强，贷款获得性越高，预期符号为“+”；但户主性别、民族两变量的预期结果表现为不确定状态，主要原因是，研究设想户主为女性或少数民族的贫困户由于体力、文化等特征，表现为还款能力低，可能被银行部门定位为高风险群体，降低贷款获得性。但目前国家政策的制定与实施不断强调关注弱势群体，保障弱势群体享受一切服务的权利与权益，其中便包括妇女、少数民族两类群体，这样的政策导向又使得两类贫困群体的贷款获得性提高。所以，此处无法估计两变量的预期符号，最终结果可作为判定金融界是否存在性别与民族歧视的依据。

所谓农户“贷款难”，主要体现为此类群体缺乏正规金融机构所认可的财产抵押，分析原因，很大程度是由农户拥有的物质资本薄弱所致，为此，国家也出台了土地经营权抵押贷款相关政策，并在很多地区试点开展。通过调查发现，目前，土地经营权抵押贷款主要发生在农民合作社、家庭农场、经营大户等新型经营主体间，这无疑与土地面积挂钩，土地面积越大，其可作为农户贷款抵押的能力越强，农户贷款获得性越高。另外，对于小农而言，土地面积与生产性收入直接联系，土地面积越大，对应的生产性收入越高，生产性收入作为农户主要的收入来源，影响贫困户整个家庭收入水平，所以，土地经营权虽然没有在小农群体中实现抵押担保的功能，但其面积的大小可作为金融机构、银行部门评判某贫困户收入水平、还款能力的重要依据。

社会资本主要指个体所拥有的身份、地位、人脉、交往圈等，在农户缺乏财产抵押的情况下，目前正规金融机构往往采取“五户、三户联保”责任制，一旦贷款人出现还款逾期、无法还款等问题，由其他几位担保人承担相应责任，以此降低金融风险。对于贫困户而言，其本身同属弱势群体，处于社会中的最底层，受到非贫困户甚至同类群体的排斥与不信任是必然现象，为减少此类现象的发生，帮助贫困户减贫，实现国家共同富裕，不同地区积极探索，制定出很多创新性的带动模式，如“合作社+贫困户”，要求合作社成员中必须包含一定比例的贫困人口，贫困户具有了合作社成员的身份，自然就拥有了“被保”的资格，增加了此类贫困群体的贷款准入条件，提高贷款获得性。

收入结构是衡量贫困户还款能力的直接因素，生产性收入在贫困户家庭总收入中处于主要地位，收入占比达70%以上，是判定家庭还款能力的重要依据，贫困户生产性收入水平越高，还款能力越强，贷款获得性越高；另外，由于农业生产的脆弱性、不稳定性、高风险性导致金融机构在对贫困户的还款能力进行判断时，继续考虑其他可以弥补、降低农业生产风险的收入结构，即除生产性收入以外的其他收入来源也将成为衡量贫困户还款能力、风险指数的重要依据，收入

(打工)占比越高，贫困户可能发生的贷款风险越低，贷款获得性越强。

贷款需求主要包括贫困户的贷款用途以及想要获得的贷款金额，是银行等金融部门预测贫困户贷款风险系数的重要依据，贫困户贷款需求无非包括生产、生活两种类型，生产性贷款无论对于贫困户还是银行、金融机构，均属投资性质，具有一定的投资报酬率；而生活性贷款对于贫困户而言属于消费，只体现产品的使用价值，对于银行而言属于“零利润、高风险”类投资，为此，正规金融机构会选择贷款用途为生产性支出的贫困群体作为目标客户，尽可能降低金融风险。另外，贷款金额也是衡量贷款风险的重要指标，贫困户本身属于还款能力较弱群体，如果金融机构认为某贫困户想要获得的贷款金额超出其自身还款能力，则会降低放贷率，进而影响此类贫困群体的贷款获得性。

5.3.3.3 理论模型

$$Y = \beta_0 + \beta_1 X_1 + \cdots + \beta_{12} X_{12} \tag{5-15}$$

对于不同 X 取值所对应 Y 的值，表示某贫困户得到扶贫贷款的概率。

5.3.3.4 结果与分析

采用 Stata12 软件，输入正确的运行命令，得贫困户贷款获得性 Probit、Logit 模型估计结果如表 5.18 所示。

表 5.18 扶贫贷款获得性 Probit 模型估计结果

变量	系数	标准误差	Z 值	P 值
X_1	0.4961	0.4405	1.13	0.260
X_2	-0.0568^{***}	0.0145	−3.93	0.000
X_3	−0.1475	0.2375	−0.62	0.535
X_4	0.9825^{***}	0.3296	2.98	0.003
X_5	0.1779	0.2022	0.88	0.379
X_6	0.0012^{*}	0.0009	1.78	0.075
X_7	0.8555^{***}	0.3041	2.81	0.005
X_8	0.0169^{***}	0.0061	2.79	0.005
$\ln X_9$	0.2284	0.2563	0.89	0.373
$\ln X_{10}$	0.3491^{**}	0.1754	1.99	0.047
X_{11}	1.0608^{***}	0.2355	4.50	0.000
$\ln X_{12}$	-0.4503^{*}	0.2576	−1.75	0.080

续表

变量	系数	标准误差	Z 值	P 值
C	-4.8471	2.1259	-2.28	0.023
			样本量	251
对数似然比	-116.92013		卡方值	108.04
			P 值	0.0000
			伪 R^2	0.3160

注：*、**、*** 分别表示在 10%、5%、1%水平上显著；C 为常数项。
数据来源：Stata12 运行结果。

Logit 模型估计结果如表 5.19 所示。

表 5.19　扶贫贷款获得性 Logit 模型估计结果

变量	系数	标准误差	Z 值	P 值
X_1	0.8908	0.8014	1.11	0.266
X_2	-0.1021***	0.2602	-3.92	0.000
X_3	-0.1900	0.4059	-0.47	0.640
X_4	1.6809***	0.5739	2.93	0.003
X_5	0.2969	0.3451	0.86	0.390
X_6	0.0035*	0.0024	1.74	0.081
X_7	1.5863***	0.5566	2.85	0.004
X_8	0.0287***	0.0105	2.75	0.005
$\ln X_9$	0.3746	0.4327	0.87	0.387
$\ln X_{10}$	0.6253**	0.3058	2.04	0.041
X_{11}	1.7788***	0.4058	4.38	0.000
$\ln X_{12}$	-0.7933*	0.4427	-1.79	0.073
C	-8.2652	3.6255	-2.28	0.023
			样本量	251
对数似然比	-116.75364		卡方值	108.37
			P 值	0.0000
			伪 R^2	0.3170

注：*、**、*** 分别表示在 10%、5%、1%水平上显著；C 为常数项。
数据来源：Stata12 运行结果。

估计结果中的对数似然比、P 值、伪 R^2 数据显示，两模型具有很好的稳健性，可信度较高，模型选取得当，样本具有很强的代表性，研究具备科学性。查看各变量系数符号，除了预期不确定的户主性别与民族，其他变量均保持预期结果，支持原理论假设。户主性别表现为“+”，但根据 P 值，影响并不显著，说明目前正规金融机构对女性群体存在一定偏见，但此现象并不普遍，尚不构成影响贫困户贷款获得性的主要因素，国家、自治区应进一步加强尊重女性权利、保障女性权益的宣传、教育工作，保证所有具有借贷条件的女性群体均能享受正常的金融服务；户主民族表现为“-”，P 值也处于不显著状态，说明目前少数民族群体得到了正规金融机构的重点扶持，其享受金融服务的机会已超出汉族群体，但其差距并不显著，虽有影响，微乎其微，相比其他影响因素可忽略不计，排除正规金融机构对少数民族的歧视问题。

根据各变量 P 值数据，12 个自变量中，8 个变量对贫困户贷款获得性的影响显著，其中，户主年龄、户主劳动力类型、是否加入合作社、家庭打工收入占比、贫困户贷款用途 5 个变量在 1%水平上显著，显著程度极高；家庭生产性收入在 5%的水平上显著；土地面积与贷款金额在 10%的水平上显著；其他 4 个变量户主性别、户主民族、户主受教育水平、人均纯收入对贫困户贷款获得性的影响不显著。

分析变量影响不显著的原因，户主性别与民族影响不显著属于正常的社会现象，本书加入两变量主要为了验证正规金融机构是否存在性别与民族歧视，在没有严格歧视的状态下，两变量表现出的影响程度不显著。户主受教育水平对贷款获得性影响不显著的原因主要在于样本的分布结果，目前，具有贷款需求的贫困户户主受教育水平基本处于小学、初中阶段，两类群体的占比高达 87.1%，两种文化程度的差距并不会对贫困户生产技能、对政策的理解与认知等产生明显影响，也不会因此而改变贫困户的社会地位，导致该变量对贫困户贷款获得性的影响不显著。人均纯收入对贫困户贷款获得性影响不显著的原因在于农户的还款时间、还款方式及贷款周期，对于农户而言，生产性收入是主要的收入来源，生产性支出是主要的投资方向，其贷款周期一般为春贷秋还，说是 1 年，实则是 10 个月，农户采用秋后销售农产品获得的收入还上一年贷款，“有贷有还，再贷不难”，还清上一期贷款后，选择再贷款为当年农业耕作提供资金投入，这样的还款时间、还款方式及贷款周期决定了正规金融机构选择是否发放贷款时，主要审核贫困户家庭生产性收入水平，并非人均纯收入。另外，本书的研究对象为贫困户，对于此类群体而言，其人均纯收入水平差距不大，基本处于国家贫困线附近，处于社会最底层，自然对贷款获得性不会产生明显的影响。综上所述，农户的还款时间、还款方式与贷款周期，以及贫困群体人均纯收入的分布结构导致该变量对贫困户贷款获得性的影响不显著。

5.3.3.5 边际效应分析

采用 Stata12 软件，得出各显著变量边际效应如表 5.20 所示。

表 5.20 扶贫贷款获得性边际效应

变量	dy/dx（边际效应）	
	Probit 模型	Logit 模型
X_2	−0.0217	−0.0239
X_4	0.3754	0.3952
X_6	0.0010	0.0017
X_7	0.2806	0.2986
X_8	0.0064	0.0067
$\ln X_{10}$	0.1330	0.1464
X_{11}	0.4039	0.4170
$\ln X_{12}$	−0.1716	−0.1857

数据来源：Stata12 运行结果。

根据上述结果分析，对贫困户贷款获得性影响最大的是贷款用途，以 Probit 模型方程为例，贷款用途为生产性支出的贫困户得到扶贫贷款的概率比生活性支出贫困户高 0.404%；户主劳动力类型中，劳动力健全的贫困户获得扶贫贷款的概率较劳动力不健全户高 0.375%；加入合作社的贫困户获得扶贫贷款的概率比未加入户高 0.281%；贫困户贷款的需求金额每增加 1%，其获得扶贫贷款的概率将下降 0.172%；贫困户家庭生产性收入每增加 1%，其获得扶贫贷款的概率将增加 0.133%；贫困户户主年龄每增加 1 个单位，其扶贫贷款的概率将下降 0.022%；贫困户家庭总收入中，打工收入占比每增加 1%，其获得扶贫贷款的概率将增加 0.006%；贫困户拥有的土地面积每增加 1 个单位，其获得扶贫贷款的概率将增加

0.001%。

贫困户贷款用途不仅是贫困户的投资方向，同时决定金融机构的投资类型，直接关系正规金融机构的投资回报率，金融机构虽与扶贫单位合作，办理政策性贷款业务，但其企业性质并未改变，为实现可持续发展，必须考虑企业盈利问题，无法实现完全的公益性服务，创造最大利润依然是企业的最终目标，由此导致贫困户贷款用途对正规金融机构贷款获得性的影响程度最高。创造利润与降低风险是企业、正规金融机构可持续发展的核心，在保证企业利润的前提下，为实现可持续发展，必须将企业风险降至最低，对于贫困户贷款而言，决定金融机构风险系数的主要因素为贫困户还款能力，只要生产者具备良好的身体素质、劳动能力，加之不怕吃苦的精神，便可创造财富，所以，贫困户户主劳动力类型成为影响贫困户贷款获得性的第二因素。前两项属于正规金融机构在进行贫困户审核、评定、筛选工作中的主要内容，是决定贫困户能否成为金融机构放贷对象的基础；金融机构在确定好某贫困户能否成为放贷对象的基础上，进一步考虑贫困户抵押担保能力，这也是金融机构降低风险的主要手段。目前，一般农户贷款均为联保责任制，对于合作社、家庭农场等新型经营主体或者经营大户而言，土地经营权可以作为贷款抵押，对于加入合作社的贫困户而言，作为合作社成员，不仅具有了财产抵押，同时拥有合作社其他成员为其担保的资格。因此，是否加入合作社成为影响贫困户贷款获得性的第三因素。土地面积之所以成为影响贫困户贷款获得性最弱的因素，主要原因在于，首先，对于内蒙古农村牧区一般农户而言，并未实现土地经营权抵押贷款，土地资源尚未构成衡量贫困户贷款抵押的决定性因素；其次，对于建档立卡贫困户而言，为降低贷款门槛儿，自治区扶贫办与金融机构合作，已实现该类群体无抵押贷款，由国家财政投入的风险补偿金做担保。

根据上述研究，金融扶贫满足了55.7%的贫困户贷款需求，仍有将近一半贫困户的贷款需求被金融机构看作是无效的，这说明，在还贷信用评价方面，贫困户与金融机构间存在分歧，导致该类贫困户被金融机构拦在门外，仍然存在“贷款难”问题。为此，自治区扶贫办应对该类贫困群体深入调查与了解，根据贫困户实际情况，判定该类贫困群体是否真正具有贷款需求，从而为实现金融扶贫“供求均衡”提供有力的理论与政策依据，保证贫困户贷款的“有效需求”均能得到满足。研究表明，贫困户贷款获得性主要受贷款用途、户主劳动力类型、是否加入合作社、贷款需求金额、家庭生产性收入、户主年龄、打工收入占比、土地面积八个因素的影响。因此，自治区扶贫办在做好“有效需求”市场调查的基础上，分析具有贷款需求但无法获得贷款那部分贫困户在这八个方面的实际情况，找出该类贫困群体无法获得贷款的根本原因，对症下药，探索相应的扶持措施，进一步提高贫困户贷款获得率，彻底解决贫困户“贷款难”问题。

5.4 本章小结

本章统计调查了样本基础数据，分析了贫困户贷款需要、需求、获得现状，进一步找出不同贫困群体特征的规律性变化，并对贫困户贷款需要、需求、获得性的影响因素进行了实证研究。研究表明，70.5%的贫困户具有贷款需要；贫困户具有一定的信用意识，在提出贷款需要的基础上，会结合家庭基本信息、收入支出等，判断自身还款能力，调查样本中，17.8%的贫困户虽有贷款需要，但由于缺乏还款能力等而主动放弃贷款；内蒙古金融扶贫具有58%的需求市场，其中32.3%已实现有效市场，25.7%的贫困户贷款需求被金融机构看作是无效的，仍存在“贷款难”问题，需进一步完善。

分析不同贫困群体特征，贫困户从具有贷款需要到具有贷款需求再到实际获得贷款，三类贫困群体不仅样本量在逐渐减少，同时，贫困户贷款用途、人力资本、家庭结构、收入水平、物质资本五个方面体现出不断优化的趋势。三类贫困群体在贷款用途方面，体现出生产性支出的贫困户占比不断提高，对应占比依次为63.6%、72.0%、87.1%。从贫困户人力资本分析，三类贫困群体的平均户主年龄依次减小，分别为53岁、52岁、50岁；户主身体健康水平依次增强，健康贫困户在对应样本中的占比依次为73.5%、79.2%、88.4%；户主劳动力水平不断提高，三类贫困群体中对应的健全劳动力占比依次为81.6%、86.7%、90.5%。三类贫困群体人均纯收入不断提高，分别为2505.7元、2512.6元、2599.9元，由于研究对象为建档立卡贫困户，所以人均纯收入水平差距不大，但其趋势依然存在；三类贫困群体家庭收入结构存在明显的变化趋势，主要体现为生产性收入占比不断增加，依次为 68.9%、70.9%、72.7%。三类贫困群体的贫困户致贫原因结构分布存在规律性变化，主要体现为缺资金、缺技术、缺劳动力、缺土地“四缺”类致贫的贫困户占比依次增加，分别为 76.6%、80.3%、83.7%；贫困户属性表现为一般贫困户占比不断增加，低保户占比不断减少，其中，三类贫困群体中，一般贫困户占比依次为 82.9%、86.7%、91.2%。三类贫困群体所拥有的物质资本也体现出明显的规律性变化，农区表现为贫困户户均土地面积不断增加，三类贫困群体中仅拥有耕地资源的贫困户，其户均耕地面积依次为 18.9 亩、19.9 亩、21.2 亩。草原牧区则表现为：贷款需要→贷款需求，户均草地面积减少；贷款需求→实际获得，户均面积增加，且在三类贫困群体中处于最高水平，户均面积依次为 3532 亩、3480.3 亩、3820.9 亩。

根据贫困户贷款需要、贷款需求、贷款获得性的影响因素研究，贫困户判断自身是否需要贷款，主要依据为家庭收入水平能否满足所有生产、生活所需，从某种程度上讲，是贫困户对其家庭“幸福感”的认知与评价；通过实证研究，影响贫困户贷款需要的主要因素为家庭人口数、人均纯收入、户主年龄、打工收入占比、转移性收入占比，其边际效应依次为 0.1326、–0.1285、–0.0212、–0.0027、–0.0021。贫困户贷款需求是在具有贷款需要的基础上，结合自身经济条件，愿意且能够偿还本息的经济行为，其判断依据是家庭还款能力，主要体现在贫困户人力资本方面；影响贫困户贷款需求的因素包括户主性别、贷款用途、户主身体健康水平、户主民族、户主年龄、土地面积，边际效应依次为 0.4687、0.2149、0.0929、–0.0855、–0.0088、0.0054。贫困户贷款获得性，是指某贫困户提交贷款申请后能否获得实际贷款，即贫困户贷款需求的满足情况，该变量主要由正规金融机构、银行部门决定，影响贫困户贷款获得性的因素主要体现在贫困户贷款回报率、贷款风险两方面；根据实证研究，影响贫困户贷款获得性的因素包括贷款用途、户主劳动力类型、是否加入合作社、贷款需求金额、家庭生产性收入、户主年龄、打工收入占比、土地面积，其边际效应分别为 0.4039、0.3754、0.2806、–0.1716、0.1330、–0.0216、0.0064、0.0010。

6 贫困户贷款的减贫效果研究

自20世纪90年代小额信贷引入我国以来，其作为面向低收入、弱势群体服务的信贷模式备受国家关注，目前已成为我国提高低收入贫困群体收入水平的主要金融扶贫模式。国内、外相关学者已对小额信贷对农户增收的效果进行了研究，普遍认为，小额信贷的发展促进了农户增收，尤其对经济不发达地区、中低收入人群而言，其增收效果更为显著，如 Gonzalea-Vega（1984）、Remenyi（2000）、郭沛（1999）、吴国宝（2001）、孙若梅（2002）、马雪彬（2011）等。通过查阅、梳理文献发现，目前尚未发现专门针对贫困户贷款效果的研究成果。由前文可知，金融扶贫存在58%的需求市场，其中，32.3%的市场需求得以满足，解决了相当一部分贫困群体“贷款难”的问题，但根据查阅文献，专家、学者们普遍认为，扶贫贷款会被贫困户看作是一种国家福利，失去“造血”功能，不仅不会解决贫困问题，同时将增加贫困户负债，使贫困户更加贫穷。为研究此问题的科学性，现对金融扶贫实施效果进行研究，使用内蒙古建档立卡贫困户调查数据，采用科学、合理的经济学方法，从增收、减贫两个方面对扶贫贷款的效果进行实证研究，为促进内蒙古乃至全国其他省份金融扶贫工作的顺利开展提供科学的理论参考与政策依据。

6.1 研究理论依据

1776年，经济学鼻祖亚当·斯密在其《国富论》中提出，国民财富是由一国的生产、生活资料构成的，是物质的产品，增加国民财富的唯一途径便是生产物质产品，即劳动。因此，能生产物质产品的劳动，就是生产劳动，不能生产物质产品的劳动就是非生产劳动。一个国家从事生产性劳动的人越多，国民财富的增加值越多，国家越富裕；相反，一个国家从事非生产性的人越多，国民财富就越少，该国越贫穷。所以，提高国民财富的两个方法：一是增加生产性劳动数量；二是提高劳动生产率。无论采取何种方法，都必须依靠大量资本的投入。如方法一需要增加劳动者报酬，提高劳动者工资水平；方法二可以通过机器设备的购进、更新换代，以及其生产代替人工劳动，同样需要资本的投入。为此，资本积累便成为提高国民财富，实现减贫致富的必要条件之一，对经济增长起到决定性的作用。再结合阿马蒂亚·森的多维贫困理论，贫困户致贫的原因是多方面的，表现为多维福利水平的被剥夺，因此，贫困户获得贷款后，可采取不同途径，通过发挥贷款资金的多元化功能，最终实现创收、减贫目标（见图 6.1）。

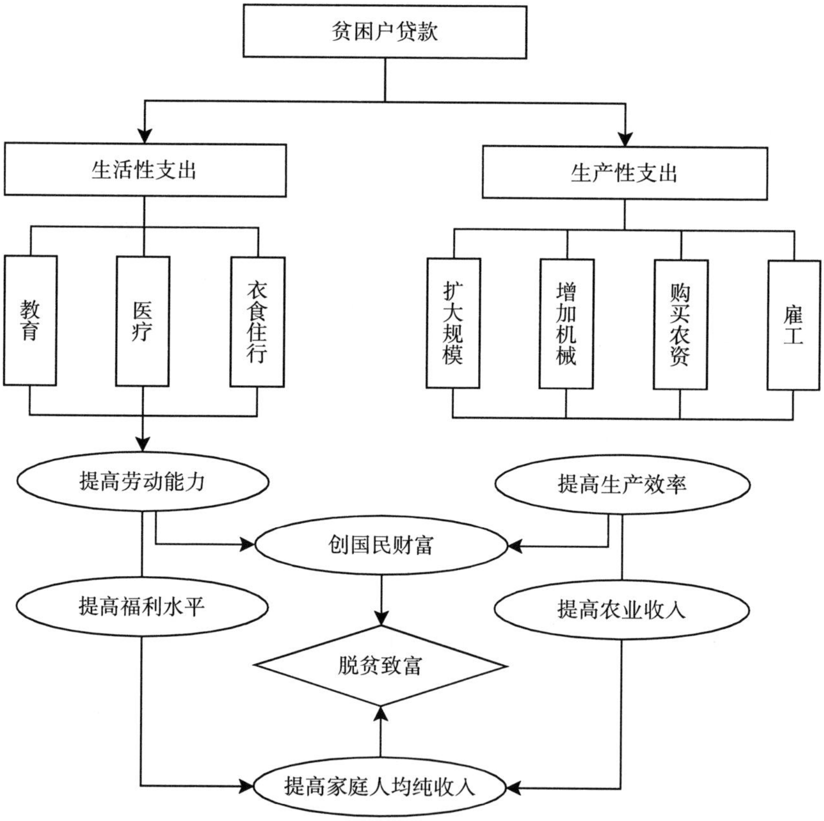

图 6.1　贫困户贷款、增收、减贫影响机制

6.2 统计性描述与分析

本章研究对象为具有贷款需求的 264 户贫困户，其中，147 户贫困户获得扶贫贷款；根据内蒙古扶贫信息系统数据，2016 年，264 户贫困户中，已实现减贫的贫困户 118 户，未减贫贫困户 146 户。为充分了解减贫、未减贫贫困群体的结构特征，现从扶贫贷款获得情况、家庭基本信息、人力资本、收入结构、社会资本、物质资本六个方面进行统计性描述与分析，找出规律性变化，为下文模型中变量的选取提供依据。

6.2.1 扶贫贷款获得情况

统计分析减贫、未减贫贫困群体贷款获得情况，118 户减贫户中，101 户获得扶贫贷款，占比为 85.6%，户均贷款需求资金为 4.6 万元，实际获得 3.6 万元，资金满足率为 78.3%；101 户获得扶贫贷款的贫困户中，91.1%的贫困户贷款资金用于生产性支出。146 户未减贫户中，46 户获得扶贫贷款，占比为 31.5%，较减贫群体低 54.1%，户均贷款需求资金为 4.5 万元，与减贫群体基本一致，但实际获得 3 万元，较减贫群体低 6000 元，资金满足率为 66.7%，较减贫群体低 11.6%；46 户获得扶贫贷款贫困户中，78.3%的贫困户贷款资金用于生产性支出，低于减贫群体 12.8%，其他的 21.7%用于生活性支出，包括还高利贷、看病等。根据两组数据的对比分析推断，扶贫贷款有利于促进贫困户减贫目标的实现。

6.2.2 家庭基本信息

从贫困户致贫原因、家庭人口数量、贫困户属性三个方面对减贫、未减贫贫困群体结构特征进行描述与分析。

(1) 致贫原因。118 户减贫群体中，致贫原因为“四缺”类（缺资金、缺技术、缺土地、缺劳动力）贫困户 97 户，占比为 82.2%，其中，因缺资金类贫困户 82 户，占比为 69.5%；致贫原因为“四因”类（因病、因残、因学、因灾）

贫困户 20 户，占比为 16.9%，其中，因病、残致贫的贫困户 12 户，占比为 10.2%。146 户未减贫群体中，致贫原因为“四缺”类贫困户 115 户，占比为 78.8%，其中，因缺资金类贫困户 100 户，占比为 68.5%；致贫原因为“四因”类贫困户 29 户，占比为 19.9%，其中，因病、残致贫的贫困户 22 户，占比为 15.1%。根据统计分析，贫困户致贫原因与是否减贫间无明显规律性变化，两类群体致贫原因结构基本一致。

（2）家庭人口数量。146 户未减贫群体家庭平均人口数量为 2.8 人，主要集中于 2~3 人，该类贫困户占比为 71.2%；118 户减贫群体家庭平均人口数量为 3 人，主要集中于 2~3 人，该类贫困户占比为 72.8%。由此可见，两类贫困群体家庭人口数量的结构分布基本一致，与减贫目标的实现无直接关系。

（3）贫困户属性。118 户减贫群体中，低保户 12 户，占比为 10.2%，其他均为一般贫困户；146 户未减贫群体中，低保户 23 户，占比为 15.8%，高于减贫群体 5.6%，差距不大，因此，贫困户属性对减贫目标的实现无直接影响。

6.2.3 贫困户人力资本

从户主年龄、户主性别、受教育程度、身体健康、劳动力类型五个方面，对减贫、未减贫两类群体的人力资本进行统计性描述与分析。

2016 年实现减贫的群体中，户主平均年龄为 51 岁，其中，大于 60 岁的贫困户 14 户，占比为 11.9%；户主性别为男性的贫困户 116 户，占比高达 98.3%；户主身体健康的贫困户 102 户，占比为 86.4%，8.5%的贫困户户主患有长期慢性病，其他户主患有大病或残疾；户主为普通或技能劳动力的贫困户 107 户，占比为 90.7%，其他贫困户户主丧失或无劳动力。未减贫贫困群体中，户主平均年龄为 52 岁，其中，大于 60 岁的贫困户 10 户，占比为 6.8%，低于减贫群体 5.1%；户主性别为男性的贫困户 133 户，占比为 91.1%；户主身体健康的贫困户 107 户，占比为 73.3%，低于减贫群体 13.1%，11%的贫困户户主患有长期慢性病，其他 15.9%的贫困户户主患有大病或残疾；户主为普通或技能劳动力的贫困户 122 户，占比为 83.6%，其他贫困户户主丧失或无劳动力，占比为 16.4%，高于减贫群体 7.1%。

根据上述数据统计分析，贫困户人力资本中，户主性别、年龄、身体健康、劳动力类型四个指标可能对贫困户减贫目标的实现产生影响，表现为户主为男性、年长、身体健康、劳动力健全的群体更容易实现减贫，但其影响程度并不高。

6.2.4　家庭收入结构

（1）人均纯收入。2016 年实现减贫的群体中，家庭人均纯收入的平均水平为 2568 元，其中，2000~3000 元的贫困户 58 户，占比为 49.2%，超出 3000 元的贫困户 30 户，占比为 25.4%；未减贫贫困群体中，家庭人均纯收入的平均水平为 2475 元，低于减贫群体 93 元，其中，2000~3000 元的贫困户 81 户，占比为 55.5%，高于减贫群体 6.3%，超出 3000 元的贫困户 24 户，占比为 16.4%，低于减贫群体 9%。人均纯收入作为衡量贫困户的标准之一，必然与减贫目标的实现存在一定关系，但通过数据分析发现，两类群体的人均纯收入差距不大，因此，确定贫困户是否减贫的标准可能更大程度上体现为贫困户"三保障"的实现。

（2）收入来源。分析 146 户 2016 年实现减贫的群体家庭收入结构，生产性收入为主要的收入来源，占比为 70.8%，转移性收入为第二收入来源，占比为 15.3%，打工收入占比与转移性相当，占比 12.6%，其他为财产性收入，占比仅为 1.3%；118 户 2016 年实现减贫的群体中，生产性收入仍为家庭主要收入来源，占比为 70.9%，打工收入为第二收入来源，占比为 14.7%，转移性收入占比 13.5%，财产性收入占比 0.9%。根据分析发现，减贫、未减贫两类群体家庭收入结构基本一致，与减贫目标的实现无任何关系。

6.2.5　社会资本

根据贫困户加入合作社的情况，对其社会资本进行分析。加入合作社的贫困户中，61.9%的贫困户于 2016 年实现减贫；未加入合作社的贫困群体中，43.2%的贫困户实现减贫，低于加入合作社群体 18.7%，由此推断，贫困户加入合作社情况可能对其减贫目标的实现产生直接影响，加入合作社的贫困户更容易减贫，这正是内蒙古金融扶贫带动模式的效果体现。

6.2.6　物质资本

分析减贫、未减贫两类贫困群体的土地拥有情况，118 户减贫群体中，仅拥有耕地类型的贫困户 56 户，占比为 47.5%，其户均耕地面积为 30.9 亩；仅拥有草地类型的贫困户 8 户，占比为 6.8%，其户均草地面积为 3388 亩；146 户未减贫贫困群体中，仅拥有耕地类型的贫困户 47 户，占比为 32.1%，户均耕地面积为 27.2 亩，低于未减贫户 3.7 亩；仅拥有草地类型的贫困户 17 户，占比为 11.6%，户均草地面积为 3994 亩，高于减贫群体 606 亩。根据上述分析发现，贫困户减贫目标的实现与土地资源的拥有情况存在一定关系，不同的土地类型表现出不同的变化规律，对于仅拥有耕地的贫困群体而言，耕地资源丰富的群体更容易实现减贫，但对于草原牧区而言，则相反，分析原因，与草原生态保护补助奖励政策的实施有关。

6.3 研究方法

两阶段回归，简称 2SLS 或 TSLS。Treatment Effect Model（TEM）是其中一种常见的计量经济学方法。其原理为识别的结构方程，主要用于得到含有各个外生变量时的回归方程。对于含有一个内生、一个外生解释变量的标准线性结构模型为：

$$y_1 = \beta_0 + \beta_1 y_2 + \beta_2 z_1 + \mu_1 \tag{6-1}$$

假定含有两个被排斥与以上结构模型之外的外生变量 z_2 和 z_3，且与 μ_1 不相关，即 z_1z_2 和 z_3 均与 μ_1 不相关，那么它们的线性组合也与 μ_1 不相关，因此，可将外生变量 $z_1z_2z_3$ 的任何线性组合作为有效的工具变量 IV。此时，选择与 y_2 最高度相关的线性组合，可得出 y_2 的简约型方程：

$$y_2 = \pi_0 + \pi_1 z_1 + \pi_2 z_2 + \pi_3 z_3 + v_2 \tag{6-2}$$

其中：$E(v_2) = 0$，$Cov(z_1, v_2) = 0$，$Cov(z_2, v_2) = 0$，$Cov(z_3, v_2) = 0$。

此时，y_2 最好的工具变量 y_2^*，即为 z_j 的线性组合。

$$y_2^* = \pi_0 + \pi_1 z_1 + \pi_2 z_2 + \pi_3 z_3 \tag{6-3}$$

为了使 y_2^* 与 z_1 不完全相关，需保证 π_2 或 π_3 中至少一个不为 0，即：

$\pi_2 \neq 0$ 或 $\pi_3 \neq 0$

将 y_2 分为两部分，一部分为 y_2^*，与 μ_1 不相关；另一部分为 v_2，可能与 μ_1 相关。这样在给定数据 z_j 的前提下，利用样本数据，将 y_2 对 z_1z_2 和 z_3 进行回归，得到其拟合值：

$$\hat{y}_2 = \hat{\pi}_0 + \hat{\pi}_1 z_1 + \hat{\pi}_2 z_2 + \hat{\pi}_3 z_3 \tag{6-4}$$

得到 $\hat{y}_2$ 后，便可将其作为 y_2 的工具变量 IV，从而可以得到和的三个估计方程：

$$\sum_{i=1}^{n} (y_{i1} - \hat{\beta}_0 - \hat{\beta}_1 y_{i2} - \hat{\beta}_2 z_{i1}) = 0$$

$$\sum_{i=1}^{n} z_{i1}(y_{i1} - \hat{\beta}_0 - \hat{\beta}_1 y_{i2} - \hat{\beta}_2 z_{i1}) = 0$$

$$\sum_{i=1}^{n} \hat{y}_{i2}(y_{i1} - \hat{\beta}_0 - \hat{\beta}_1 y_{i2} - \hat{\beta}_2 z_{i1}) = 0 \tag{6-5}$$

求解这个方程，便可以得到工具变量 y_2 的估计量，也被叫作两阶段最小二乘估计量（2SLS）。

由此可见，此方法主要通过两个阶段获得 2SLS，第一阶段是 y_2 对 z_1z_2 和 z_3 进行回归，即 $\hat{y}_2 = \hat{\pi}_0 + \hat{\pi}_1 z_1 + \hat{\pi}_2 z_2 + \hat{\pi}_3 z_3$，第二阶段是 y_1 对 $\hat{y}_2$ 和 z_1 进行回归，最终得到回归方程：

$$y_1 = \beta_0 + \beta_1 y_2^* + \beta_2 z_1 + \mu_1 + \beta_1 v_2 \tag{6-6}$$

6.4　变量的选取与说明

第 5 章研究贫困户贷款需求时，已对贫困户贷款获得性的影响因素进行了研究，为此，本章选取相同变量作为 TEM 第一阶段回归的自变量；将第一阶段的估计结果，即贫困户获得贷款的概率作为第二阶段的自变量；研究扶贫贷款对增收、减贫两方面的效果，结合已有文献及上述统计分析表现出的规律性变化，继续选取户主性别、户主年龄、劳动力类型、土地面积、是否加入合作社作为第二阶段的其他自变量。TEM 两阶段的变量说明及一般统计如表 6.1 所示：

表 6.1　TEM 两阶段变量说明与统计

变量名称	变量代码	变量解释	均值	标准差	最大值	最小值
是否获得贷款	Y_1	“0”为未得到，“1”为得到	0.56	0.50	1	0
是否减贫	Y_2	“0”为未得到，“1”为得到	0.45	0.50	1	0
性别	X_1	“0”为女性，“1”为男性	0.94	0.23	1	0
年龄	X_2	具体数据	51.84	7.34	69	31
民族	X_3	“0”为少数民族，“1”为汉族	0.72	0.45	1	0
劳动力类型	X_4	“0”为不健全，“1”为健全	0.89	0.31	1	0
受教育程度	X_5	“0”为初中以下，“1”为初中及以上	0.56	0.50	1	0
土地面积	X_6	具体数据	408.91	1485.07	16663	0
是否加入合作社	X_7	“0”为否，“1”为是	0.15	0.36	1	0
打工收入占比	X_8	具体数据	13.58	24.84	100	0
人均纯收入	X_9	具体数据	2512.64	914.20	6522.67	250
生产性收入	X_{10}	具体数据	9756.07	8015.34	43000	0
贷款用途	X_{11}	“0”为生活性，“1”为生产性	0.72	0.45	1	0
需求金额	X_{12}	具体数据	4.23	1.87	10	1

数据来源：内蒙古扶贫信息系统与问卷调查。

第一阶段的变量预期影响在第 4 章已详细分析，第二阶段的变量预期影响如下：

（1）户主性别：对于农村居民而言，户主往往是一家之主，户主为男性的贫困家庭，其由于个体特征，对于生产技术的学习与掌握、农机械操作等方面都要优于女性群体，所以，本书预计户主性别与贫困户增收、减贫具有正向关系，户主为男性的贫困户，其增收、减贫效果更好。

（2）户主年龄：不考虑贫困户是否分家，户主年龄较大的贫困群体，其家庭劳动力综合素质较低，生产能力较弱，创收水平低于年轻群体，因此，本书预计户主年龄与增收、减贫具有负相关关系，户主年龄越小，其增收、减贫效果越好。

（3）户主劳动力类型：户主劳动力健全的贫困户，其家庭平均生产能力较强，创收水平较高，本书预计户主劳动力类型与减贫、增收表现为正相关，户主劳动力健全型贫困户，更容易实现增收、减贫目标。

（4）土地面积：生产性支出为贫困户家庭收入的主要来源，土地作为重要的物质资本，是贫困户劳动、生产的最根本的生产原材料，在不考虑牧区草原生态保护补助奖励政策禁牧、草畜平衡以及林区生态保护林建设等项目的影响下，本书预计土地面积与贫困户增收、减贫具有正向关系，土地面积越大，贫困户越容易实现增收与减贫。

（5）是否加入合作社：目前，富裕户带动贫困户是内蒙古主要扶贫模式之一，贫困户加入合作社是该模式运行的主要途径，加入合作社的贫困户在农资购买、机械租用等方面均可享受合作社社员待遇，在很大程度上会降低这部分贫困户的生产性支出，因此，本书预测加入合作社的贫困户更容易实现增收、减贫目标，具有正向关系。

（6）贫困户贷款：根据本章理论基础，贫困户贷款可以提高其福利水平，提高贫困户农业生产性收入，最终促使贫困户减贫致富，因此，本书预测贫困户贷款与增收、减贫之间存在正相关，获得贷款的贫困户更容易实现增收与减贫目标。

6.5　结果与分析

6.5.1　贫困户贷款的增收效果

2014 年 5 月，国家制定并颁布《建立精准扶贫工作机制实施方案》，该方案对我国扶贫开发工作做出了创新性的战略部署，将贫困户、贫困人口作为扶贫对象，力争到 2020 年稳定实现所有扶贫对象不愁吃、不愁穿、保障其义务教育、基本医疗与住房，保证贫困地区农民人均纯收入增长幅度高于全国平均水平。生产性收入作为贫困户家庭收入的主要来源，对人均纯收入的增长具有不可忽视的作用，但生产融资难成为阻碍贫困户提高收入的主要障碍。为此，国家提出了金融供给侧改革，发展普惠金融，金融扶贫成为主要的扶持政策，农户信贷成为主要的手段与模式。为研究贫困户贷款对其增收的效果，将贫困户家庭人均纯收入作为因变量，贫困户贷款获得性作为工具变量，进行 TEM 模型两阶段回归，第一阶段为贫困户贷款获得性的估计，第二阶段为贫困户贷款对增收效果的估计，通过分析第二阶段工具变量“贫困户是否获得贷款”对应的 P 值与系数可以判定贷款对贫困户增收的影响与作用。

6.5.1.1 整体研究

采用 Stata12 软件，扶贫贷款对贫困户人均纯收入影响的两阶段 TEM 模型估计结果如表 6.2 所示。

表 6.2 扶贫贷款增收效果 TEM 模型估计结果

阶段	变量	系数	标准误差	Z 值	P 值
第二阶段	X_1	0.1242	0.1395	0.89	0.373
	X_2	0.0096**	0.0047	2.04	0.041
	X_4	0.2714***	0.1020	2.66	0.008
	X_6	0.0000	0.0000	1.17	0.240
	X_7	0.0984*	0.0866	2.14	0.065
	Y_1	0.5174***	0.1392	3.72	0.000
	C	7.3098***	0.2769	26.4	0.000
第一阶段	X_1	0.4961	0.4405	1.13	0.260
	X_2	−0.0568***	0.0145	−3.93	0.000
	X_3	−0.1475	0.2375	−0.62	0.535
	X_4	0.9825***	0.3296	2.98	0.003
	X_5	0.1779	0.2022	0.88	0.379
	X_6	0.0012*	0.0009	1.78	0.075
	X_7	0.8555***	0.3041	2.81	0.005
	X_8	0.0169***	0.0061	2.79	0.005
	$\ln X_9$	0.2284	0.2563	0.89	0.373

续表

阶段	变量	系数	标准误差	Z 值	P 值
第一阶段	$\ln X_{10}$	0.3491**	0.1754	1.99	0.047
	X_{11}	1.0608***	0.2355	4.50	0.000
	$\ln X_{12}$	−0.4503*	0.2576	−1.75	0.080
	C	−4.8471	2.1259	−2.28	0.023
	lambda	−0.3015***	0.0878	−3.44	0.001
	Wald chi2	51.80			
	Prob>chi2	0.0000			
	Number of obs	251			

注：*、**、*** 分别表示在 10%、5%、1%水平上显著；C 为常数项。
数据来源：Stata12 运行结果。

根据 TEM 模型估计出的 lambda P 值及 Wald chi2、Prob>chi2 判断，样本具有较强代表性，模型实证结果稳健性、可信度较高，研究具有科学性。样本量变为 251 的原因是，本书对贫困户家庭人均纯收入取对数，软件自动删除了 13 户人均纯收入为零或负数的贫困户。

上述估计结果显示，Y_1（贫困户是否获得贷款）对应的 P 值为 0.000，系数为 0.5174，表明扶贫贷款对贫困户增收产生显著的正影响，显著水平为 1%，极其显著；获得扶贫贷款的贫困户人均纯收入的增长速度高于未获得贷款贫困户，获得扶贫贷款对贫困户增收具有明显的促进作用。为此，内蒙古应继续加大金融扶贫贫困户贷款力度，保证满足所有具备生产与还款能力的贫困户资金需求，以此增加贫困户家庭人均纯收入，改善贫困户生活质量，尽快走上致富之路。

上述估计结果中的变量系数显示，除了户主年龄，其他变量的影响方向均与预期结果相同，与贫困户人均纯收入表现出正向关系，接受预期分析。分析户主年龄与贫困户家庭人均纯收入产生正向关系的原因：264 户贫困户样本中，户主平均年龄为 52 岁，趋于老龄化状态，其中，户主年龄高于平均水平的贫困户 152 户，占研究样本的 57.6%，贫困户具有贷款需求，说明家庭具备良好的还款能力，对于户主年龄较大的贫困群体而言，其家庭人口数相对较少，一般为老两口或仅剩一人户，统计调查数据，家庭人数为 1 人或 2 人的贫困户 58 户，其户主平均年龄为 56 岁，对于此类群体而言，除了生产性支出外，其家庭生活性开支相对年轻群体要少很多，他们的生活需求一般仅表现为温饱水平，生活性开支大大减少，导致其家庭纯收入相对增加，加之这类群体家庭人口较少，最终使得其人均纯收入的增长速度高于年轻贫困户，所以表现为，对于具有贷款需求的贫困群体而言，户主年龄较大的贫困户增收效果更好，户主年龄与家庭人均纯收入表现为正向关系。

根据其他变量的显著性（P 值）与系数分析，影响贫困户增收效果的变量除了获得扶贫贷款以外，还包括贫困户户主年龄、户主劳动力类型、是否加入合作社三个变量，对于具有贷款需求的贫困群体而言，三变量均对贫困户增收产生显著的促进作用，显著水平分别为 5%、1%、10%，不同变量间互相依赖，与扶贫贷款共同作用于贫困户家庭人均纯收入。

6.5.1.2 分类研究

为进一步研究扶贫贷款对不同贫困群体的增收效果，将 264 户贫困户分别按照贷款用途进行分类研究。贫困户按贷款用途分为生产性、生活性两类群体，其中，生产性贷款贫困户 190 户，生活性贷款贫困户 74 户。

采用 Stata12 软件，两类贫困群体的两阶段 TEM 模型估计结果如表 6.3 所示。

表 6.3 不同贫困群体贷款增收效果 TEM 模型估计结果

阶段	变量	生产性		生活性	
		系数	P 值	系数	P 值
第二阶段	X_1	0.1951	0.309	0.0335	0.896
	X_2	0.0089	0.150	0.0159**	0.047
	X_4	0.3136**	0.022	0.3212*	0.061
	X_6	0.0000	0.277	0.0000	0.188
	X_7	0.0394	0.699	0.4408*	0.082
	Y_1	0.6160***	0.004	1.0657***	0.000
	C	7.3172***	0.000	7.0086***	0.000
	lambda	−0.3591***	0.006	−0.6087***	0.000
	Wald chi2	36.95		28.27	
	Prob>chi2	0.0001		0.0029	
	Number of obs	187		64	

注：*、**、*** 分别表示在 10%、5%、1%水平上显著；C 为常数项。

数据来源：Stata12 运行结果。

根据两个TEM模型估计结果分析，贷款对两类贫困群体的增收效果均在1%水平下显著，对于两类贫困群体而言，获得扶贫贷款的贫困户增收效果均优于未获得户；但扶贫贷款对两类贫困群体的作用存在较大差异，对于生活性贷款用途的贫困群体而言，扶贫贷款对增收的促进作用更大，比生产性贷款用途的贫困群体高45%。

本书认为，该结果符合实际。如果贫困户的贷款用途为生产性，则其贷款资金主要为了满足生产融资，此时，贷款资金相当于贫困户的生产性投资，其投资回报率，即对增收的促进作用，体现为生产利润，根据纯收入=总收入（贷款金额）-生产性支出分析，贷款对人均纯收入的促进作用必然小于1，属于“造血”式扶贫；如果贫困户贷款需求为生活性，此时的贷款资金不再具有投资性质，变为生活“救济金”类的资金扶持，用于生活支出，同样根据纯收入=总收入（贷款金额）-生产性支出分析，此时的贷款资金全部用于提高贫困户纯收入，贷款对人均纯收入的促进作用等于1，加之其他正外部效应，甚至大于1，必然高于生产性贷款用途贫困群体，属于“输血”式扶贫。

进一步分析生活性贷款用途的具体分类，主要体现为买保险、看病、还借款三方面，根据问卷调查情况得知，该类群体很多采取借高利贷或其他民间借款的方式偿还上一年贷款，从而继续获得当年贷款，再用贷款偿还其他途径的借款，通过这种资金循环的方式满足各类融资需求；统计调查数据表明，该类贫困群体中，具有其他借款的贫困户46户，占比达62.2%。本书认为，此现象应引起内蒙古扶贫办及其他相关单位的高度重视，这样的资金循环背后必然存在严重的贷款违约风险隐患，短期看，扶贫贷款对该类贫困户产生显著的扶贫效果，但从长期分析，扶贫贷款的发放不仅会降低该类贫困户的生产积极性，同时会使该类贫困群体面临严重的“高利贷陷阱”，扶贫贷款将增加其家庭负债，金融扶贫工作被推入到“高频率返贫”困境中，使贫困户更加贫穷。为避免相关问题的出现，建议自治区扶贫办优化、创新金融扶贫模式，进一步探索与保险公司、医疗机构等相关单位的合作关系，将贷款用途为生活性的“贫困户贷款”转型为“贫困户投保”，建立长期、有效、可持续的金融扶贫机制。

6.5.2　贫困户贷款的减贫效果

《中共中央关于制定国民经济和社会发展第十三个五年规划的建议》明确指出，“十三五”期间，要实现我国现行贫困标准下的所有农村贫困人口减贫，贫困县全部摘帽，解决区域性整体贫困问题。融资难是制约贫困户减贫的重要瓶颈，金融扶贫小额信贷成为补齐该短板的主要途径。为研究贫困户贷款对其实现减贫目标的影响，本章采用 TEM 模型，将贫困户是否减贫作为因变量，贫困户能否获得贷款作为工具变量，进行两阶段回归，第一阶段为贫困户获得贷款的影响因素研究，第二阶段为扶贫贷款对其减贫的作用效果。根据内蒙古扶贫信息系统统计与问卷调查所得数据，采用 Stata12 对 TEM 模型进行回归，其估计结果如表 6.4 所示。

表 6.4　扶贫贷款减贫效果 TEM 模型估计结果

阶段	变量	系数	标准误差	Z 值	P 值
第二阶段	X_1	0.1607	0.1311	1.23	0.220
	X_2	0.0097**	0.0044	2.19	0.029
	X_4	0.0546	0.0959	0.57	0.569
	X_6	0.0000	0.0000	1.13	0.259
	X_7	0.1455*	0.0815	1.79	0.074
	Y_1	0.7361***	0.1316	5.59	0.000
	C	−0.6074**	0.2607	−2.33	0.020
第一阶段	X_1	0.4961	0.4405	1.13	0.260
	X_2	−0.0568***	0.0145	−3.93	0.000
	X_3	−0.1475	0.2375	−0.62	0.535
	X_4	0.9825***	0.3296	2.98	0.003
	X_5	0.1779	0.2022	0.88	0.379
	X_6	0.0012*	0.0009	1.78	0.075
	X_7	0.8555***	0.3041	2.81	0.005
	X_8	0.0169***	0.0061	2.79	0.005
	$\ln X_9$	0.2284	0.2563	0.89	0.373
	$\ln X_{10}$	0.3491**	0.1754	1.99	0.047

续表

阶段	变量	系数	标准误差	Z 值	P 值
第一阶段	X_{11}	1.0608***	0.2355	4.50	0.000
	$\ln X_{12}$	−0.4503*	0.2576	−1.75	0.080
	C	−4.8471	2.1259	−2.28	0.023
	lambda	−0.1479**	0.0850	−1.74	0.032
	Wald chi2	113.33			
	Prob>chi2	0.0000			
	Number of obs	251			

注：*、**、*** 分别表示在 10%、5%、1%水平上显著；C 为常数项。
数据来源：Stata12 运行结果。

根据 TEM 模型估计出的 lambda P 值及 Wald chi2、Prob>chi2 判断，样本具有较强代表性，模型实证结果具有稳健性、可信性，研究具有科学性。

第二阶段的估计结果显示，贫困户是否获得扶贫贷款 Y_1 对应的 P 值为 0.000，系数为 0.7361，由此得出结论，扶贫贷款对贫困户减贫目标的实现具有显著的正向作用，显著水平为 1%，极其显著；获得扶贫贷款的贫困户更容易摆脱贫困。这说明，金融扶贫农户信贷模式的实施对完成内蒙古 2020 年贫困人口彻底减贫目标的实现具有显著的促进作用，自治区政府、扶贫办应继续加大资金扶持力度，彻底解决贫困户“贷款难”问题，保证满足所有具有生产能力贫困群体的资金需求，早日实现减贫目标。

由第二阶段其他变量的 P 值与系数得知，虽然本书选取相同的自变量分析贫困户贷款对增收与减贫的效果，但变量间的作用关系有所不同，主要体现为贫困户户主劳动力类型，该变量对贫困户增收产生 1%水平下的显著正向影响，但对贫困户实现减贫的影响并不显著。分析原因，主要与目前我国实施的贫困标准、贫困户退出机制有关，实现贫困户减贫不仅要提高贫困户家庭人均纯收入水平，同时要保障贫困户的义务教育、医疗、住房，所以，贫困户家庭人均纯收入水平提高并不意味着一定退出贫困库，还要综合考虑其“三保障”问题。另外，由于数据的获得情况，本书选取的户主劳动力类型，并未考虑家庭其他成员的劳动力水平，这也是户主劳动力类型对贫困户减贫影响不显著的原因之一。

对比研究扶贫贷款对贫困户家庭增收与减贫的影响效果，均产生 1%水平下的显著促进作用，但其作用大小不同，贫困户获得扶贫贷款对促进家庭实现减贫目标的作用更大，比增收高 21.9%。分析原因，与本章提出的基础理论及贫困标准与贫困户退出机制的制定有关，贫困户获得的扶贫贷款的用途包括两方面，生产性支出与生活性支出，如果贫困户的贷款用途为生产性支出，则将提高家庭人均纯收入，但此时未必实现减贫，还要考虑贫困户家庭“三保障”问题；如果贫困户贷款用途为生活性支出，体现为保障义务教育、医疗、住房方面，根据纯收入=总收入（贷款）–生产性支出得知，此时扶贫贷款不仅提高了贫困户家庭人均纯收入水平，同时实现了其他保障目标，使贫困户减贫。根据上述分析得出，扶贫贷款对贷款用途为生活性支出的贫困户而言，其减贫的作用包含增收，表现为 Y_1 的系数更大，促进作用更强，但对这样的贫困群体放贷，存在严重的风险隐患，该类群体正是专家、学者们提出的将扶贫贷款看作国家福利而失去“造血”功能的那部分群体。

6.6 本章小结

本章主要研究了贫困户贷款对家庭增收与减贫的作用效果，采用 TEM 两阶段回归计量经济学方法，将贫困户家庭人均纯收入、贫困户是否减贫作为两个因变量，将贫困户获得扶贫贷款的概率作为第二阶段自变量，同时考虑其他可能影响贫困户增收与减贫的人力资本、物质资本，根据 TEM 模型估计结果得出以下结论：

（1）扶贫贷款对贫困户家庭人均纯收入的增长及减贫目标的实现均产生正向作用，其显著性水平均为 1%，极其显著，即获得扶贫贷款的贫困户更容易实现增收与减贫目标。

（2）扶贫贷款对贫困户家庭增收与减贫均产生促进作用，但其作用大小不同，贫困户获得扶贫贷款对实现家庭减贫目标的作用大于增收 21.9%。

（3）不同变量相互依赖，共同作用于贫困户增收与减贫；扶贫贷款、户主年龄、户主劳动力类型、加入合作社四个变量共同影响贫困户家庭增收，其显著水平分别为 1%、5%、1%、10%；贫困户贷款、户主年龄、加入合作社三个变量共同影响贫困户家庭减贫，显著水平分别为 1%、5%、10%。

（4）扶贫贷款对不同贫困群体表现出不同的扶持方式，对贷款用途为生产性支出的贫困户而言，属于“造血式”；对贷款用途为生活性支出的贫困户而言，属于“输血式”。

（5）扶贫贷款对不同贫困群体家庭增收的作用大小不同，短期表现为，对贷款用途为生活性支出的贫困户促进作用更大，高于生产性支出 45%，但从长期分析，扶贫贷款对该类贫困群体的发放存在严重的违约隐患，将会导致贫困户增加负债，更加贫穷。

基于上述研究结论，本书建议，内蒙古应加强金融供给侧结构性改革，大力发展普惠金融，继续加大金融扶贫贫困户贷款力度，争取满足所有愿意且具备还款能力的贫困户生产资金需求，增加贫困户家庭人均纯收入，保障贫困户义务教育、医疗与住房，改善贫困户生活质量，尽快走上减贫致富之路，实现自治区 2020 年所有贫困人口彻底减贫的目标。另外，自治区扶贫办应优化、创新金融扶贫模式，进一步探索与保险公司、医疗机构等相关单位的合作关系，将贷款用途为生活性支出的“贫困户贷款”转型为“贫困户投保”，建立长期、有效、可持续的金融扶贫机制。

7　贫困户还贷信用研究

通过第 5 章对贫困户贷款需求的研究得知，在金融扶贫工作的顺利开展下，内蒙古贫困户“贷款难”问题得到了很好的缓解，具有贷款需求的贫困户中，已有 55.7%的贫困群体获得扶贫贷款，资金需求得以满足，但仍有近一半的贫困户贷款需求被金融机构看作是无效的，该类贫困群体依然存在“贷款难”问题。分析原因，主要是金融机构对贫困户还贷信用的评估低，认为贫困户不具备还款意识与能力。通过第 6 章对贫困户贷款效果的研究得知，扶贫贷款对贫困户增收、减贫产生了极大的促进作用，但有 13%的贫困群体改变了贷款用途，将扶贫贷款的“造血”功能变成“输血”。对该类贫困群体而言，从短期分析，扶贫贷款具有增收、减贫的效果；但从长期分析，其面临严重的信用风险。因此，内蒙古金融扶贫仍面临两个重要的问题：一是如何进一步解决贫困户“贷款难”问题，保证所有贫困户贷款的有效需求得以满足，实现普惠金融；二是如何降低贫困户信用风险，建立内蒙古金融扶贫长效机制，保障金融机构的可持续发展。两问题产生的根本原因均与贫困户还贷信用息息相关。从经济学角度分析，信用是指在商品交换或者其他经济活动中授信人在充分信任受信人能够实现其承诺的基础上，通过契约关系向受信人放贷，并保障自己的本金能够回流和增值的价值运动，还贷信用是贫困户获得金融机构信任并与之发生交易的资本，贫困户可利用这种资本获得扶贫贷款，并提高与金融机构的长期交易。良好的还贷信用可作为贫困户抵押物的有效替代，减少贫困户寻找抵押担保过程中的机会成本，有利于缓解贫困户获得扶贫贷款的信贷约束。另外，贫困户良好的信用水平对金融机构而言，可在一定程度上解决与贫困户间的信息不对称问题，降低扶贫贷款投放过程中的道德风险成本，进而加强金融机构与自治区扶贫办合作的信心与意愿。目前，学术界、金融界普遍认为，贫困户还款意识低，还款能力差，缺乏良好的还贷信用，为贫困户放贷存在严重的信用风险。为验证该类观点是否具有科学性，本章分析贫困户还贷信用现状，采用熵权法与灰色关联度分析相结合的研究方法，对贫困户还贷信用进行科学评估，找出影响贫困户还贷信用的主要因素，并对不同贫困群体间的信用水平进行对比研究，找出贫困户还贷信用分界线，为做好贫困户贷款风险防控提供重要的理论依据。

7.1　贫困户还贷信用现状分析

首先，根据内蒙古贫困户调查情况分析，调查样本中70.5%的贫困户具有贷款需要，该类贫困群体中，17.8%的贫困户认为自身缺乏还款能力或因其他因素存在还不上贷款本息的情况，因而主动放弃贷款，说明贫困户具有一定的信用意识，能够结合家庭成员结构、经济收入水平等对贷款需求做出相应判断，保证具有良好的信用水平。

其次，分析调查样本中获得扶贫贷款那部分贫困群体的资金偿还情况，2014年，获得扶贫贷款的147户贫困户中，有8户贫困户采取分期还款方式，还款周期为3年，该类贫困群体在2015年已偿还金融机构所规定的相应资金；其余139户贫困户的还款周期为1年，该类贫困群体均在规定时间内全部偿还贷款本息，无任何贷款违约现象发生，不良贷款率为0。由此可见，获得扶贫贷款这部分贫困群体具备良好的还贷信用。但通过调查了解到，部分贫困户为保证良好的还贷信用，不惜代价，采用民间借贷方式进行贷款资金的偿还，该类贫困群体在获得扶贫贷款贫困户中的占比为10.2%，其中5.4%的贫困户借有高利贷。长期分析，该类贫困群体存在“高利贷”陷阱，属于“隐形违约”群体，一旦民间借贷缺失，或出现高利贷利滚利，该类贫困群体将面临贷款违约。因此，金融扶贫合作机构、自治区扶贫办等相关单位应提高警惕。

最后，根据对所有贫困户贷款失信记录的调查得知，455户贫困户中，过去发生过贷款违约的贫困户为5户，发生违约的原因并非贫困户缺乏还款意识，而是天灾人祸所致，且均已成为“老黄历”，但该类贫困群体由于存在贷款失信记录，被金融机构加入还贷信用“黑名单”，使其永远失去贷款机会。为此，本书认为，该制度过于教条主义，金融机构应调查清楚失信客户的违约原因，并做好相关记录，对于因天灾人祸所致的失信群体，应给予合理制度安排，不应永久性地剥夺其享受正常金融服务的权利。

7.2　贫困户还贷信用的影响因素研究

目前，学术界对农户还贷信用的研究主要包括两方面：一是农户还贷信用的评估（评价），二是农户还贷信用的影响因素研究。从某种程度上讲，对后者的研究包括前者，都需要构建出相应的信用评估（评价）指标体系，体系中的各项指标便是影响农户还贷信用的相关因素，再结合相应的统计学、经济学方法，得到每一影响指标的权重或相关系数，便可找出影响农户还贷信用的主要因素，为农户信用风险的防控提供有力的理论与政策依据。贫困户还贷信用评估（评价）是扶贫贷款发放之前的一项重要工作，也是金融机构进行贷款风险防控的重要手段，其评估（评价）结果直接关系到信贷资金的投放，影响贫困户扶贫贷款的获得。

7.2.1　研究方法

7.2.1.1　贫困户还贷信用评估指标体系

笔者查阅、梳理了农户还贷信用评估及影响因素研究的相关文献。在评估指标体系的构建方面，吴晶妹（2009）提出，现代化信用资本由三维度构成：一维是诚信度资本，二维是合规度资本，三维是践约度资本。其中，诚信度资本主要是指信用主体的诚信道德、文化理念、精神素养等基础素质，是其他构成资本的基础；合规度资本是指信用主体在社会活动中遵守国家法律、法规、民间习俗的水平，受信用主体诚信度的影响，由法律法规制约、政府行政管理、公共秩序约束、单位制度规范和一般社会交往的强制力决定；践约度资本是信用主体在交易活动中的成交、履约能力，同样受到经济主体诚信度的影响，由自身实力、品牌影响力、既往践约能力、信用营销能力等因素决定，其直接决定经济主体在市场中配置资源的结果，直接决定经济主体拥有资本的大小及相应获利的多少。巩守效（2014）指出，我国农村地区由于所涉及行业及地区经济的不同，具有各自不同的发展特点，因此，农户信用评价指标体系应当具有综合反映农户基本素质、家庭经营能力、信用状况和还款能力等方面指标内容的功能，为此，构建四维信用资本，其构成包括农户家庭特征、个人信用、个人品质、农户经营稳定性四类指标。谭燕芝（2015）建立二维信用资本，包括守信意愿、守信能力两方面，其中，守信意愿是指贷款主体获得信用贷款后，对于偿还贷款本息的主观努力程度，是一种不能在短期内形成或改变的主观态度，受贷款主体品行、文化程度、从业类型、居住地经济发展等因素的影响；守信能力是指贷款主体获得相应贷款后，对于归还贷款本息的一种再融资能力，与贷款使用方的经济水平、家庭人口结构与特征等因素密切相关；为保证研究科学性，同时加入家族文化、政府政策、地域特征三类控制指标。夏萌（2015）构建了三维信用体系，其构成指标包括农户个人与家庭特征、农户经营状况、农户信誉状况三类，其中，农户个人与家庭特征主要指户主文化、家庭成员结构等；农户经营状况包括土地资源、收入结构等；农户信誉状况主要包含户主个人品德以及家庭信用记录。评估指标体系应以能够反映贫困户还贷信用的基本状况为目标。

在已有专家、学者研究的基础上，根据问卷调查实际情况，结合贫困户特有特征，本书构建贫困户五维信用资本体系，其构成包括守信意愿、守信能力、民族文化、信用保障、地区贫困，其中，守信意愿主要指贫困户的还款意识，是否具有按期偿还贷款本息的意愿，是一种主观态度的体现，主要受贫困户受教育水平、经营类型等指标的影响；守信能力主要指贫困户的还款能力，是否具备按期偿还贷款本息的经济水平，是贫困户生产能力的体现，主要受贫困户家庭劳动力结构、收入支出水平、家庭基本特征等指标的影响；由于内蒙古为少数民族地区，拥有大量少数民族群体，其文化习俗、消费理念等存在很大差异，因此引入民族文化作为贫困户信用资本的构成之一；信用保障主要指贫困户已有的信用记录以及所拥有的金融机构认可的抵押担保情况，同时包括贫困户稳定性收入保障及相关政策扶持；地区贫困主要是为了控制地区差异，在此选取与贫困户相关的贫困发生率作为衡量指标。具体指标构建如表 7.1 所示：

表 7.1 贫困户还贷信用评估指标体系

维度	指标名称	指标描述	相关文献
守信意愿 A_1	文化程度 X_1	户主受教育水平，本书分为文盲半文盲、小学、初中、高中及以上	胡愈（2007）；巩守效（2014）；夏萌（2015）；潘雅琼（2015）；舒歆（2015）
	生产性收入是否为主要收入 X_2	生产性收入在家庭总收入中的占比，占比超出 50%为主要收入来源	谭燕芝（2015）；舒歆（2015）
	年龄 X_3	户主年龄，采取调查数据的具体数值	胡愈（2007）；巩守效（2014）；潘雅琼（2015）；舒歆（2015）
	致贫原因 X_4	贫困户主要的致贫原因，包括四缺（资金、技术、土地、劳动力）、四因（病、残、学、灾）、一不足（发展动力）	无
守信能力 A_2	家庭人口数 X_5	贫困户家庭常住人口数量	孔荣（2010）；赖永文（2012）；潘雅琼（2015）；夏萌（2015）；谭燕芝（2015）；舒歆（2015）
	健康状况 X_6	贫困户户主身体健康情况，包括健康、患病两类	胡愈（2007）；巩守效（2014）
	劳动力类型 X_7	贫困户户主劳动力类型，包括普通劳动力、丧失或无劳动力	无
	生产性支出 X_8	贫困户家庭生产性支出，包括生产物资购买、雇工费等	胡愈（2007）；谭燕芝（2015）
	总收入 X_9	贫困户家庭总收入，包括生产性、打工性、财产性、转移性收入四类	胡愈（2007）；潘雅琼（2015）；谭燕芝（2015）；舒歆（2015）
民族文化 A_3	民族 X_{10}	贫困户户主民族，分为汉族、少数民族（回、满、蒙古、鄂温克、达斡尔族）两类	无
信用保障 A_4	有无打工收入 X_{11}	贫困户通过打工获得的劳动收入，也包括工资性收入	夏萌（2015）
	土地面积 X_{12}	贫困户拥有的总土地面积，包括耕地、林地、草场三种类型，均按照单位产出率全部折算为耕地面积进行加总	胡愈（2007）；巩守效（2014）；夏萌（2015）
	信用记录 X_{13}	贫困户有无贷款违约记录	胡愈（2007）；巩守效（2014）；舒歆（2015）
	是否加入合作社 X_{14}	贫困户是否加入农民合作社或其他合作组织	无
	政策扶持 X_{15}	贫困户从国家、政府、财政获得的收入为转移性收入，在此采用转移性收入占比表示	高坚（2012）；迟国泰（2013）；谭燕芝（2015）

续表

维度	指标名称	指标描述	相关文献
信用保障 A_4	贷款需求额 X_{16}	贫困户想要获得的贷款金额	黄海源（2010）；刘立研（2013）；王金凤（2015）；夏萌（2015）
	贷款用途 X_{17}	贫困户贷款投向，包括生产性支出和生活性支出两类	夏萌（2015）；潘雅琼（2015）
	有无民间借贷 X_{18}	有无除正规金融机构以外的其他借款，如亲戚朋友借款、高利贷等	巩守效（2014）；舒歆（2015）
地区贫困 A_5	贫困发生率 X_{19}	用以表示某地区贫困程度的指标，等于该地区贫困人口规模除以乡村人口数	无

7.2.1.2 指标权重的确定

指标权重的确定方法有很多种，从统计学角度大致可以分为三类：主观赋权、客观赋权、组合赋权。主观赋权法是指在相关领域知名的，具有一定代表性、权威性的专家，根据其相关经验及主观价值对各指标的重要程度进行判断的方法，如 AHP 层次分析法和 G1、G2 赋值法；客观赋权法是指采用数理统计的方法对评价指标的权重加以确定，如熵权法、相关系数法，灰色关联分析；组合赋权法是指将主、客观权重进行组合，然后再确定指标权重的方法。其中，主观赋权法使用较为简单，但由于较强的主观性，该方法科学性较差。从经济学角度看，目前采用较多的是 Logit、Probit、Tobit 计量经济学模型，通过回归得到指标间的影响关系及相关系数，但此类方法对样本要求较高，一般需要超出 30 个贷款违约样本。综合分析不同研究方法的优缺点，结合调查样本特征，本书采取客观赋权熵权法与灰色关联度分析相结合的方法对内蒙古贫困户还贷信用进行研究，采用熵权法获得科学、合理的指标权重，进一步采用灰色关联度分析，研究样本间的信用差距，二者结合，保证评估结果更加全面，更符合实际。

熵权法计算步骤：

（1）设 n 个评估指标 m 户的评估矩阵为 $X = X_{ij}$，（$i=1, 2, \cdots, m$；$j=1, 2, \cdots, n$）

即

$$X=\begin{bmatrix}X_{11} & \cdots & X_{n1}\\ \cdots & \cdots & \cdots\\ X_{m1} & \cdots & X_{mn}\end{bmatrix}$$

对 X 进行标准化处理，由于调查指标数据的多样性，按照以下标准进行：

Ⅰ. 正项指标标准化，即指标数值越大，贫困户还贷信用水平越高的指标，如人均纯收入，标准化公式为：

$$x_{ij}^{*}=\frac{x_{ij}-\min\limits_{1\leqslant i\leqslant n}(x_{ij})}{\max\limits_{1\leqslant i\leqslant n}(x_{ij})-\min\limits_{1\leqslant i\leqslant n}(x_{ij})} \tag{7-1}$$

Ⅱ. 负向指标标准化，即指标数值越小，贫困户还贷信用水平越高的指标，如贫困发生率，标准化公式为：

$$x_{ij}^{*}=\frac{x_{ij}-\min\limits_{1\leqslant i\leqslant n}(x_{ij})}{\max\limits_{1\leqslant i\leqslant n}(x_{ij})-\min\limits_{1\leqslant i\leqslant n}(x_{ij})} \tag{7-2}$$

Ⅲ. 定性指标赋值，对于定性指标，采用 0、1 赋值的方法，赋值为 1 时，贫困户还贷信用水平更高，如身体健康状况，此类指标可以采取等距赋值方法。

Ⅳ. 区间型指标标准化，即指标数据处于某一区间时，贫困户还贷信用水平较高，如户主年龄、家庭人口数等，当数值位于最佳区间左侧时，采用如下标准化公式：

$$x_{ij}^{*}=1-\frac{x_{xj}-b}{\max(a-\min\limits_{1\leqslant i\leqslant n}(x_{xj}),\ \max\limits_{1\leqslant i\leqslant n}(x_{xj})-b)} \tag{7-3}$$

当数值位于最佳区间右侧时，采用如下标准化公式：

$$x_{ij}^{*}=1-\frac{x_{xj}-b}{\max(a-\min\limits_{1\leqslant i\leqslant n}(x_{xj}),\ \max\limits_{1\leqslant i\leqslant n}(x_{xj})-b)} \tag{7-4}$$

其中，a 为最佳区间左侧的数值，b 为最佳区间右侧的数值。

（2）根据熵的定义，计算出第 j 项指标 e_j 的熵值。

$$e_j=-k\sum_{i=1}^{m}b_{ij}\ln b_{ij} \tag{7-5}$$

其中：$k=\frac{1}{\ln m}$，$b_{ij}=\frac{x_{ij}^{*}}{\sum_{i=1}^{m}x_{ij}^{*}}$。

（3）计算各指标权重 W_j。

$$W_j = \frac{1 - e_j}{\sum_{i=1}^{m} 1 - e_j} \tag{7-6}$$

7.2.2 实证分析

影响贫困户还贷信用的主要因素如下：

首先，利用式（7–1）~式（7–4），对不同类型的数据进行相应的标准化处理，得到标准化后的数据；其次，利用式（7–5）计算出各项指标的熵值；最后，利用式（7–6）计算出每项指标的权重。指标权重的计算结果如表 7.2 所示。

表 7.2 各项指标的熵值与权重

维度	指标名称	熵值	权重	合计
守信意愿 A_1	文化程度 X_1	0.0272	0.0859	0.1682
	生产性收入是否为主要收入 X_2	0.0306	0.0254	
	年龄 X_3	0.0568	0.0471	
	致贫原因 X_4	0.0118	0.0098	
守信能力 A_2	家庭人口数 X_5	0.1036	0.0859	0.2705
	健康状况 X_6	0.0258	0.0214	
	劳动力类型 X_7	0.0391	0.0324	
	生产性支出 X_8	0.0290	0.0241	
	总收入 X_9	0.1286	0.1067	
民族文化 A_3	民族 X_{10}	0.0125	0.0104	0.0104
信用保障 A_4	有无打工收入 X_{11}	0.1739	0.1443	0.5749
	土地面积 X_{12}	0.0867	0.0719	
	信用记录 X_{13}	0.0018	0.0015	
	是否加入合作社 X_{14}	0.0965	0.0801	
	政策扶持 X_{15}	0.1315	0.1091	
	贷款需求额 X_{16}	0.0726	0.0602	
	贷款用途 X_{17}	0.0666	0.0553	
	有无民间借贷 X_{18}	0.0632	0.0525	
地区贫困 A_5	贫困发生率 X_{19}	0.0474	0.0393	0.0393

数据来源：根据调查数据计算所得。

根据不同纬度的权重分析，对贫困户还贷信用影响最大的资本构成为信用保障，影响程度为57.49%，其次为贫困户守信能力，即贫困户贷款偿还能力，影响程度为27.05%，贫困户守信意愿对还贷信用的影响排第三位，影响程度为16.82%，民族文化与地区贫困程度对还贷信用的影响很小，影响程度分别为1.04%、3.93%。由此可见，贫困户被看成金融界无信用群体的最主要原因是缺乏有效的抵押、担保；其次为该类群体收入水平低下，偿还能力较差；缺乏信用意识是造成贫困户成为无信用群体的第三原因。金融扶贫通过风险补偿金、联动、联保机制提高贫困户贷款担保，解决贫困户“贷款难”问题，该扶持手段从影响贫困户还贷信用最强的维度出发，提高了金融机构对贫困户的信任与接受。另外，金融扶贫通过贴息等手段，降低贫困户贷款成本，解决贫困户“贷款贵”问题，该扶持手段可间接体现为增加贫困户偿还能力，从而提高还贷信用。由此可见，金融扶贫通过改善对贫困户还贷信用影响最强的两个维度资本，对保证贫困户还贷信用产生重要的影响，可提高金融机构对贫困户还贷信用的评估，增加对贫困户放贷的信心。

分析不同指标对贫困户信用保障的影响，其中，影响最大的是有无打工收入，影响程度为25.1%，其次为政府扶持，影响程度较有无打工收入低6.1%，为19%，其他各项指标，按照对信用保障的影响程度由高到低依次为：是否加入合作社、土地面积、贷款需求额、贷款用途、有无民间借贷、信用记录，影响程度依次为：13.9%、12.5%、10.5%、9.6%、9.1%、0.3%，在影响贫困户还贷信用的所有指标中，除了贫困户信用记录，其他指标的影响程度均处于较高水平。本书在贫困户还贷信用现状分析部分提出，现有制度对失信群体过于教条主义，根据贫困户信用记录的权重得知，该观点符合实际，在此需要提醒读者的是，该指标的影响程度与贫困户失信记录的时间、原因存在很大关系，如果调查个体违约行为的发生时间接近研究年份，且违约原因并非天灾人祸，而是个人信用问题，则其结果将会出现很大差异性。

分析不同指标对贫困户守信能力（即还款能力）的影响，其中，影响最大的是贫困户家庭总收入，影响程度为39.4%，其次为家庭人口数，影响程度为31.8%，其他各项指标，按照对贫困户守信能力的影响程度由高到低依次为：劳动力类型、生产性支出、户主身体健康，影响程度依次为：12%、8.9%、7.9%，根据影响贫困户守信能力的指标权重发现，不同指标间差距较大。总体来看，家庭总收入、家庭人口数两个指标对贫困户守信能力具有决定性作用，且对整个信用资本产生较大影响。

分析不同指标对贫困户守信意愿（即还款意识）的影响，其中，影响最大的是户主文化程度，其次为户主年龄，影响程度分别是 51.1%、28%，两指标对贫困户守信意愿具有决定性影响。生产性收入是否为主要收入来源这一指标的选取主要反映贫困户家庭经营结构。研究认为，主要从事农牧业生产的农牧民具有较为朴实的作风，信用意识相对较高，通过该指标权重得知，贫困户是否主要从事农牧业生产对信用资本的影响程度为 2.6%，对贫困户守信意愿的影响程度为 15.1%。

分析各项指标对贫困户还贷信用的影响，影响程度排前三位的依次为有无打工收入、政策扶持、贫困户家庭总收入，影响程度依次为 14.43%、10.91%、10.67%，均处于 10%以上，根据三项指标的解释得知，总收入即为贫困户家庭收入水平的直接体现，政策扶持此处采用转移性收入占比表示，与有无打工收入形成贫困户家庭收入结构的主要体现。由此可见，对贫困户个体而言，导致不同个体间信用资本产生差距的主要因素是家庭收入水平与结构，其中，收入水平主要影响贫困户守信能力，即贷款偿还能力，收入结构可成为贫困户还贷信用的重要保障，原因是生产性收入是多数贫困户家庭收入的主要来源，但由于农牧业生产具有不稳定性的特点，自然、市场风险较高，其他来源的收入可对此产生弥补、完善、担保的作用。户主文化程度、家庭人口数、土地面积、是否加入合作社、贷款需求额、贷款用途、有无民间借贷 7 项指标对贫困户还贷信用的影响也处于较高状态，影响程度处于 5%~10%。生产性收入是否为主要收入来源、户主年龄、民族、身体健康、劳动力类型、家庭生产性支出、贫困发生率七项指标对贫困户还贷信用的影响不大，影响程度处于 1%~5%。贫困户致贫原因与信用记录两项指标的影响最低，影响程度不足 1%，上述研究已对信用记录的影响结果进行了原因分析。

7.3 不同贫困群体还贷信用差距研究

7.3.1 研究方法

在上述使用熵权法计算出各项指标权重的基础上，进一步计算得出各贫困户的灰色关联度。

灰色关联度计算步骤：

（1）确定最优参考数列 Q：$Q=(q_1, q_2, \cdots, q_n)$。

其中：$q_i = \max(x_{ij}^*)$，$i=1, 2, \cdots, n$。

（2）计算关联系数 $\xi_i(k)$。

$$\xi_i(k) = \frac{\Delta\min + \rho\Delta\max}{\Delta_i(k) + \rho\Delta\max} \tag{7-7}$$

其中：

$$\Delta\min = \min_i\left[\min_k\left(\left|x_0(k) - x_i(k)\right|\right)\right]$$

$$\Delta\max = \max_i\left[\max_k\left(\left|x_0(k) - x_i(k)\right|\right)\right]$$

$$\Delta_i(k) = \left|x_0(k) - x_i(k)\right|$$

其中，$\rho > 0$，称为分辨系数。ρ 越小，分辨力越大，一般情况下，ρ 的取值区间为（0，1），具体取值视情况而定。当 $\rho \leqslant 0.5463$ 时，分辨力最好，通常取 $\rho = 0.5$。

（3）计算关联度 R。

$$R = \sum_{j=1}^{n} w_j \xi_i(k) \tag{7-8}$$

7.3.2 实证分析

取 $\rho = 0.5$，利用式（7-7）计算出灰色关联系数矩阵：

$$R_{\xi}=\begin{bmatrix}0.4545 & \cdots & 0.3333\\ \cdots & \cdots & \cdots\\ 0.4545 & \cdots & 0.3333\end{bmatrix}$$

将455户贫困户基础数据作为比较数列，以指标最优值为参考数列，利用式（7-8）计算出比较数列与最优数列间灰色关联度R（0.5468，0.5454，…，0.4631）。

灰色关联度反映的是比较数列与最优数列间的相似性，R值越接近于1，二者间相似性越高，此外，最优数列是在各项指标按照对贫困户还贷信用的影响规律取最佳数值时得到的，因此，可称为信用水平最高的“示范户”或“标准户”，是贫困户还贷信用最理想的状态，灰色关联度则反映某贫困户与该理想状态的相似性，因此，灰色关联度越大，表明该贫困户还贷信用水平越高。

根据计算结果，455户贫困户与信用“标准户”间的灰色关联度分布于0.3786~0.6775，最大差距为0.2989，其中，获得扶贫贷款的147户贫困户灰色关联度分布于0.4356~0.6592，平均值为0.5190，具有贷款需求但未获得扶贫贷款贫困户灰色关联度分布于0.4120~0.6296，平均值为0.5049，较扶贫贷款获得户低0.0141，仅为灰色关联度最大差距的4.7%，意味着两类贫困群体的信用水平相差很小，基本处于同等状态，说明目前金融机构对贫困户有效需求市场的评估偏低，其认为无效的那部分需求市场同样存在较高的信用水平。自治区扶贫办、金融合作单位应进一步调查提出贷款需求但被信贷人员拒之门外的那部分贫困户实际情况，避免有效市场的遗漏，保证满足所有有效需求，这也是实现普惠金融的基础。

进一步统计具有贷款需要但通过个人对还贷信用的评估主动放弃贷款的那部分贫困群体的信用水平，即有贷款需要但无贷款需求的贫困户，其灰色关联度分布于0.3920~0.5109，平均值为0.4592，该类贫困群体的信用最高水平（0.5109）与获得扶贫贷款贫困群体的平均水平（0.5190）相当，群体信用平均水平相差0.0598，为灰色关联度最大差距的20%，若按照还贷信用五等分进行等级评价，该类贫困群体的信用等级将低于获得贷款贫困户一级。由此可见，贫困户对自身信用资本的评估具有一定科学性，符合实际，能够对贷款需求作出合理、有效判断。另外，通过该类贫困群体灰色关联度分布发现，部分贫困户灰色关联度处于扶贫贷款获得群体结构中，说明这些贫困户对还贷信用的自我评估高于金融机构的评估，反映出贫困户具有较强的信用意识，并非现实生活中人们所认为的“无信用”群体，各相关领域、专家、学者们应改变过去对贫困群体的认识，建立对该类群体的信任，避免造成人格歧视问题。

本书在对贫困户还贷信用进行现状分析时提出，贫困户良好信用的背后存在“高利贷”陷阱，存在“隐形违约”群体，即通过民间借贷方式偿还银行贷款，保证自身还贷信用，长期看，该类贫困群体存在严重的违约风险，一旦民间借贷缺位，或出现高利贷利滚利，该类贫困群体将面临贷款违约。分析该类贫困群体的灰色关联度，分布于0.4356~0.4750，其信用水平位于扶贫贷款获得群体的最底层，说明上述研究观点的提出具有科学性，符合实际。由此可初步判定，灰色关联度大于0.4750的贫困户信用水平较高，该类贫困户贷款需求可形成长期的金融扶贫有效市场。

7.4　本章小结

首先，对获得扶贫贷款贫困户的还款情况进行了统计描述，结果显示，贫困户具有良好的还贷信用，获得扶贫贷款贫困户中未发生贷款违约，均在规定时期内偿还金融机构要求的本息金额；调查样本中存在5户具有贷款失信记录，但均已成为“老黄历”，其发生违约的原因并非个人信用问题，而是天灾人祸；现有制度对具有失信记录的群体而言过于教条主义，金融机构应适当调整对该类群体信贷的约束；贫困户良好的还贷信用背后存在严重的“高利贷”陷阱，长期看，10.2%的贫困户属于“隐形违约”群体，相关单位需提高警惕。

其次，本章采用是梳理文献的方法，结合问卷调查、数据获得情况，选取19项指标，从守信意愿、守信能力、信用保障、民族文化、地区贫困五个方面构建了内蒙古贫困户还贷信用评估体系，采用熵权法计算出各项指标权重，根据权重找出影响贫困户还贷信用的主要因素。结果显示，五个维度中，对贫困户还贷信用影响最大的是信用保障，影响程度高达57.49%，其次为贫困户守信能力，影响程度为 27.05%，贫困户守信意愿对还贷信用的影响程度为 16.82%，民族文化与地区贫困程度对还贷信用的影响很小；19 项指标中，有无打工收入、政策扶持、贫困户家庭总收入对贫困户还贷信用的影响程度处于 10%以上，其中，最主要的是有无打工收入，户主文化程度、家庭人口数、土地面积、是否加入合作社、贷款需求额、贷款用途、有无民间借贷 7 项指标对贫困户还贷信用的影响程度处于 5%~10%，生产性收入是否为主要收入来源、户主年龄、民族、身体健康、劳动力类型、家庭生产性支出、贫困发生率 7 项指标对贫困户还贷信用的影响程度处于 1%~5%，贫困户致贫原因与信用记录两项指标的影响程度不足 1%。

最后，在获得各项指标权重的基础上，进一步采用灰色关联度分析方法，对不同贫困群体间信用资本进行对比研究，结果显示，金融机构对贫困户有效需求市场的评估偏低，自治区扶贫办、金融合作单位应进一步调查，避免有效市场的遗漏，保证满足所有有效需求，实现普惠金融；贫困户对自身信用资本的评估具有一定科学性，能够作出有效的贷款需求判断；贫困户具有较强的信用意识，并非现实生活中人们所认为的“无信用”形象群体，各相关领域、专家、学者们应建立对该类群体的信任，避免造成人格歧视问题；灰色关联度大于 0.4750 的贫困户信用水平较高，该类贫困户贷款需求可形成长期的金融扶贫有效市场。

8 国外金融扶贫的经验与启示

金融扶贫主要是指通过小额信贷模式，重点满足贫困地区、贫困群体的生产资金需求问题，是一种造血式的扶贫模式，有利于提升贫困群体的生产能力，从根本上改变贫困地区经济面貌，帮助贫困群体实现减贫。小额信贷模式产生于20 世纪 70 年代，起源于孟加拉国，由穆罕穆德·尤努斯提出。1993 年，孟加拉国小额信贷模式被引入中国，中国扶贫基金会成为该模式的先行者，自 1996 年以来，在我国多数贫困地区开展试点工作，不断摸索具有中国特色、符合中国贫困群体需求的小额信贷发展模式。为此，对比研究国际上较为成功的小额信贷模式，归纳总结实践经验，为我国金融扶贫的顺利发展提供理论依据与政策建议，对早日实现全部贫困人口减贫目标具有极其重要的借鉴意义。

8.1 国外金融扶贫实践

8.1.1 孟加拉国格莱珉银行模式

孟加拉国格莱珉银行创立于 1983 年，创立者是 2006 年诺贝尔和平奖的获得者孟加拉国经济学家穆罕默德·尤努斯。其采用小额贷款无抵押担保方式，帮助因太穷而无法获得传统银行贷款的农村人脱离贫困。由于孟加拉国格莱珉银行专门为穷人服务，又被叫作“草根银行”或“穷人银行”。

格莱珉银行由于其目标人群的特殊性，以致经营理念与传统商业银行背道而驰，只需要把其他银行的规则反过来写，就是它的规则，可以说颠覆了传统金融机构的运营模式，具体表现如下：

（1）创新独特的组织结构。格莱珉银行建立了“总行+分行+支行+营业所”的四级管理系统，其中，支行直接与农民面对面进行业务往来，要求借款农民必须由经济条件相似、彼此熟悉背景的5人为单位组成一个小组，要求小组所有成员按时参加由银行举行的为期一周时间的关于各种规定的相关培训活动，最终采取考试形式进行考核，通过考试者将获得会员资格；每6~10个小组组成一个中心，每周举行一次会议，商讨关于还款及发放新贷款的计划，排除银行潜在风险。如图8.1所示。

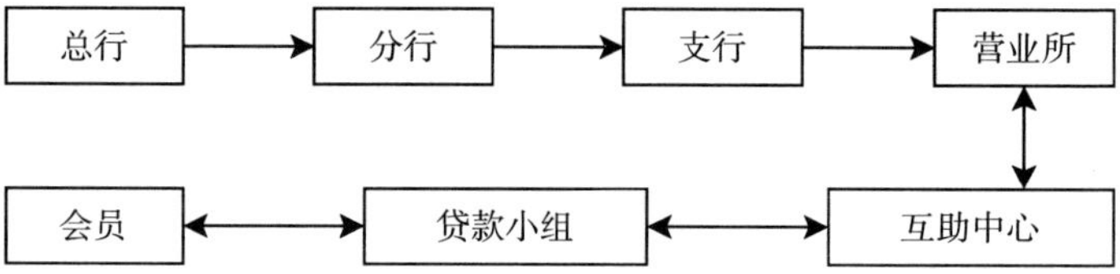

图8.1　格莱珉银行组织机构

（2）切合实际的还款模式。尤努斯经过对传统银行模式的深入研究发现，在银行贷款到期时，让借款人一次性拿出大笔资金，一方面会使其心理上难以接受，另一方面对于孟加拉国的农民来说，的确难以实现。基于上述原因，他推翻了传统的一次性还清贷款方式，新制定出从贷款开始一周后进行偿付、每周还款的偿还制度。这种方法有效地打破了孟加拉国农民在贷款到期时无法还款的困难局面，为孟加拉国农民制定了一套切合实际的还款机制。同时，格莱珉银行建立“基础贷款”方式，也增加了“灵活贷款”的类别，在贷款到期时农民可以申请延长还款时间，减少还款频次等。这种做法不仅减轻了农民的还款压力，同时增强了农民的还款信心，提高了农民还款积极性，降低了不良贷款率，使格莱珉银行的风险指数降至最低。

（3）灵活多变的贷款利率。格莱珉银行根据实际情况设置了丰富多样的贷款利率。主要分为以下类别：学生助学贷款在校期间免息、对最穷困潦倒的农民实行免息政策、学生毕业后贷款利率为5%、建造住房的贷款利率为8%、创收目的贷款利率为20%。

（4）三位一体的运营制度。格莱珉银行通过“贷款者+存款者+持股者”三位一体的运营制度，将银行与客户联系在一起，大大提高了客户对银行的忠诚度。在这种制度下，贷款者也是银行的存款者。对于贷款者，他们每周偿还小额贷款，同时存入更小一部分存款，是改善他们经济状况的重要手段。一年后，他们在还清债务的同时，也拥有了一笔存款，帮助他们一步步脱离贫困，这是格莱珉银行动态激励机制的体现。同时，格莱珉银行还鼓励贷款者成为持股者，他们可以购买格莱珉银行的股份。作为股东，他们可以投票选董事会，也有资格成为董事会成员，使银行成为贷款者所拥有和掌控的，鼓励他们积极参与银行业务。目前，格莱珉银行的贷款者已拥有银行 90%以上的股份，其也因此成为真正意义上的“穷人银行”。

格莱珉银行创新的发展观念，最大程度地迎合了农村市场，为全世界发展中国家开辟了一条脱离贫困的成功之路。

8.1.2 玻利维亚阳光银行模式

玻利维亚阳光银行是由非营利性组织 PRODEM 于 1992 年转变成的从事小额信贷业务的商业银行，是“制度主义”的代表。它服务于城镇微小企业和自我雇佣者，属于小额信贷的混合型模式。2010 年，被世界财经杂志评选为玻利维亚最佳银行，成为拉美地区小额信贷模式的领跑者，达到高覆盖率、稳定发展的双层目标，玻利维亚阳光银行的成功同样来源于其特有的经营模式和运营机制。其组织结构的构成如图 8.2 所示。

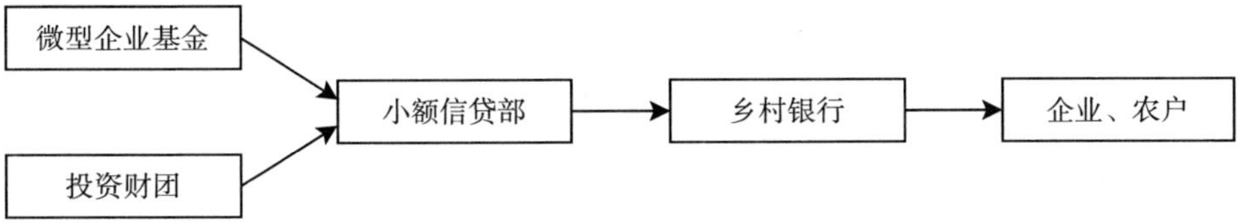

图 8.2 玻利维亚阳光银行组织结构

玻利维亚阳光银行的运行机制主要包括以下四个方面：

（1）标新立异的商业转型。作为微型金融机构，玻利维亚阳光银行只有实现商业化运转，建立完善的商业银行职能，才能持续、稳定地发展。作为商业银行，以利润最大化为目标，然而，在为低收入人群提供贷款时，由于双方信息不对称等问题，使得交易费用严重偏高，低利率的收益完全小于高额成本，使得银行在财务上无法实现可持续发展，为此，玻利维亚阳光银行实行高利率，以此解决该困境。另外，作为商业银行，可以通过储蓄存款业务，拓宽低成本筹资渠道，以便获得更多利润，进而实现长期稳定发展，为此，玻利维亚阳光银行也制定了相应的中低收入群体存款制度，调动其存款积极性，增加银行融资。

（2）相互制约的小组贷款机制。玻利维亚阳光银行采取小组联保还款机制，这种机制要求 3~8 人组成一个小组，组员之间相互监督、相互帮助，有任何一人拖欠贷款，则整个小组无法再次获得贷款，属于一种风险扩散机制。这种连带责任机制大大降低了贷款的风险与成本。2001 年前后，玻利维亚发生经济危机，导致小组成员生活普遍困难，小组全体拒绝还款，当年不良贷款率高达 12.7%，基于这样的经济背景，玻利维亚阳光银行将其主导业务换成了以个人贷款为主、小组互助贷款为辅的模式。

（3）步步高升的动态激励机制。小额信贷领域的动态激励机制是指，将贷款人的借款记录摘录出来，以此作为考察借款人信用的依据，促进贷款人还款，减少不良贷款的发生，提高还款率。在玻利维亚阳光银行中，如果贷款人在规定还款日还款，则其当天便可获得下一笔贷款；如果借款人在借贷期间表现优秀，甚至可以获得更多的贷款；如果贷款人违约，拖欠贷款，有不良信用记录，则很少有机会再获得贷款。玻利维亚阳光银行采用这种方式，降低了道德风险。另外，在小组中更不可能发生集体违约的现象，因为他们明白，如果有人违约，会导致他们获得下一笔贷款的成本远高于从贷款中所获得的利益。因此，这种激励机制既可保证借款人的优秀信誉，又可增加其贷款金额（仅限于小数额）。

（4）机动灵活的贷款偿还机制。玻利维亚阳光银行采取定期还款制度，期限短、金额小、利率高，每周一次或两周一次分期偿还，贷款者的累计信用高，其相应的还款期限便可延长至一个月甚至更长时间，利用这种偿还机制，玻利维亚阳光银行可以及时发现贷款拖欠的漏洞，拒绝不良贷款的发生。

玻利维亚阳光银行作为具有商业银行特征的非政府组织，采取先进的监督和管理机制，保障其可持续发展。

8.1.3 印度尼西亚人民银行模式

印度尼西亚人民银行建于1895年，是印度尼西亚主要的国有商业银行之一。BRI主要负责三项业务：商业金融、小额金融、公司和国际金融。其中，小额金融由BRI村银行部独立负责运营，在东南亚金融危机和印度尼西亚经济危机中发挥了重要作用，在其他银行普遍亏损时，它的贷款业务却实现了迅速增加，效益也因此提高。截至2011年，BRI的净息差为9.85%，远高于印度尼西亚银行业平均水平的5.91%；资产收益率为4.95%，远高于印度尼西亚银行平均水平的3.03%。BRI之所以取得如此成就，主要归因于小额信贷运营模式的内部创新设计。印度尼西亚人民银行组织机构的构成如图8.3所示。

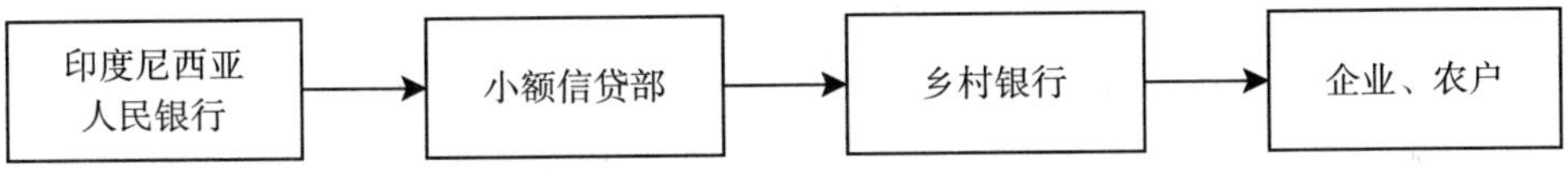

图8.3 印度尼西亚人民银行组织机构

印度尼西亚人民银行的运行机制如下：

（1）本土化的基层核心组织。BRI的组织结构为自上而下的四级金字塔形，分别为：农村信贷部、15个地区分行、300个地区支行、4000多个村银行。其中，作为独立核算的村银行，是BRI整个小额信贷的基层核心。为了减少固定成本，村银行的机构设置十分简单，一般在乡镇中心或者中心集市附近的一间租赁房屋里进行营业。一个村银行服务17个村左右，4000多名储蓄客户和700多名贷款客户，不超过12名员工。为实现成本最小、利润最大的目标，其员工均来自于当地农村，熟悉当地的生活习俗，在避免外来员工语言不通尴尬局面的同时，充分利用本土资源配置，解决了逆向选择和道德风险问题，避免了信息不对称，降低了交易费用与成本，充分利用本土各种资源成为村银行持续发展的重要基础。

（2）明确的服务贷款对象。印度尼西亚人民银行属于非政府组织，以盈利为目的，也是制度主义的典型代表，因此，印度尼西亚人民银行的服务对象并不仅仅局限于贫困人口，可以将其目标客户分为两类，一类为小型企业主和个体经营户，另一类为具有固定收入的个人。当然，这两类目标客户必须达到信用状况良好，居于贫困线以上的要求。因此，从客户特征来看，包括还款风险较小，还款能力较强，不良贷款很少发生。据统计，印度尼西亚人民银行的小额信贷用户中，小型经商者占 42%，具有固定收入的个人占 30%，农业生产者只占 22%。印度尼西亚人民银行采用超额抵押担保的方式，贷款在 300 美元以下的贷款不需要任何抵押，贷款在 300 美元以上的则需要以不低于贷款金额的实物担保抵押，比如家具、摩托车、地契等，据统计 BRI 87.9%的贷款都少于 300 美元。

（3）高利差的存贷款产品设计。1983 年 6 月，印度尼西亚政府实施了利率市场化改革，印度尼西亚人民银行可以自由制定利率，考虑到低利率情况下银行难以获得足够的收益，甚至会造成十分严重的亏损，无法实现可持续发展的目标，同时也会造成一些贪污寻租现象的发生，BRI 决定实行高利率来覆盖成本，获得足够的利润。最初确定的利率为 32%，通常在 30%~35%波动，如果到期不能按时还款，则会加收 0.5%的罚息。印度尼西亚贫困地区人民偏爱高利率的贷款，他们认为，资本的可得性远比低利率重要，人们只会想着如何获得足够的发展资金并拥有足够的发展动力。与此同时，较高的利率使一些比较富裕的人群不会去积极借款，打压排挤非目标人群，这样可以保证目标人群更为顺利地获得贷款。对于低存款利率，印度尼西亚人民银行针对不同客户的要求，从安全性、方便性、流动性、收益性方面设计了四种特色储蓄产品，分别为 Simpedes、Tabanas、Deposito、Giro。村银行从基层银行拆借资金的利率为 17%，这种利率差促进了村银行发放贷款的积极性。村银行利用这种方式实现了商业化运作，保证了目标人群所需的金融服务。

（4）完善的监督激励机制。印度尼西亚人民银行有完善的内外监督管理机构。BRI 不仅接受央行的监督，遵从金融发展监督委员会的指监管标，同时具有完善的内部监督激励机制。BRI 小额信贷的外部监管通常采用以下五种措施：实行营业牌照制度、实行存款保险制度、建立日常监管报告制度、实时谨慎的监管措施、建立退出机制。在内部，村银行由相应的分支行管理，每年由设置的内部审计小组对其进行一次审计，对村银行的总体表现负责，这种做法有利于村银行经理和员工的自我监督，杜绝徇私舞弊、违规操作的行为。同时，BRI 银行采用激励机制鼓励员工积极工作，比如，将每年村银行利润的 10%作为奖金发给员工。BRI 每年开展乡村网点良性竞争，优秀的村银行会得到相应的奖励。印度尼西亚人民银行的这种监督激励制度，大大提高了员工努力、认真工作的态度与积极性，为村银行获得更多利润奠定了坚实的基础。

（5）奖惩分明的分期还款机制。BRI 采用奖惩分明的分期还款方式，一般在贷款后的一个月进行还款，借款人可根据实际情况，分期还款，如果贷款者按时还款，村银行会给予其 0.5%的退息优惠，获得奖励的客户说明其信誉良好，有可能在未来获得更多的借款；如果贷款者拖欠借款，则其以后的贷款利率将会提高到 42%，约提高 10 个百分点。这种还款的机制不仅可以降低信贷风险，提高借款者的还款积极性，而且能够防范大额潜在风险的贷款，具有早期预警的功能。

印度尼西亚人民银行是世界上小额信贷规模最大的银行，是唯一从真正意义上实现了商业经营可持续的银行。

8.1.4　拉丁美洲乡村银行模式

拉丁美洲乡村银行是 20 世纪 80 年代中期由 John Hatch 及其助手在拉丁美洲国际社区资助基金会的基础上创建的，是以村为基础的半正规会员制机构，以便利社区会员得到金融服务为宗旨，以减少贫困为最终目标，强调贫困缓解的广度和深度。

拉丁美洲乡村银行运营模式如图 8.4 所示。

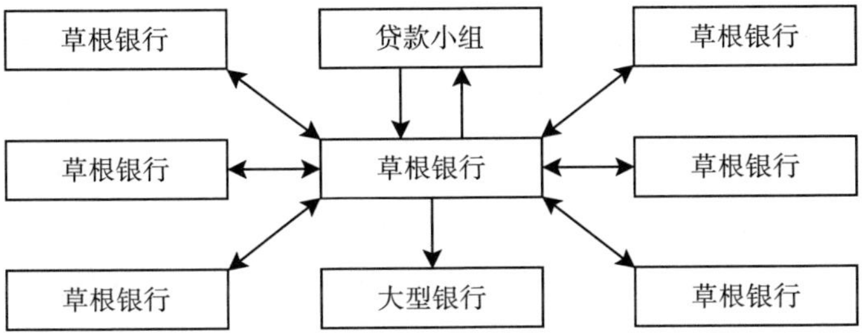

图 8.4　拉丁美洲乡村银行组织结构

其具体运行机制主要体现在以下两方面：

（1）会员制度。拉丁美洲乡村银行一般由 30~50 个会员或者 5~7 人的连带责任小组组成，会员拥有乡村银行所有权，贫困妇女约占总数的 95%，为主要的目标群体。会员自行决定存贷款利率，与商业银行相比，其存贷款利率普遍较高。村银行的优势是会员自主权大，准入制度灵活，克服了客户地理上分散和人口密度低的问题，同时也能根据当地的经济发展状况，确定适宜该地发展，并被目标客户所接受的存贷利率。

（2）信贷联盟。由于拉丁美洲乡村银行的规模较小，存贷款容易受当地经济与规模的制约，因此，该类银行必须与大银行和其他草根银行联盟。这种与正规金融机构及其他存款银行建立联系的机制，架起了社区与正规金融相连接的桥梁，有助于保证“草根银行”的流动性和贷款的偿还性，既可增加银行贷款余额，又可利用联保贷款的自我选择和甄别机制，改善信贷市场的低效状况，把低风险者拉回市场，从而减少逆向选择和道德风险。

以上四种小额信贷模式对缓解地区贫困，促进社会经济发展，稳定世界和平做出了积极贡献。通过文献梳理发现，不同模式之间存在很多相同之处，也不乏各自模式拥有的独特之处。为此，从银行性质、组织结构、贷偿机制、服务对象、贷后监管五个方面对上述四种国外小额信贷模式进行对比，分析不同模式间的优、劣势，进一步为完善我国金融扶贫的顺利开展提供理论依据与政策建议。

（1）银行性质。小额信贷作为一种有效的扶贫方式，在各个国家的发展实践中形成了各自不同的模式。按照平衡扶贫和财务可持续发展的目标，可以分为福利主义模式和制度主义模式。显而易见，福利主义模式强调扶贫，为穷人服务；制度主义模式强调小额信贷公司财务上的可持续性，只有一直存在下去，才能造福于更多的目标人群。首先，孟加拉国格莱珉银行的 GB 模式，属于非政府组织（NGO），专门服务穷人，尤其是农村妇女、乞丐，以缓解社会贫困为目标，是典型的福利主义代表；其次，玻利维亚阳光银行模式，属于小额信贷混合模式，从非营利性组织转变成商业银行，以获得利润为主，缓解贫困为辅，是制度主义的代表；再次，印度尼西亚人民银行小额信贷模式，属于正规金融机构参与模式，目标客户不再仅仅是农民，还包括信誉良好的微小企业、个体户，以财务可持续发展为目标，在其操作中兼顾扶贫和可持续发展，是典型的制度主义代表；最后，拉丁美洲乡村银行模式，属于非政府组织模式，以服务社区会员为宗旨，以减少贫困为最终目的，是福利主义的代表。

（2）组织结构。格莱珉银行的组织结构主要包括两部分，一部分是自身的金字塔式四级组织结构，即总行—分行—地区行—支行，实行垂直领导和总裁、经理负责制；另一部分为三级的借款人机构，即中心—小组—会员。总行负责整个银行的资金运转和投资规划工作，辅助分行开展工作及员工培训；分行负责其下属地区行的检查考核资金协调工作，地区行负责管理下属的各个支行，对整个银行的盈利起到至关重要的作用，支行是格莱珉银行最基层的结构，负责直接和农民进行面对面的贷款发放、回放业务来往。格莱珉银行采取“互助小组+贷款中心”制度，5 人成立一个互助小组，6~8 个小组形成一个中心，小组成员之间互相帮助，定期召开中心会议，互相交流，共同进步。玻利维亚阳光银行组织结构为单一银行制度，同样采取小组贷款连带责任制度，互相监督，防止有人拖欠贷款。印度尼西亚人民银行的组织结构同样是自上而下的四级金字塔形式，总部—分行—地区支行—营业所，乡村营业所为最重要的机构组成部分，采取直接向个人提供贷款的方式。拉丁美洲乡村银行的组织结构为信贷联盟，与草根银行、大型银行结成联盟，互帮互助，形成资金流，同样采用 5~7 人贷款小组形式。

（3）贷偿机制。格莱珉银行不需要抵押作为担保，贷款期限为 1 年，贷款利率灵活，可以分为四种情况，贷款金额小，平均为 134 美元，实行“整借零还”制度，一般将本金和利息加总后除以 50，每周偿还应付额的 2%，共偿还 50 周，贷款一周后开始回收，这种做法有利于及时发现违约者，避免不良贷款现象的发生；玻利维亚阳光银行不需要抵押作为担保，贷款期限为 4~12 个月，贷款利率为 47.5%~50.5%，平均贷款金额为 1509 美元，还款灵活，可以一周一次或者两周一次，按时还款者，在未来可能获得更多金额的借款；印度尼西亚人民银行需要在超过一定额度时，以实物抵押作为担保，贷款期限为 3~24 个月，贷款利率为 32%~43%，平均贷款金额为 1007 美元，还款周期灵活，按时还款者将被给予 0.5%的退息优惠；拉丁美洲乡村银行不需要抵押物作为担保，贷款期限为 4 个月，贷款利率较高，为 36%~48%，平均每次贷款金额为 191 美元，每周还款一次。

（4）服务对象。四种小额信贷模式的贷款对象均具有很强的针对性。孟加拉国格莱珉银行专门为穷人服务，营业地区为农村地区，以穷人为目标人群，尤努斯认为，穷人是讲信用的，也有获得贷款的权利，而且每一个穷人借贷者都是诚实的，大部分穷人的信用度甚至高于富人，穷人会认为贷款是他们摆减贫困的唯一机会。而且，他们会倍加珍惜这种机会，尤其是女性，女性占目标人群的

95%。玻利维亚阳光银行作为一家专门从事小额信贷业务的私人商业银行，以盈利为目的，服务的目标人群则是有一定经济能力的中低收入者及微小企业，营业地区在城市，女性占比 60%。印度尼西亚人民银行作为商业银行，贷款服务对象非常清晰，针对的不是贫困人口，而是有潜力的个人或者信用状况合格的中小企业、家庭作坊主，营业地区主要在农村地区，女性占比仅为 18%。拉丁美洲乡村银行作为福利性银行，贷款对象为穷人，大部分为女性，女性占比 95%，营业地区大部分在农村。

（5）贷后监管。格莱珉银行与拉丁美洲乡村银行作为福利主义的代表，以缓解贫困，最终消除贫困为宗旨，主张提供小额信贷服务的同时，向农民提供社会性服务，如教育、医疗等；BRI 和玻利维亚阳光银行，则是商业性可持续发展小额信贷的典型代表，以盈利为最终目的，主张走商业化道路，把自身纳入到整个国家的金融体系中。格莱珉银行严格规定了小额贷款必须专用，由贷款互助小组各成员相互监督提醒；而印度尼西亚人民银行则不监测借款人的贷款用途和使用过程，BRI 认为，借款人懂得如何使贷款发挥恰到好处的作用。

根据上述对比研究，归纳出不同小额信贷模式的优劣势（见表 8.1）。孟加拉国格莱珉银行的优势在于，采用连带责任的小组借款机制，同时通过商业性运行机制与扶贫性经营目标的有机结合，构成了其制度框架基础，孟加拉国草根银行的劣势在于能否保证财务上的可持续性；印度尼西亚人民银行小额信贷部的优势在于，奖惩分明的定期还款机制，不但可以提高借款人的还款积极性，还可预警拖欠贷款风险的发生，其劣势在于，能否确保信贷部拥有自主经营权，如果总行做出统一决策，可能会影响下面各业务的施行；玻利维亚阳光银行的优势在于，能够充分赋予信贷商业化、市场化运作机制，使其保持持续的盈利能力和发展空间，做到财务上的可持续性，阳光银行为被边缘化的市场主体（尤其是穷人和微小企业）提供金融服务，利用较少的资源和较低的成本为大量的客户服务，并因此分散了风险，其劣势在于，对微型金融贷款业务及销售技巧的熟悉程度不高等；拉丁美洲乡村银行的优势在于，会员拥有较大的自主性，准入制度灵活性，可以克服客户地理上分散和人口密度低的弱点，并且能确立适合当地经济发展的存贷利率水平，但由于银行规模较小，存贷款容易受当地经济及规模的制约，因此，这类银行必须与大银行和其他草根银行联盟。

表 8.1　国际不同金融扶贫实践的对比

	孟加拉国格莱珉银行	印度尼西亚人民银行	玻利维亚阳光银行	拉丁美洲乡村银行
银行性质	非政府组织	政府转为市场经营	私人商业银行	社区资助基金会
组织结构	总分行制	总分行制	单一行制	信贷联盟
所有权结构	政府、会员	政府、企业、个人	私有投资者	会员
是否抵押	是	否	是	否
是否自愿储蓄	否	是	是	是
是否小组贷款	是	否	是	否
目标人群	穷人	中低收入者	中低收入者	穷人
女性占比	95%	18%	60%	95%
经营地区	农村	大部分在农村	城市	大部分在农村
贷款期限	1 年	3~24 个月	4~12 个月	4 个月
还款周期	每周	灵活	灵活	每周
经营目标	减贫	减贫	盈利	盈利
银行性质	福利主义	制度主义	制度主义	福利主义
财务可持续性	否	是	是	否
名义利率	20%	32%~43%	47.5%~50.5%	36%~48%

数据来源：根据文献梳理得出。

8.2　国外金融扶贫启示

8.2.1　从基本国情出发，选择适合本国发展的金融扶贫组织模式

目前，国际上拥有着各式各样、千差万别的小额信贷扶贫模式，从其组织结构看，主要包括非政府组织模式、正规金融机构模式、正规金融机构和非政府组织相结合的模式、地方合作银行模式、村镇银行模式、小额信贷批发基金模式以及资金互助合作组织等。不同国家在选择小额信贷模式时，均应结合本国国情，选择适合本国经济、政治、金融体系发展的小额信贷模式。例如，孟加拉国是全亚洲人口密度最大的国家，也是最贫穷的国家，国家金融体制落后，无法满足广

大农村地区的经济发展，无法实现农户生产的资金需求，这样的经济、金融背景，导致民间自发的非政府组织模式成为孟加拉国小额信贷的主要模式，格莱珉乡村银行便是该模式下的一个典型的例子。我国是世界上最大的发展中国家，必须充分认识到我国目前处于并将长期处于社会主义初级阶段，人口基数大，仍有很大一部分人口未脱离贫困，贫困群体多分布于生态环境恶化、偏远、缺乏生产能力的地区，贫困人口老龄化严重、因病致贫比重大，金融体制不完善，金融市场组织混乱是我国目前的基本国情与贫困现状，以此为基础，结合不同地区特点，选择符合基本国情，被地区贫困群体所接受的小额信贷扶贫模式。

8.2.2 明确服务对象，提高金融扶贫瞄准精度

从国外金融扶贫小额信贷四大模式的经验来看，其服务对象都具有很强的针对性，金融扶贫市场定位精准，比如，孟加拉国格莱珉银行的服务对象定位于穷人群体，尤其是妇女和乞丐，并且很明确地规定了服务对象所拥有的物质资本，即土地不超过半公顷或财产不超一公顷土地价值；印度尼西亚人民银行的服务对象不仅限于穷人，还包括其他中低收入者及微小企业。因此，我国在采用小额信贷模式开展金融扶贫工作时，一定要具有明确的服务对象，保证贫困区域、贫困户、贫困人口具有不同的针对性，结合不同贫困地区的经济面貌、产业结构，不同贫困户的致贫原因、家庭结构，不同贫困人口的人力资本现状等，从服务对象的需求出发，保证扶贫资金用到实处，扶贫措施合理、有效，真正为弱势群体服务，实现精准扶贫。

8.2.3 向商业化经营模式转变，加强商业化运作与管理

可持续发展是任何形式的组织机构所遵循的原则与目标，目前非政府组织形式的小额信贷模式普遍存在产权不清晰、缺乏管理力度、经营业绩不良等问题，其解决的唯一途径便是向商业化的经营模式转变，坚持商业化运作与管理。玻利维亚阳光银行、印度尼西亚人民银行均可作为这方面的成功典范，它们都是通过商业化运作与管理，实现了组织机构的可观利润，保证组织机构的可持续发展。非政府组织模式向商业化经营模式的转变已成为国际上小额信贷发展的趋势，但在转型的过程中，我国需要注意，首先，具有严格的法律规定与政策保障，明确

非政府组织机构的产权，保证其独立性、合法性；其次，要扩大资金来源，减少政府对利率市场的干预，降低目前对财政贴息的依赖性，为此，可以借鉴印度尼西亚人民银行的做法，向资金批发机构，如大型商业银行等批发资金；最后，要坚持商业化运作与管理，具备自主经营、自担风险、自负盈亏、自我约束的经营管理机制，保证其经营管理的有效性、高效性。

8.2.4 创新抵押担保方式，降低风险率，保证还款率

抵押担保可谓是放贷机构进行内部风险管理的重要措施与手段，小额信贷的服务对象主要是中低收入群体，目标是帮助他们实现减贫致富。但对于此类群体而言，薄弱的物质资本决定了他们缺乏正规金融机构所接受和认可的抵押资产，为此，国际小额信贷模式进行了探索与创新，采取小额信贷联保机制，实现降低信贷风险率，保证服务对象还款率的目标。从某种程度上讲，这种贷款担保方式的创新可以说是小额信贷管理模式的创新，解决了放贷机构与服务对象之间因存在信息不对称而导致的贷款风险，利用联保小组成员之间熟悉的交往关系，提高信息灵通性、掌控性，同时，容易在小组内形成监督机制，前提是必须保证各联保小组具有较强的组织性。目前，该联保机制已在我国得以推广，但这仅是其中一种创新机制，我国还应根据不同地区的实际情况，结合不同的小额信贷模式特点，继续探索，勇于创新，寻求适合地区发展，被放贷机构与服务对象共同接受的其他抵押担保新机制。

8.2.5 创新金融产品与服务，拓宽融资渠道，实现可持续发展

小额信贷的国际经验表明，融资渠道的多元化是实现金融组织机构可持续发展的重要前提和保障，拓宽融资渠道的形式很多，既包括金融业务的扩展，也包括金融产品的创新。例如，孟加拉国格莱珉银行通过创新金融产品赢得了广大农户的欢迎，其在贷款利率的设定上，为了实现金融扶贫的可持续发展，避免扶贫资金被挪用，根据信贷资金的供求特点，合理确定适应不同群体的贷款利率，以满足不同群体的多元化需求，促使金融组织机构以商业化的形式可持续发展。另外，格莱珉银行在发放贷款的过程中，也注意金融业务的创新，不仅体现于农户贷款方面，还对贷款农户进行适合其发展的技术培训与指导，在提高投资项目成

功率的同时，也引导贷款农户走上减贫致富之路。再如，印度尼西亚人民银行采取多元化的信贷机构融资方式，通过鼓励新股东入股、吸收公众存款、批发资金、接受捐赠及中央银行再贷款等多种途径进行融资。我国在借鉴国际经验的同时，继续探索新的融资方式，实现多元化发展，减少对国家财政的依赖性，为金融组织机构的可持续发展提供有力的基础保障。

8.2.6 加大政府政策支持，保障组织机构健康、稳定发展

任何一种国际小额信贷模式的发展都离不开国家政府在政策方面的大力支持及法律方面的有力保障。例如，孟加拉国格莱珉银行自 1983 年成立至今，一直与国家政府保持着良好的关系，无论是从政策支持，还是法律保护等方面，孟加拉国政府均为其提供了很多优惠与便利，如承认格莱珉银行的合法地位，并以4%左右的低利率向其提供资金，减免税收等。目前，非正规金融机构在我国农村金融市场中日趋活跃，发放贷款额已占据农户贷款总额的 55%。为此，政府应顺应国家金融市场的结构变革，充分发挥其特有职能，出台相关支持政策，建立、健全相关法律、法规，从市场准入、市场退出、业务规则、内部治理等方面对金融组织机构予以规范，明确其合法地位与监管机构；加强农村牧区金融基础设施建设，提高贫困户诚信意识，完善组织机构考核制度，为发展农村牧区普惠金融搭建平台，为促进金融扶贫的发展营造良好环境。

8.3 本章小结

本章主要描述了孟加拉国格莱珉银行、玻利维亚阳光银行、印度尼西亚人民银行、拉丁美洲乡村银行四种不同的国际金融扶贫小额信贷模式，并对各模式的运行机制进行了对比，找出各自的亮点与缺陷。从模式的选取、服务对象的确定、经营模式的转变、贷款风险的防控、融资渠道的拓展及政府支持六个方面总结出对我国金融扶贫顺利开展的启示：从基本国情出发，选择适合本国发展的金融扶贫组织模式；明确服务对象，提高金融扶贫瞄准精度；向商业化经营模式转

变，加强商业化运作与管理；创新抵押担保方式，降低风险率，保证还款率；创新金融产品与服务，拓宽融资渠道，实现可持续发展；加大政府政策支持，保障组织机构健康、稳定发展。

9　完善内蒙古农村牧区贫困户金融服务的政策建议

9.1　贫困户金融服务中存在的问题及原因分析

9.1.1　贫困群体经济活力低下，金融机构缺乏合作动力

首先，贫困户从事农牧业生产的劳动力年龄普遍较大，贷款需求低，不足以吸引金融机构的注意力，调查数据显示，贫困户户主平均年龄为 56 岁，有 29.5%的贫困群体无贷款需要，另有 12.5%的贫困户担心违约、恐惧风险而放弃贷款，两类贫困群体占比达 42%，即将近一半的贫困群体无贷款需求。

其次，贫困群体受教育水平低下，对知识、事物的接受与领悟能力较差，严重打击信贷员的工作积极性，调查数据显示，贫困户户主文化程度普遍集中于初中以下水平，小学、文盲、半文盲占比达 53%。

最后，贫困户生产能力较弱，经济条件较差，缺乏长期稳定的收入来源，加之子女上学、求医治病等客观因素的影响，贷款违约风险较高。内蒙古扶贫信息系统数据显示，2015 年，因病致贫贫困户占比最高，达 40%，严重打击了金融机构的放贷信心。

上述现象导致金融机构与自治区扶贫办的合作意识淡薄，正如扶贫办公室主任介绍，在“金融扶贫富民工程”启动初期，扶贫办相关领导登门拜访了十多家银行，请求其与扶贫办合作，各银行纷纷表示风险太大，不愿合作，起初仅有农

业银行成为工程的合作伙伴。

9.1.2 服务对象瞄准度不够精细，存在“目标转移”问题

2013 年，“精准扶贫”理念首次提出，即帮扶措施的实施、帮扶资金的发放要精准到户。根据实际调查情况发现，目前，内蒙古金融扶贫对象的瞄准基本满足精准到县，并未实现精准到户。扶持对象的精准度可通过金融扶贫资金发放过程中资金的瞄准度进行衡量，包括扶持资金实际目标达成率及覆盖率两个指标，前者主要指扶贫资金发放到指定目标对象的信贷额度占金融扶贫信贷资金总发放额的比重；后者指实际获得金融扶贫信贷支持的目标对象占具有信贷需求总人数的比重。根据内蒙古“金融扶贫富民工程”实施的初衷，政府设置信贷扶贫资金是为了满足贫困地区、贫困农户的生产资金需求，自治区要求农行用于农牧民的生产贷款，即投放到户的贷款额原则上要达到当年“金融扶贫富民贷款”总额的70%左右，但由于金融机构的商业化企业性质，追求利润最大化、规避风险是其主要目标，在实际执行中体现为一半以上的信贷扶贫资金以各种方式被投放到了贫困地区的各类经济实体。另外，根据问卷调查实际情况，获得扶贫贷款的贫困户 147 户，占所有具有贷款需求贫困户的 55.7%，另有 117 户贫困户具有贷款需求，但其资金仍未得到满足。因此，在现行金融扶贫农户信贷模式的实施过程中，扶贫资金的发放存在“目标转换”问题，贫困旗县、贫困户所在旗县的非贫困户、地方企业及政府开发项目等成为金融扶贫主要扶持对象。

9.1.3 农村牧区银行网点分布缺位，贫困户贷款间接费用提高，金融扶贫效率降低

1996 年，我国进行银行商业化改革，四大国有银行（包括农行）开始向商业化转轨，各国有商业银行逐步考虑基层机构经营成本，追求利润最大化，根据量本利曲线关系，业务量不大、经济效益处于盈亏平衡点以下的网点陆续退出农村金融市场。据统计，1999~2002 年，四大商业银行在农村、贫困地区共撤并服务网点 3.1 万个，导致目前四大商业银行在农村地区的机构设立大幅度缩减。以农行为例，其网点主要设立在县域以上相关城市，内蒙古旗县网点设立数量占农行网点设立总数的 16.54%，其中，农村牧区网点设立仅占旗县网点总数的

19.21%，大大降低了金融扶贫合作单位农行的信贷服务能力。根据调查了解到，银行在农村增设一家物理网点，其一次性投入约为60万元，每年运营成本达30万元，设立一个流动网点，每年运营成本也要20多万元，农户尤其贫困户贷款具有需求低、额度小、周期长等特点，考虑银行盈利能力，农行表示不愿意在农村增设网点。对于贫困户而言，其多数居住在自然环境恶劣、交通不便、信息流通不畅的偏远地区，去往旗县办理一次业务要耽误至少一天时间，待业务完成，所有交通、人工等机会成本、间接费用足以达到政府提供的贷款贴息。因此，他们不愿意跑到几十里、几百里远的农行办理信贷业务，尽可能选择周边方便的金融服务机构满足其资金需求。由此导致金融扶贫信贷服务难以到达真正的农村牧区贫困群体中，降低了金融扶贫效率。

9.1.4 金融机构缺乏贫困户还贷信用评估体系，扶贫贷款供给与贫困户需求存在“失衡”

金融机构属于商业性企业，追求最大利润、降低风险是其主要目标，经济条件相对较好的贫困户成为它们的偏好对象（即游离于贫困户与非贫困户间的群体）。扶贫则属于公益性活动，为更多贫困户服务，实现贫困户增收、减贫是其主要职责，经济条件偏差的贫困户成为政府部门的偏好对象。这就导致政府与金融机构在服务对象的选择上存在矛盾，如何做到既能保证金融机构盈利能力又能实现贫困户减贫，成为内蒙古“金融扶贫富民工程”需要解决的首要问题。金融机构缺乏贫困户还贷信用评价体系，为降低贷款违约风险，贫困户提高贷款申请后，信贷人员需要通过实地调查了解贫困户经济条件与还款能力，从而作出是否放贷的决定与选择。由于贫困户所在地区的偏远性，该工作将耗费大量人力、物力、财力，极大提高金融机构的经营成本，加之贫困户贷款额度普遍较低，降低其盈利水平。为解决好该问题，实施过程中采取由政府部门进行筛选贫困户工作，最终将具有生产能力、还款意识的贫困户名单提交金融机构。为此，内蒙古政府、扶贫办按照“五选”定村、“六选”定户的原则，确定该类贫困群体。但根据实地调查发现，这种形式不符合贫困户真实需求，造成“供给失衡”问题。首先，并非所有贫困户均具有贷款需求，调查样本显示，42%的贫困群体无贷款需求。因此，这种由政府确定信贷客户的方式不仅没有从贫困户的真正需求出发，而且导致部分贫困户将扶贫贷款当成是一种“福利收入”，认为这是政府的钱，而不是银行的钱，将这些投入变成了家庭“消费基金”，调查数据显示，此类贫困群体在获得贷款贫困户中的占比为13%。其次，为了了解贫困户对金融产品、服务的需求，本书从信贷、产品销售、农资购买、农业保险、农业培训等方面设计了9个不同选项，根据贫困户回答情况，61.6%的贫困户希望金融扶贫能够拓展农产品销售渠道；50.5%的贫困户希望金融扶贫能够帮助他们统一购买农资，降低生产成本；仅14.7%的贫困户具有信贷、保险金融需求（该问题为多项选择）。因此，目前采取的金融扶贫模式并不满足贫困户的真实需求，金融产品有待创新。

9.1.5 扶贫贷款的发放对农牧产业依赖性强，农业保险覆盖率低，贫困户存在“返贫”隐患

目前，内蒙古金融扶贫主要采取农户信贷模式，目的在于解决贫困户“贷款难”问题，满足贫困户生产资金需求。信贷模式需要金融机构的支持与配合，贫困户缺乏有效的抵押担保成为主要制约因素。为此，自治区政府、扶贫办、金融办等相关部门积极探索，寻求一条既能降低银行风险，又能满足贫困户资金需求的有效途径，从降低贷款门槛儿的角度出发，采取联保、富裕户带动、龙头企业带动等相关模式。根据第4章内蒙古金融扶贫成功模式可知，无论何种信贷模式，均依赖于农牧产业的发展，这也是由农村牧区自然资源以及贫困群体人力资本等所决定的必然选择。但农牧业产业受自然环境、气候变化的影响较大，不稳定性较高，存在很强的自然风险，如果不能及时规避该风险的发生，必然会影响扶贫资金的安全，进一步导致贫困户返贫问题。根据实地调查情况，贫困户的农业保险意识较低，仅有14.7%的贫困群体具有此类贷款需求，实际购买农业保险的贫困户占比不足10%，失去基本的农业自然风险保障。

随着金融扶贫工作的深度推进，尤其是与产业扶贫相结合的模式，随着产业规模的不断扩大，农产品的品牌度、价格等将受影响，也会面临由产业不稳定性所带来的市场风险。根据调查，目前，内蒙古农业保险产品单一，主要是农业“成本险”，该险种无法保障农产品价格波动所造成的风险，一旦出现产品价格的大幅度下跌，势必会导致贫困户返贫现象的发生。

9.2 完善贫困户金融服务的政策建议

9.2.1 发挥财政引导作用，增强金融机构参与度，大力发展农村合作金融，完善金融扶贫合作体系

金融扶贫主要是在政府部门的引导下开展，政府具有无法替代的作用，金融扶贫需要大量财政资金的投入，但完全依靠财政资金并非长久之计。为此，需要充分发挥政府各项职能，努力构建有效、稳定、可持续的金融扶贫合作体系。

第一，进一步放宽农村金融市场准入条件，降低商业银行进入门槛儿，制定相应的优惠政策，如减免税收等，对商业银行参与金融扶贫提供更多优惠待遇，尽可能弥补由小额贷款交易所形成的经营成本与风险。

第二，协助金融机构做好风险补偿工作，尤其是金融机构的贷款损失，加大风险补偿基金建设，为商业银行提供更多保障。

第三，结合内蒙古农村牧区经济发展水平，加大涉农企业的财政投入，鼓励农村合作金融机构的发展，在控制农村合作金融机构风险的前提下，不断提升合作金融机构的资本充足率。

第四，监管机构要建立适度的竞争、退出机制，通过股权转换、规范化管理等方式促进合作金融实体的良性发展。

第五，建立健全法律法规，建立贫困户贷款不良信用惩罚机制，并与金融扶贫各项业务一同纳入法律法规，降低金融机构损失率的同时，提高贷款人信任度。

通过以上措施，鼓励更多金融机构参与扶贫工作，做到政策性银行、商业性银行、合作性金融机构间的相辅相成，共同促进内蒙古金融扶贫工作的顺利开展，保证充足的信贷资金投入，满足更多具有生产能力、还款意识贫困户的生产资金需求，实现更多贫困户减贫。

9.2.2 明确金融机构与政府职能，走金融扶贫“结构式”发展道路，建立健全金融机构合作监管体系

对于金融扶贫来说，过于强调政策性则很容易形成“福利主义”而使得扶贫资金大量沉淀；过分追求商业性又容易导致“制度主义”而使扶贫资金在投向上出现偏差，因此，金融扶贫的改革必须把握好政策性与商业性之间的分配与协作，决不可混为一谈。

首先，在充分认识并遵循商业可持续性原则的基础上，重新界定政府与金融机构之间的关系，明确二者之间功能上的划分，力争构建一个具有商业性体制、政策性目标的特色金融扶贫模式，既保证金融机构可持续发展，又帮助实现贫困户减贫。

其次，金融扶贫依然要以贫困户与农牧业企业为主体，但要根据扶贫对象的不同而采用不同的金融扶贫制度安排，坚持政府引导、市场运作、社保兜底、政策支持的核心思想，在充分发挥市场配置资源的决定作用和政府推动、政策引导支持作用的前提下，金融扶贫应坚持区分不同层次、不同类型的服务对象和领域的精准扶贫理念。

再次，金融扶贫要把精准到户作为重中之重，主动对接政府减贫攻坚工作规划，摸清建档立卡贫困户基本信息，根据贫困户的具体情况，逐户确定帮扶对象和帮扶目标。

最后，建立健全金融机构合作监管体系，减少政府对金融市场的干预，加强对金融机构合作信贷业务的监督与管理，定期派扶贫工作人员深入检查，建立信贷业务工作档案，严格登记每一笔信贷资金的具体去向，保证资金投放的精准性。

9.2.3 完善贫困地区金融基础设施建设，深化金融体制改革，努力打造互联网金融扶贫模式

金融扶贫要紧盯“贫根”，精准发力，从贫困地区设施建设、体制改革等方面提高贫困户享受金融服务的能力。

首先，政府、财政部门应加强贫困地区基础设施建设，重点扶持交通、电

力、通信等重大工程项目的开展，打开贫困地区的封闭市场，增加贫困地区与外界的联系，提高信息畅通率。

其次，深化贫困地区金融体制改革，建立健全贫困地区尤其是乡、镇（苏木）金融组织体系，彻底放宽村镇银行、小额贷款公司、农村资金互助合作组织等新型金融组织机构的限制，努力将贫困群体居住地周边的村镇银行发展成为金融扶贫合作伙伴，推动该类银行向下延伸机构网点，保证金融扶贫信贷服务真正深入贫困群体，提高金融扶贫效率。

最后，金融合作机构要加强员工培训，同时招聘具备一定科技能力的网络信贷人员，大力发展贫困地区互联网金融，可以依托 P2P 模式，将城市富裕人口闲置资金与农村牧区贫困群体的借款需求相衔接，努力解决贫困地区因金融服务稀缺而导致的融资成本高等现实问题。

9.2.4 加强金融扶贫供给侧结构性改革，从贫困户贷款需求出发，合理设计金融扶贫信贷产品与服务

首先，内蒙古应改进现有的信贷客户确定方法，由贫困户自愿申请，自治区扶贫部门深入了解贫困户贷款需求，初步确定可能需要的信贷资金投放量，同时调整金融合作机构的信贷投放比例，保证金融扶贫资金使用率，避免资金外流。

其次，金融合作机构应结合贫困户实际情况，建立一套可以量化的贫困户还贷信用评价体系，根据贫困户提出的贷款申请情况，结合贫困户建档立卡基本信息，确定是否将其划入信贷客户群体，在降低机构经营风险的同时，协助贫困户减贫。

再次，政府部门应继续寻求其他金融扶贫合作伙伴，满足不同贫困群体的资金需求，例如，增加与保险部门的合作，解决贫困户医疗方面的资金需求，根据不同贫困户的致贫原因，有针对性地制定金融扶贫发展模式。

最后，扶贫部门应继续拓宽与金融单位的业务合作范围，不仅仅体现为信贷服务，还要结合贫困户贷款需求，引导金融合作机构改变经营理念，实现金融产品与服务类型的转型与升级，寻求农产品生产、加工企业以及农药、化肥农资生产厂商等，拓展贫困户农产品销售渠道，增加贫困户农资购买便利性、优惠性，实现金融扶贫与电商农牧业的结合。

9.2.5 丰富保险产品，提高保险覆盖率，形成“政府+保险+银行”“以险养险”金融扶贫新模式

首先，政府、扶贫办、金融保险部门应加强宣传教育，增加贫困户保险知识，增强贫困户参保意识，提高贫困户保费补贴，扩大农牧业保险在贫困群体中的覆盖率。

其次，充分利用“土专家”和现代科学技术，结合金融扶贫的政策性，充分利用政府部门，尤其是农业技术推广部门的优势，结合种养专业户经验，对贫困户进行农牧业生产技术培训。

再次，积极培育贫困户发展农牧产业的下游核心企业，在当地形成较为完整的产业链，同时推进农村牧区市场体系建设，确保贫困户在发展农牧产业时能够合理分享整个产业链利润。

最后，推进内蒙古保险行业改革，丰富保险品种，引入农产品价格风险控制机制，开发适应当地农牧业经济发展的保险产品，如价格保险等。

通过以上措施，尽可能规避农牧产业因规模扩大导致的价格风险，降低贫困户农牧业生产自然风险。同时，农业保险可进一步作为贫困户获得金融贷款的重要保障，形成“以险养险”的金融扶贫模式，降低贫困户“返贫率”，保证金融扶贫效果的长期性、稳定性、可持续性。

9.3 本章小结

本章主要总结了目前内蒙古贫困户金融服务过程中存在的主要问题，包括：贫困群体经济活力低下，金融机构缺乏合作动力；扶贫贷款的对象瞄准度不够精细，存在“目标转移”问题；农村牧区银行网点分布缺位，贫困户贷款间接费用提高，金融扶贫效率降低；缺乏贫困户贷款信用评估体系，扶贫贷款的供给与贫困户需求存在“失衡”；对农牧产业依赖性强，农业保险覆盖率低，贫困户存在“返贫”隐患。

在原因分析的基础上，提出了相应的政策建议：发挥财政引导作用，增强金融机构参与度，大力发展农村合作金融，完善金融扶贫合作体系；明确金融机构与政府职能，走金融扶贫“结构式”发展道路，建立健全金融机构合作监管体系；完善贫困地区金融基础设施建设，深化金融体制改革，努力打造互联网金融扶贫模式；加强金融扶贫供给侧结构性改革，从贫困户贷款需求出发，合理设计金融扶贫信贷产品与服务；丰富保险产品，提高保险覆盖率，形成“政府+保险+银行”“以险养险”金融扶贫新模式。

10 结论与展望

本书基于普惠金融、精准扶贫宏观政策背景，采用内蒙古扶贫信息系统、建档立卡贫困户问卷调查两方面数据，从贫困户贷款需求、减贫效果、还贷信用等方面对内蒙古“金融扶贫富民工程”的实施效果进行了研究，找出主要问题与原因，提出相应的政策建议。由于笔者时间、精力的限制，研究仍存在一定不足，现就本书主要结论、今后研究展望进行简要说明。

10.1 主要结论

（1）随着金融扶贫及其他各类扶贫工作的大力开展，内蒙古农村牧区贫困人口规模不断缩减，但其减贫速度仍需提高，按照现有速度预测，全区仅有呼和浩特市、通辽市、呼伦贝尔市、乌兰察布市 4 个地区将提前实现所有贫困人口彻底减贫目标，巴彦淖尔市、阿拉善盟将延迟实现，其他地区均将于 2020 年当年实现；贫困人口人力资本薄弱，并处于不断下降趋势，贫困人口老龄化程度高、文化素质低、缺乏劳动技能、外出务工机会少，自治区贫困人口身体健康水平整体处于下降趋势，不同地区间存在显著差异，受地区经济结构、自然环境、耕作方式、饮食习惯等因素的影响较明显，部门地区扶贫政策已向“兜底”方向倾斜，其他地区也存在此趋势。贫困户病残成为致贫的主要原因，但目前缺乏具有针对性的扶贫策略解决此问题，自治区扶贫办下一步需继续探索、创新，改善贫困户身体健康水平，实现精准扶贫。贫困户土地资源稀缺，仅为自治区平均水平的一半左右，土地资源作为最根本的生产资料，直接影响贫困户生产、生活，对此，自治区相关部门应加强贫困户土地流转速度，或加强合作社发展，对贫困户稀有的土地资源进行规整，实现规模化、专业化生产。贫困地区尤其是草原牧区道路修建落后，交通不便，直接影响贫困户生产、生活，制约农畜产品销售，今后应加大该方面的投资力度，为贫困地区创造良好的生产、生活条件，确保贫困户具有享受各类福利的机会与能力。草原生态保护补助奖励政策的实施，直接改变了牧区贫困户的家庭收入结构，极大提高了转移性收入占比，尤其草场面积大的贫困地区，转移性收入成为其主要收入来源，政策一旦停止，存在大量草原牧户“返贫”隐患，自治区政府等相关工作人员应提高警惕，做好防控措施。

（2）内蒙古金融扶贫主要通过提高贫困户抵押担保能力，降低贫困户贷款门槛儿，解决贫困户“贷款难”问题，包括将动物（牲畜）资本作为有效抵押物、龙头企业带动、合作社带动、（大户）富裕户带动等，同时对贫困户贷款进行贴息补贴，解决贫困户“贷款贵”问题，无论何种模式，均对农牧产业的发展形成较强的依赖性。但农牧业产业受自然环境、气候变化的影响较大，不稳定性较高，存在很强的自然风险。随着金融扶贫、产业扶贫的顺利进行，农牧产业规模不断扩大，农产品品牌度、价格等将受影响，使农牧产业再次面临不稳定的市场风险。为此，内蒙古政府、扶贫办等相关部门应做好农牧产业风险防控，有效规避农牧产业自然、市场风险，避免贫困户“返贫”问题的产生。

（3）根据内蒙古建档立卡贫困户调查情况，70.5%的贫困群体具有贷款需要，金融扶贫拥有 58%的需求市场，其中 32.3%已实现有效市场，具有贷款需求的贫困群体中，仍有近一半的贫困户依然存在“贷款难”问题。贷款需要属于一种心理活动，是贫困户对家庭“幸福感”的自我评价，评价依据是家庭收入水平能否满足所有生产、生活所需，影响贫困户贷款需要的主要因素包括家庭人口数、人均纯收入、户主年龄、打工收入占比、转移性收入占比五个变量。贷款需求是贫困户在具有贷款需要的基础上，愿意且具有充足还款能力的经济活动，判断依据主要是家庭还款能力，体现在贫困户人力资本方面，影响贫困户贷款需求的因素包括户主性别、贷款用途、户主身体健康水平、户主民族、户主年龄、土地面积六个变量。贷款获得性是指贫困户提交贷款申请后，其贷款需求的实际满足情况，主要由正规金融机构、银行部门决定，影响贫困户贷款获得性的因素主要体现在贫困户贷款回报率、贷款风险两方面，包括贷款用途、户主劳动力类型、是否加入合作社、贷款需求金额、家庭生产性收入、户主年龄、打工收入占比、土地面积八个变量。贷款需要→贷款需求→获得贷款“一一递进”，前者为后者的“必要不充分”条件，对贫困群体人力资本、社会资本、金融资本等各方面要求不断提高。具体表现为：低保户占比、户主平均年龄依次下降，贷款用途为生产性支出的贫困户占比、户主身体健康、劳动力水平、家庭人均纯收入、生产性收入占比依次提高；政策导向不同，使农区、牧区贫困户形成不同的贷款行为选择，农区三类贫困群体户均耕地面积依次增加，牧区则表现为从贷款需要到需求，户均面积减少，从贷款需求到实际获得，户均面积增加，具有贷款需求的贫困户户均草场面积最小，实际获得贷款的贫困户户均草场面积最大。

（4）扶贫贷款对贫困户增收、减贫均产生1%水平下的显著正影响，即获得扶贫贷款的贫困户更容易实现增收与减贫目标，但其作用力不同，对实现家庭减贫目标的作用力高于增收21.9%；扶贫贷款、户主年龄、户主劳动力类型、是否加入合作社四个变量相互依赖，共同作用于贫困户增收，其显著水平分别为1%、5%、1%、10%，扶贫贷款、户主年龄、加入合作社三个变量共同影响贫困户家庭减贫，显著水平分别为1%、5%、10%；扶贫贷款对不同贫困群体表现出不同的扶持方式，对贷款用途为生产性支出的贫困户而言，属于“造血式”扶贫；对贷款用途为生活性支出的贫困户而言，属于“输血式”扶贫。短期看，扶贫贷款对贷款用途为生活性支出贫困户增收的促进作用高于生产性45%，但从长期分析，扶贫资金对该类贫困群体的发放具有严重的违约风险，贫困户面临增加负债，更加贫穷的风险。内蒙古应做好贫困户贷款需求调查，加强金融供给侧改革，大力发展普惠金融，争取满足所有具备还款能力的贫困户生产资金需求，加强贷款资金贷后监督管理，提高资金使用率。

（5）贫困户具有良好的还贷信用，但其背后存在严重的“高利贷”陷阱，部分贫困户属于“隐形违约”群体，一旦民间借贷缺位，或者形成高利贷利滚利，其将发生贷款违约。现有制度对失信群体过于教条主义，金融机构应进行适当调整，做好违约原因的调查与记录，保障信贷制度科学、合理；信用保障对贫困户还贷信用的影响最大，其次为守信能力，第三为守信意愿。金融扶贫风险补偿金的设立、贴息资金的投放符合实际，对增加贫困户信用资本产生较大的促进作用，提高金融机构对贫困户放贷的信心与积极性。贫困户守信意愿主要受户主文化程度及年龄的影响；守信能力主要受贫困户家庭总收入及家庭人口数量的影响。贫困户信用保障的主要影响因素包括有无打工收入、政策扶持、是否加入合作社、土地面积、贷款需求额及用途、有无民间借贷。金融机构对贫困户有效需求市场的评估偏低。贫困户信用意识较强，能够作出有效的贷款需求判断，并非现实生活中人们所认为的“无信用”群体。灰色关联度大于 0.4750 的贫困户信用水平较高，其贷款需求可形成长期有效的金融扶贫市场。

（6）国际上较为成功的金融扶贫小额信贷模式实践表明，要从国家基本国情、自治区基本区情出发，选择适合本国、本自治区发展的金融扶贫组织模式；要明确服务对象，提高金融扶贫瞄准精度，保证贫困区域、贫困户、贫困人口具有不同的针对性，避免资金投放过程中的“目标转移”问题。处理好政府公益性与金融机构商业性之间的矛盾，金融扶贫信贷模式向商业化经营转变，加强商业化运作与管理，在实现贫困户减贫的同时，保证金融机构可持续发展。进一步创新抵押担保方式，降低贫困户贷款风险，保证还款率，在解决贫困户“贷款难”问题的同时，提高金融机构对贫困户的信任程度。积极探索，不断创新，根据不同贫困群体的特征，结合其资金需求情况，制定不同的金融产品与服务，实现多元化供给。拓宽融资渠道，保证金融机构资金来源。加大政府政策支持，建立健全法律法规，加强金融基础设施建设，提高贫困户诚信意识，完善金融组织机构监管、考核制度，为发展农村牧区普惠金融搭建、营造良好的平台与环境，保障其健康、稳定发展。

（7）内蒙古金融扶贫的发展过程中存在五个主要问题：贫困群体经济活力低下，金融机构缺乏合作动力；金融扶贫对象瞄准度不够精细，存在“目标转移”问题；银行网点分布缺位，贫困户贷款间接费用高，金融扶贫效率低；金融机构缺乏贫困户还贷信用评价体系，扶贫信贷供给与贫困户需求存在“失衡”；金融扶贫对农牧产业依赖性强，农业保险覆盖率低，贫困户存在“返贫”隐患。

基于上述问题，提出相应的对策建议：发挥财政引导作用，增强金融机构参与度，大力发展农村合作金融，完善金融扶贫合作体系；明确金融机构与政府职能，走金融扶贫“结构式”发展道路，建立健全金融机构合作监管体系；完善贫困地区金融基础设施建设，深化金融体制改革，努力打造互联网金融扶贫模式；加强金融扶贫供给侧改革，从贫困户贷款需求出发，合理设计金融扶贫信贷产品与服务；丰富保险产品，提高保险覆盖率，形成“政府+保险+银行”“以险养险”金融扶贫新模式。

10.2 研究展望

“扶贫”，即扶持弱势群体的发展，现有目标是实现贫困群体的减贫，待2020年我国实现所有贫困人口彻底减贫后，“扶贫”或许将被新的名词所替代，但其机制并不会消失或改变，实现减贫的那部分农户依然是社会中的弱势群体，其经济发展仍处于社会底层，需要得到国家政府等相关部门的继续关注，防止“返贫”，缩小贫富差距，将成为世界各国未来的发展目标。金融是现代经济的核心，金融供给侧结构性改革是促进国家经济发展，满足不同群体资金需求，减轻“马太效应”的有效途径。因此，扶持弱势群体的发展属于永久性课题。

内蒙古具有独特的地域特点，包括农区、牧区、半农半牧区，根据调查了解，不同地域间自然资源、经济结构、生产方式等均具有一定的差异性，但由于笔者时间的限制，加之建档立卡贫困户调查的实际困难，无法获取足够的样本量将三者进行分类与对比研究，这也是本书的缺陷。今后，笔者将进一步深入调查，获得足够样本量，分别对内蒙古农区、牧区、半农半牧进行研究，找出不同地域间的差异，针对不同地域提出不同的观点与建议，使研究更具科学性。

参考文献

[1] Adams D W. The Conundrum of Successful Credit Projects in Floundering Rural Financial Markets [J]. Economic Development and Cultural Change, 1988, 36 (2): 8-9.

[2] Ansel M. Sharp, et al. Poverty Problems and Discrimination, Economics of Social Issues [M]. London: Mc Graw-Hill, 2002.

[3] Bank W. Economic Growth, Poverty, and Household Welfare in Vietnam [R]. World Bank, 2004.

[4] Bank W. Global Economic Prospects and the Developing Countries 2002: Making Trade Work for the World's Poor [A]//Global Economic Prospects and the Developing Countries [M]. World Bank, 1991: 1-203.

[5] Beresford P, Hoban M. Participation in Anti-Poverty and Regeneration Work and Research [J]. Economic Review, 2005 (1): 7-14.

[6] Besley T. Nonmarket Institutions for Credit and Risk Sharing in Low-Income Countries [J]. Journal of Economic Perspectives, 1995, 9 (3): 115-127.

[7] Binswanger H, Khandke S, Rosenzweig M. How Infrastructure and Nancial Institutions Affect Agricultural Output and Investment in India? [J]. Journal of Development Economics, 1993, 41 (2): 337-366.

[8] Boex J, Heredia-Ortiz E, Martinez-Vezquez J, Timofeev A, Yao G. Fighting Poverty through Fiscal Decentralization [R]. USAID Report, 2005.

[9] Burnett N, Patrinos H A. Response to Critiques of Priorities and Strategies for Education: A World Bank Review [J]. International Journal of Educational Development, 1996, 16 (3): 273-276.

[10] Chatterjee S, Deville L, Dugue M, Narayansuwami C, Prakash B. Papua New Guinea and Sri Lanka: Scaling up Health Interventions [C]. Scaling up Poverty Reduction: A Global Learning Process and Conference, Shanghai, 2004 (5): 25-27.

[11] Diop N, Breton P, Asarkaya Y. Trade Costs, Export Development, and Poverty in Rwanda [R]. World Bank Policy Research Working Paper, 2005.

[12] Fan S, Hazell P, Thorat S. Government Spending, Agricultural Growth and Poverty: An Analysis of Interlinkages in Rural India [R] // IFPRI Research Report No.1999 [D]. Washington DC: International Food Policy Research Institute, 1999.

[13] Hirschman A O. The Strategy of Economic Development [M]. New Haven: Yale University Press, 1958.

[14] Jacoby H G. Access to Markets and the Benefits of Rural Roads [J]. The Economic Journal, 2000 (1): 713-737.

[15] Jalan, J, and Ravallion, M. Geographic Poverty Traps? A Micro Econometric Model of Consumption Growth in Rural China [J]. Journal of Applied Econometrics, 2002 (1): 2-14.

[16] Khandker S R. Fighting Poverty with Microcredit: Experience in Bangladesh [J]. Fighting Poverty with Microcredit Experience in Bangladesh, 1998 (1): 214-241.

[17] Lee P, Murie A. Poverty, Housing Tenure and Social Exclusion [M]. Bristol: The Policy Press, 1997.

[18] Lora M. The Challenges of the Institutionalization of the Reduction Poverty Policies and Programs: Social Authority, Decentralization and Participation (Planning and Development of Productive and Work Generative Activities) [J]. Research Communications in Chemical Pathology & Pharmacology, 2004, 12 (1): 43-65.

[19] Morduch J. Does Microfinance Really Help the Poor? New Evidence from Flagship Programs in Bangladesh [R]. Working Papers, 1998.

[20] Muhainmad Yunus. 小额信贷：缓解贫困问题的一条重要途径 [Z]. 经

济科学，2006.

［21］ Narayan D，Chambers R，Shah M K，Petesh P. Crying out for Change: Voices of the Poor ［M］. World Bank Publications，2000.

［22］ Pitt M M，Khandker S R. The Impact of Group-Based Credit Programs on Poor Households in Bangladesh：Does the Gender of Participants Matter ［J］. Journal of Political Economy，1998，106（5）：958-996.

［23］ Rao M G. Poverty Alleviation under Fiscal Decentralization ［R］. 2002.

［24］ Report W D，Bank W. Attacking Poverty：World Development Report 2000/2001 ［R］. 2000.

［25］ Sarmistha Pal. Household Sectoral Choice and Effective Demand for Rural Credit in India ［J］. Applied Economics，2002，34（14）：1743-1755.

［26］ Sen A. Development as Freedom ［M］. Oxford：Oxford University Press，1999.

［27］ Sen A. Inequality Reexamined ［M］. Oxford：Oxford University Press，1992.

［28］ Songco J A. Do Rural Infrastructure Investments Benefit the Poor? Evaluating Linkages：A Global View，a Focus on Vietnam ［R］. Policy Research Working Paper，2002.

［29］ Stiglitz J E，Weiss A. Credit Rationing in Markets with Imperfect Information ［J］. American Economic Review，1981，71（3）：393-410.

［30］ Stonyot. The Microfinance Promise ［J］. Journal of Economic Literature，1999，37（37）：1569-1614.

［31］ Townsend P. The International Analysis of Poverty ［M］. New York：Harvestter，1993.

［32］ UNDP. Human Development Report ［M］. New York：UNDP Press，1996.

［33］ Van De Walle，D. Choosing Rural Road Investments to Help Reduce Poverty ［J］. World Development，2002（4）：575-589.

［34］ World Bank. Education Sector Strategy ［R］. World Bank，Washington，DC，1999.

［35］ World Bank. Health，Nutrition，Population（HNP） and Poverty at the

World Bank [C]. A Summary of Knowledge Generation and Dis-semination Activities, 2000.

[36] 爱德华·S. 肖. 经济发展中的金融深化 [M]. 北京：中国社会科学出版社，1989.

[37] 陈晋丽，于丽红，兰庆高. 农户土地经营权抵押贷款需求意愿影响因素分析——基于辽宁省 385 个农户的调查 [J]. 广东农业科学，2014 (7)：214-218.

[38] 陈凌建. 中国农村反贫困模式与选择 [J]. 湘潭师范学院学报（社会科学版），2009，31 (6)：43-45.

[39] 陈清华，董晓林. 金融扶贫对农户生产投资的影响效果评估——以宁夏村级互助资金为例 [J]. 福建农林大学学报（哲学社会科学版），2016，19 (5)：34-40.

[40] 陈申骏. 普惠金融视角下农村小额信贷创新发展研究 [D]. 浙江大学博士学位论文，2015.

[41] 陈艳. 江苏省农村小额人身保险的问题研究 [J]. 中国商论，2015 (30)：96-99.

[42] 陈颖，王胜邦. 小额信贷机构监管的国际经验和中国实践 [J]. 新金融，2006 (7)：46-48.

[43] 钭利珍，梅继承，袁云峰，徐东涛. “丽水模式”农村金融普惠扶贫的实践与探索 [J]. 浙江金融，2015 (3)：67-70.

[44] 杜晓山，宁爱照. 对商业银行参与金融扶贫的思考 [J]. 农村金融研究，2013 (5)：4-11.

[45] 杜晓山. 解决贫困农户贷款短缺和还贷率低的尝试 [J]. 中国农村经济，1996 (2)：71-75.

[46] 段应碧. 发展公益性小额信贷组织，破解贫困农户贷款难题 [J]. 农业经济问题，2011 (1)：4-6.

[47] 冯文丽，王芳，王学刚等. 金融扶贫阜平模式 [J]. 中国金融，2016 (18)：68-69.

[48] 弗里德利希·冯·哈耶克. 个人主义与经济秩序 [M]. 贾湛译. 北京：经济学院出版社，1991.

[49] 弗里德利希·冯·哈耶克. 自由秩序原理 [M]. 邓正来译. 北京：生活·读书·新知三联书店，1997.

[50] 付连春. 我国扶贫小额信贷存在的问题及国际经验借鉴 [J]. 财经界，2016 (20).

[51] 冈纳·缪尔达尔. 亚洲的戏剧——一些国家贫困问题的研究 [M]. 北京：北京经济学院出版社，1992.

[52] 高天跃. 贵州民族地区金融精准扶贫的难点及对策研究 [J]. 黑龙江民族丛刊，2016 (4)：71–75.

[53] 宫雯，李龙清，许永刚. 基于熵权法与灰色关联度法的煤矿企业信息化水平评价 [J]. 工矿自动化，2012，38 (3)：23–25.

[54] 龚娜，龚晓宽. 中国扶贫模式的特色及其对世界的贡献 [J]. 理论视野，2010 (5)：30–32.

[55] 巩守效，石望林，何云等. 农户信用信息评价指标的设计及优化[J]. 征信，2014，32 (11)：59–62.

[56] 郭兴平. 新时期的金融扶贫：形势、问题和路径 [J]. 农村金融研究，2013 (5)：12–16.

[57] 何军，宁满秀，史清华. 农户民间借贷需求及影响因素实证研究——基于江苏省 390 户农户调查数据分析 [J]. 南京农业大学学报 (社会科学版)，2005 (4)：20–24.

[58] 胡平. 关于解决我国农村贫困问题的现状的思考 [J]. 乡镇经济，2006 (1)：45–48.

[59] 胡锡茹. 云南旅游扶贫的三种模式 [J]. 经济问题探索，2003 (1)：7–8.

[60] 黄承伟，陆汉文，刘金海. 微型金融与农村扶贫开发——中国农村微型金融扶贫模式培训与研讨会综述 [J]. 中国农村经济，2009 (9)：93–96.

[61] 黄承伟. 中国反贫困理论方法战略 [M]. 北京：中国财政经济出版社，2002.

[62] 黄惠春，祁艳，程兰. 农村土地承包经营权抵押贷款与农户信贷可得性——基于组群配对的实证研究 [J]. 经济评论，2015 (3)：72–83.

[63] 姬海莉. 非均衡市场下的农村信贷合约问题 [J]. 农村经济，2013 (12)：

60-63.

[64] 季海萍. 盐城农村商业信贷供需均衡分析 [D]. 南京农业大学博士学位论文，2013.

[65] 江成会，吴楚平. 信贷供求非均衡状态下农户信贷模式的理性选择——京山县农户信贷模式个案研究 [J]. 金融研究，2006（4）：176-184.

[66] 焦清平. 甘肃保险业助推精准扶贫的实践与探索 [J]. 甘肃金融，2016（5）：4-7.

[67] 景文涛，倪治功，张娜. 华池县金融扶贫情况调查 [J]. 甘肃金融，2014（8）.

[68] 阚立娜，李录堂，薛凯文. 农地流转背景下新型农业经营主体信贷需求及约束研究——基于陕西杨凌农业示范区的调查分析 [J]. 华中农业大学学报（社会科学版），2016（3）：104-111.

[69] 康晓光. 中国贫困与反贫困理论 [M]. 南宁：广西人民出版社，1995.

[70] 孔荣，陈传梅，衣明卉. 农户正规信贷可得性影响因素的实证分析——以陕西省 756 户农户的调查为例 [J]. 农业经济与管理，2010（3）：36-44.

[71] 兰庆高，李岩，赵翠霞. 农户生产经营性贷款需求及其影响因素 [J]. 农村经济，2014（2）：45-49.

[72] 李超. 农户土地使用权抵押意愿与模式优化 [D]. 中国农业大学博士学位论文，2014.

[73] 李甫春. 广西少数民族地区的十种扶贫开发模式 [J]. 民族研究，2000（4）：26-36.

[74] 李含琳. 甘肃省金融扶贫的现状和运作模式创新 [J]. 甘肃金融，2016（2）：10-12.

[75] 李鸿敏，杨雪美，冯文丽等. 农业保险精准扶贫路径探索——基于河北省的“阜平模式”[J]. 时代金融旬刊，2016（10）.

[76] 李静. 甘肃省扶贫贴息贷款政策实施的效果、难点及建议 [J]. 西部金融，2009（11）：77-78.

[77] 李文瑞. 金融扶贫的模式与成效——以甘肃为例 [J]. 中国金融，2012（16）：47-49.

［78］林丽琼. 国际小额信贷发展的经验及启示［J］. 科技和产业，2007，7（10）：77–80.

［79］林毅夫. 自生能力、经济发展与转型：理论与实证［M］. 北京：北京大学出版社，2004：39–51.

［80］林智勇. "政府+保险"：金融扶贫的创新探索——农业收入保险在扶贫中的运用［J］. 中国保险，2017（1）.

［81］刘尔思. 建立和完善农村政策性金融扶贫资金的循环与退出机制——关于创新扶贫方式的思考［J］. 云南财经大学学报，2000，16（3）：32–34.

［82］刘浩. 宁夏扶贫资金互助社运行机制与绩效研究［D］. 西北农林科技大学博士学位论文，2013.

［83］刘民权，俞建拖. 国际扶贫的理论和政策实践［R］. 北京大学经济学院，2007.

［84］刘荣茂，陈丹临. 江苏省农户贷款可获得性影响因素分析——基于正规金融与非正规金融对比分析的视角［J］. 东南大学学报（哲学社会科学版），2014（1）：61–67.

［85］刘耀庭，薛晶. "金融+电商"市场化扶贫模式探索和研究——以江苏省徐州市为例［J］. 金融纵横，2016（6）：60–66.

［86］卢善军，朱立森. 打造精准扶贫的"金寨样本"［J］. 中国农村金融，2016（10）：76–77.

［87］陆铭宁，陈璐，刘富. 基于信贷交易合约模型的民族地区农村金融扶贫研究——以四川省凉山彝族自治州为例［J］. 农村经济，2016（9）：80–83.

［88］吕德宏，杨成，靳涛. 西部小额信贷对农户收入影响的实证研究［J］. 开发研究，2009（3）：62–66.

［89］罗剑朝，韩红. 小额信贷国际经验及其启示［J］. 哈尔滨工业大学学报（社会科学版），2008，10（1）.

［90］罗纳德·W.麦金农. 经济发展中的货币与资本［M］. 上海：上海三联书店，1988.

［91］罗雨柯，符刚. 农户小额信贷可获得性的影响因素实证分析——基于四川省兴文县农信社的调查数据［J］. 农村经济，2015（9）：60–64.

[92] 马涛，郭沛. 国际小额信贷发展趋势及面临问题对我国的借鉴 [J]. 经济问题探索，2014（5）：103–108.

[93] 马向荣. 我国农村小额人身保险的特点、问题及发展路径 [J]. 西南金融，2016（2）：48–52.

[94] 马雪彬，乔娟. 甘肃省农村信用社小额信贷对农户收入影响的实证研究——基于农户调查问卷的分析 [J]. 西部经济，2011（24）：9–10.

[95] 迈克尔·波特. 国家竞争优势 [M]. 北京：华夏出版社，2002.

[96] 牟秋菊. 农村金融扶贫供给侧结构性改革初探——基于尤努斯的小额信贷扶贫实践反思 [J]. 新金融，2016（11）：28–31.

[97] 宁爱照，杜晓山. 新时期的中国金融扶贫 [J]. 中国金融，2013（16）：80–81.

[98] 欧海燕，黄国勇. 自然地理环境贫困效应实证分析——基于空间贫困理论视角 [J]. 安徽农业大学学报（社会科学版），2015，24（1）：13–19.

[99] 佩鲁. 略论增长极的概念 [M]. 北京：中国人民大学出版社，1955.

[100] 乔娟. 甘肃省农村信用社小额信贷对农户收入影响的实证研究 [D]. 兰州大学博士学位论文，2010.

[101] 石晓磊. 西部地区村级互助资金发展情况及模式考察——基于内蒙古、宁夏两自治区调研 [J]. 内蒙古金融研究，2015（3）：68–73.

[102] 史方超，董继刚. 农户信贷可得性的影响因素及其层次结构——基于泰安市农户的经验分析 [J]. 湖南农业大学学报（社会科学版），2015，16（4）：23–29.

[103] 世界银行. 2009年世界发展报告——重塑世界经济地理 [M]. 北京：清华大学出版社，2009.

[104] 舒尔茨. 论人力资本投资 [M]. 北京：北京经济学院出版社，1990.

[105] 舒景慧. 金融扶贫发展实践探索——以内蒙古农行"金融扶贫富民工程"实施为例 [D]. 内蒙古大学博士学位论文，2016（5）.

[106] 宋以芳. 农村小额信贷对农民收入影响的实证研究——以山东省胶州市为例 [J]. 经济研究导刊，2011（31）：61–62.

[107] 宋以芳. 小额信贷发展及其绩效评价研究 [D]. 青岛大学博士学位论

文，2012.

[108] 苏畅，苏细福. 金融精准扶贫难点及对策研究 [J]. 西南金融，2016 (4)：23-27.

[109] 苏楠. 农村小额信贷对农民增收影响研究 [D]. 广西大学博士学位论文，2013.

[110] 孙若梅. 小额信贷对农民收入影响的实证分析 [J]. 贵州社会科学，2008 (9)：65-72.

[111] 谭民俊，李娟. 小额信贷效率对农民家庭收入影响的实证分析 [J]. 求索，2011 (10)：49-50.

[112] 谭燕芝，李高娟. 基于 Tobit 模型的农户信用分析——来自 CFPS 的证据 [J]. 区域经济评论，2015 (1)：127-135.

[113] 谭燕芝，张子豪. 社会网络、非正规金融与农户多维贫困 [J]. 财经研究，2016 (3)：12-17.

[114] 田微. 我国农村资金互助社发展模式的案例分析 [D]. 西南财经大学博士学位论文，2011.

[115] 田莹莹，王宁. 小额信贷的国际经验对中国农村金融扶贫的启示 [J]. 世界农业，2014 (8)：54-58.

[116] 佟欣. 人口社会学 [M]. 北京：北京大学出版社，2000.

[117] 王海全，覃安柳. 集中连片特困区金融扶贫成效、存在问题及政策建议——以广西滇桂黔石漠化区为例 [J]. 区域金融研究，2015 (12)：17-22.

[118] 王欢. 林智勇谈保险在农业中的作用　发挥保险作用　助推农业现代化[J]. 农产品市场周刊，2015 (46)：26-27.

[119] 王敬力，刘德生，庄晓明. 金融扶贫机制的新探索：拾荷模式 [J]. 南方金融，2011 (4)：54-58.

[120] 王科. 中国贫困地区自我发展能力解构与培育——基于主体功能区的新视角 [J]. 甘肃社会科学，2008 (3)：100-103.

[121] 王克启. 试论保险业在精准扶贫攻坚中的经营新策略 [J]. 经济界，2016 (2).

[122] 王璐. 呼和浩特农村信用社农户还贷信用风险管理研究 [J]. 内蒙古科

技与经济，2015（17）：35-36.

［123］王宁兰，张峭，张吉忠. 一种新型小额信贷扶贫模式的应用与探讨——宁夏“村级发展互助资金”调研［J］. 中国农学通报，2009，25（21）：379-382.

［124］王晓敏. 浅议新时期我国农村的反贫困政策［J］. 中共郑州市委党校学报，2009（5）：126-127.

［125］王一捷. 信贷扶贫模式与建议［J］. 中国金融，2016（18）：64-65.

［126］王卓. 中国贫困人口研究［M］. 成都：四川科学技术出版社，2004.

［127］吴本健，马九杰. 金融扶贫的贫困瞄准与风险控制——对内蒙古“金融扶贫富民工程”的调查［J］. 银行家，2016（12）：108-111.

［128］吴东武. 基于TSF-GD的农户信用评估指标设计逻辑模型及其应用研究［J］. 金融理论与实践，2014（3）：1-7.

［129］吴国栋. 中国农业发展银行与您同行——反贫困中的贷款运作构思［J］. 民族团结，1995（1）：22-25.

［130］吴艳. 牧民草场承包经营权抵押贷款需求意愿及其影响因素分析——以海南藏族自治州为例［J］. 西部金融，2015（2）：79-82.

［131］夏萌，赵邦宏，王俊芹. 基于相关分析法的农户还贷信用影响因素分析［J］. 科技通报，2015，31（10）：266-268.

［132］谢彦明，朱培巧，刘德钦. 农户信贷可得性影响因素的计量分析——以云南省220农户农信社融资为例［J］. 新疆农垦经济，2008（10）：41-45.

［133］谢玉梅，徐玮，程恩江等. 基于精准扶贫视角的小额信贷创新模式比较研究［J］. 中国农业大学学报（社会科学版），2016，33（5）：54-63.

［134］徐荟竹，车士义，罗惟丹等. 公共财政、农村金融改革和可持续金融扶贫研究——基于连片特困区375个贫困县的调研分析［J］. 金融发展评论，2012（1）：114-139.

［135］鄢红兵. 创新“金融+”实施精准扶贫——当前我国金融扶贫的难点及对策［J］. 武汉金融，2015（9）：56-59.

［136］颜志杰，张林秀，张兵. 中国农户信贷特征及其影响因素分析［J］. 农业技术经济，2005（4）：2-8.

［137］杨伟坤，刘洁，闫贵娟. 农民贷款需求意愿及其影响因素分析——河北省农户贷款需求状况调查［J］. 金融教学与研究，2009（4）：29–31.

［138］杨谊，鲁志新. 新时期金融扶贫的路径选择［J］. 中国农村金融，2011（1）：77–79.

［139］杨颖. 中国农村反贫困研究——基于非均衡发展条件下的能力贫困［M］. 北京：光明日报出版社，2011.

［140］杨云龙，王浩，何文虎. 我国金融精准扶贫模式的比较研究——基于"四元结构"理论假说［J］. 南方金融，2016（11）：73–79.

［141］杨胄. 百色市农户贷款问题研究［D］. 广西大学博士学位论文，2014.

［142］姚唯一. 基于农户声誉的农村信贷创新研究［D］. 河南大学博士学位论文，2014.

［143］易小兰. 农户正规借贷需求及其正规贷款获得性的影响因素分析［J］. 中国农村经济，2012（2）：56–63.

［144］余明江. 我国农村反贫困机制的构建——基于"政府—市场"双导向视角的研究［J］. 安徽农业大学学报（社会科学版），2010，19（5）：5–10.

［145］袁玥. 我国政府金融扶贫模式创新研究［D］. 东北师范大学博士学位论文，2012（5）.

［146］宰晓娜，吴东立，刘钟钦. 农民专业合作社正规信贷可得性影响因素的实证分析——基于辽宁省 106 家农民专业合作社的调查［J］. 农村经济，2013（5）：121–125.

［147］曾康霖. 再论扶贫性金融［J］. 金融研究，2007（3）：1–9.

［148］曾维忠，蔡昕. 借贷需求视角下的农户林权抵押贷款意愿分析——基于四川省宜宾市 364 个农户的调查［J］. 农业经济问题，2011（9）：25–30.

［149］张立军，湛泳. 小额信贷降低贫困效应的国际经验及其启示［J］. 新金融，2006（11）：45–48.

［150］张立群. 2009~2010 年经济形势分析与展望［J］. 宏观经济管理，2009（11）：13–16.

［151］张三峰，卜茂亮，杨德才. 信用评级能缓解农户正规金融信贷配给吗？——基于全国 10 省农户借贷数据的经验研究［J］. 经济科学，2013（2）：

81–93.

［152］张松灿. 农户村镇银行贷款意愿实证分析［J］. 农业经济问题，2013，34（6）：49–54.

［153］张伟新. 市场化与反贫困路径选择［M］. 北京：中国社会科学出版社，2001.

［154］张新文，吴德江. 新时期农村扶贫中的政府行为探讨［J］. 郑州航空工业管理学院学报，2011，29（5）：141–144.

［155］张燕. 我国农村金融扶贫模式探究［J］. 经贸实践，2016（13）.

［156］赵忠世. 银行的金融扶贫模式［J］. 商业银行，2016（13）：52–54.

［157］郑世艳，吴国清. 消除能力贫困——农村反贫困的新思路［J］. 农村经济与科技，2008（6）：24–26.

［158］郑寿明，吴滋兴，张茂林等. 基于精准扶贫视角的金融创新研究——福建屏南小额信贷促进会个案分析［J］. 西南金融，2016（7）：59–62.

［159］郑学礼. 财政与金融扶贫　促进农村和谐建设——安岳县舒适村资金互助社发展实证［J］. 西南金融，2011（3）：73–75.

［160］中国国务院扶贫开发办外资项目管理中心，中国云南社区发展研究中心. Reflecting Voice of the Poor：Participatory Poverty Assessment of Nayong Couty［J］. Guizhou Province，P. R. China.，2001（1）：7–9.

［161］周彬彬. 我国扶贫政策中几个值得探讨的问题［J］. 农业经济问题，1991（10）：40–46.

［162］周彬彬. 小额信贷的本质特征及其影响［J］. 中国贫困地区，1998（2）：54–57.

［163］周孟亮，彭雅婷. 我国金融扶贫的理论与对策——基于普惠金融视角［J］. 改革与战略，2015（12）：40–44.

［164］周孟亮，彭雅婷. 我国连片特困地区金融扶贫体系构建研究［J］. 当代经济管理，2015（4）：85–90.

［165］周孟亮，陶亮. 国际小额信贷发展经验与借鉴［J］. 浙江金融，2012（7）：36–39.

［166］朱海俊. 贫困的社会因素论说及其对我国农村反贫困的启示［J］. 江西

农业大学学报，2007（1）：55-59.

［167］朱玲，蒋中一. 以工代赈与缓解贫困［M］. 上海：上海人民出版社，1994.

［168］朱玲. 乡村金融机构运作和农业中长期信贷问题（续）［J］. 财经问题研究，1995（4）：3-9.

［169］祝树民. 发挥政策性金融扶贫主导作用全力支持精准扶贫［J］. 农业发展与金融，2015（12）：11-12.